John Rosselli · **Mozarts Leben**

Die Originalausgabe erschien 1998 unter dem Titel *The Life of Mozart* bei Cambridge University Press.

www.residenzverlag.at

Satz: Fotosatz Rizner, Salzburg
Printed in Austria by Wiener Verlag, Himberg
ISBN 3-7017-1190-9

John Rosselli

Mozarts Leben

Aus dem Englischen
von Johanna Fürstauer

Residenz Verlag

Für Lisa

„Voi che sapete …“

Vorwort

Das folgende ist eine kurze kritische Biographie Mozarts, die sein Leben und seine Musik in ihr historisches Umfeld einordnen soll. Sie basiert auf dem umfangreichen publizierten Material, das zu diesem Thema vorhanden ist. Die Grundsätze, auf denen sie aufgebaut ist, werden in der Einleitung dargelegt.

Ich bin kein Musikwissenschaftler, sondern Historiker mit einem lebhaften Interesse an Musik und einer lebenslangen Bewunderung für Mozarts Werk. Mit Fragen der Beweislage konfrontiert, neigen Historiker ziemlich häufig dazu, zu sagen: „Wir wissen es nicht." Oder: „Die Beweislage reicht nicht aus, um daraus einen bestimmten Schluß zu ziehen." Die Leser werden viele solcher Erklärungen im Hinblick auf verschiedene Aspekte in Mozarts Leben vorfinden. Wenigstens darin sollte ein Unterschied zu manch anderen aktuellen Biographien zu finden sein.

Soweit es die Interpretation von Mozarts Musik betrifft, habe ich keine Bedenken, aus anderen kritischen Werken zu zitieren, wenn sie ein bestimmtes Problem besser darlegen als ich.

In der deutschen Ausgabe werden die Originaltitel der Opern verwendet. Die im Text enthaltenen Briefzitate aus der Mozartkorrespondenz sind der Bärenreiter Gesamtausgabe der Mozartbriefe entnommen.

Zitate aus Alfred Einsteins Mozartbiographie sind gleichfalls dem deutschen Originaltext entnommen.

Die Köchelverzeichnisnummern sind vorzugsweise in der traditionellen anstelle der revidierten Version angegeben, die für die meisten Leser noch ungewohnt ist.

Geldbeträge sind in Gulden angegeben. Der Wiener Gulden stand gegenüber dem Pfund Sterling im Verhältnis acht zu neun, aber beides, Preise und Löhne, waren in

Österreich im allgemeinen niedriger als in England. Der Salzburger Gulden entsprach fünf Sechstel des Wiener Gulden.

Theaterzettel der Uraufführung von *Così fan tutte*, KV 588, 26. Januar 1790; Theatersammlung der Österreichischen Nationalbibliothek.

Einleitung

Am 26. Januar 1790 erlebte am führenden Wiener Burgtheater eine neue Oper ihre Uraufführung. Ihr Titel, auf den man im letzten Moment verfallen war, könnte wiedergegeben werden mit: „Wie Mädchen spielen wollen", oder wörtlich: „Alle Frauen verhalten sich so". Ihr Untertitel: „Schule der Liebenden" zeigt, daß sie zu einer altbewährten und populären Gattung gehörte, der italienischen Komischen Oper. Diese beschäftigte sich, in einem Gesangsstil, der in der Regel leicht, anmutig und von schnellem Tempo war, mit den offensichtlichen Schwächen der Menschheit; in diesem besonderen Fall mit der Absurdität, von den Frauen Treue zu erwarten. Dies wird in einer Geschichte von zwei Männern aufgezeigt, deren jeder, possenhaft verkleidet, des jeweils anderen „untröstliche" Geliebte für sich gewinnt, und das keine 24 Stunden, nachdem die jeweiligen Verlobten – angeblich – an die Front aufgebrochen sind.

Komponisten und Librettisten hatten derartige Werke im vorangegangenen halben Jahrhundert immer wieder aufgewärmt. In *Così fan tutte* wurde vieles an solchen Situationen, wenn auch mit Einsprengseln aus ernsthafteren literarischen Quellen, aufgenommen, etwa so wie im Kino heutzutage ein Western bekannte Beziehungen und Konflikte aufnimmt, wenngleich von einem neuen, scheinbar ernsthafteren Blickwinkel aus. Das neue Werk kam ganz gut an – nicht so gut zwar wie einige andere, die von wirklichen italienischen Komponisten stammten (einer von diesen hatte das Libretto zurückgegeben, nachdem er ein oder zwei Szenen entworfen hatte) –, aber immerhin mit respektablem Erfolg. Kaiser Joseph II. war zu krank, um eine Aufführung zu besuchen. Sein Tod am 20. Februar sollte die Aufführungsserie nach zehn Vorstellungen unterbrechen. Ein anderer aristokratischer

Opernbesucher, der ein Tagebuch führte, schrieb: „Der Stoff ist ganz interessant und die Musik von Mozart ist charmant."

Kaiser und Adel – und auch Mozart – hatten damals allen Grund, an Ereignisse zu denken, die weit über die Oper, das Theater und selbst Wien hinausgingen. In Frankreich, wo die Schwester Josephs II., Marie Antoinette, Königin war, war am 14. Juli 1789, sechseinhalb Monate vor der Uraufführung von *Così fan tutte*, die Bastille gefallen. Es folgte die Erklärung der Menschen- und Bürgerrechte und die Abschaffung der Adelsprivilegien, im Oktober wurde das Königspaar vom Mob gezwungen, aus Versailles nach Paris zurückzukehren; innerhalb der nächsten paar Monate sollte die Aufhebung der Mönchsorden und des Adelsstandes folgen. Aber wiewohl die dramatischsten Veränderungen erst noch kurz bevorstanden, wußten gebildete Leute in Wien wie im übrigen Europa, daß die Französische Revolution im Begriff war, die gesellschaftliche Ordnung radikal zu verändern. Ein aufgeklärter, Reformen zugeneigter Kaiser wie Joseph II. mag einige dieser Veränderungen begrüßt haben, doch konnte er keinesfalls die in Gewalt ausartende allgemeine Erregung gutheißen, die diese ausgelöst hatten. Seine bewußt bescheidene Kleidung und Manieren bedeuteten nicht, daß er den Adel absterben und den Mittelstand (oder Dritten Stand) als beherrschende Kraft des Staatswesens sehen wollte. Für den freischaffenden Komponisten Mozart andererseits (der unbedingt einen „schönen roten Rock" mit Perlmutter- und Topasknöpfen haben wollte) war der Aufstieg des Dritten Standes die Erfüllung eines lang gehegten Wunsches. Er hatte unter dem Hochmut und der Gedankenlosigkeit jener gelitten, die er manchmal als „Fürst Schmecksarsch" oder „Prinzessin Scheißhaufen" verspottete. Ein Graf im Dienst des Fürsterzbischofs hatte ihn einst im wahrsten Sinn des Wortes mit einem Fußtritt hinausgeworfen. „Es ist das Herz", schrieb Mozart einmal, „das einen Mann zum Adeligen macht.“ Das war unter den fortschrittlich Denkenden zwar ein Gemeinplatz, aber Mozart meinte es wörtlich. Die Französische Revolution erhob von Anfang an die Forderung: „Bahn frei für die Talente“ – und das klang wunderbar in den Ohren des nicht privilegierten jungen Mozart, der zur Zeit von *Così fan tutte* eben 34 Jahre alt war und wußte, daß er als Komponist besser war als alle seine Rivalen, mit Ausnahme von Haydn. Trotzdem hatte er immer wieder zusehen müssen, wie andere in etablierten Positionen landeten, während er beiseite geschoben wurde. Für ihn konnte die Forderung „Bahn frei für die Talente“ gar nicht früh genug kommen.

Così fan tutte mag zwar wie irgendeine andere italienische Oper aussehen: Aber es war tatsächlich ein Anzeichen für eine Welt, die sich auf Messers Schneide vor einem Umbruch befand. Mozarts vollkommenstes dramatisches Werk verkörpert eine Gesellschaft, in der Männer und Frauen sich nur mit angenehmen Narreteien zu beschäftigen brauchen und Versöhnung im Namen der Vernunft alles zum Guten wendet. Musik von einer idealen Schönheit erhebt die Ironie der Handlung auf eine Ebene der Anmut, aber diese Anmut ist, wie Scott Burham geschrieben hat, „flüchtig, vergänglich … der Schatten eines Paradieses, das als ein illusorisches Reich jenseits der bloß irdischen Realität und doch auch irgendwie als wahr erkannt wird“.

Das Umfeld von *Così fan tutte* ist genau das, was der Ex-Revolutionär Talleyrand meinte, als er in hohem Alter bekannte, nur jene, die vor 1789 aufgewachsen seien, hätten die Süße des Lebens gekannt. Danach kamen der Krieg und der Ernst des Lebens. *Così fan tutte* ist die schöne Blüte des alten Regimes im Augenblick seiner Auflösung. Mozarts Leben wie auch seine Kunst zeigt ihn ebenso in der Schwebe des Übergangs von der alten Welt zu einer neuen. Seine frühe Karriere als Wunderkind hing von der

Gunst der Monarchen, kleinerer Fürsten und Adeliger ab; während seiner Jugend mußte er für einen Fürsten arbeiten, der ihm gerade eben einen Platz über seinen Köchen anwies. Selbst als unabhängiger Musiker und Komponist in Wien mußte er vor einem begrenzten Publikum spielen, das größtenteils aus Aristokraten bestand, die oft geneigt waren, sich zu langweilen und ihre Aufmerksamkeit auf etwas anderes zu richten. Obwohl er die Würde eines freien Künstlers anstrebte, verfehlte er doch, durch seinen frühen Tod, die Verhältnisse, die einem freien Künstler die Chance auf ein größeres Publikum und eine weniger mühsame Karriere gegeben hätten.

Weiters lebte er zu einer Zeit, in der von den Komponisten erwartet wurde, Musik für den täglichen Gebrauch zu liefern, ein Stück nach dem anderen, je nach Bedarf, ob es sich nun um einen speziellen Auftrag oder eine regelmäßige Verpflichtung handelte, wie Bachs 199 Kirchenkantaten oder Haydns über 100 Trios, die sein adeliger Patron auf dem veralteten Baryton, einer Art Viola da Gamba, spielen wollte. Auch Mozart schrieb ein Gutteil an Serenaden, Messen oder Deutschen Tänzen als Auftragswerke. Er verfolgte eine musikalische Idee nicht über einen skizzierten Beginn hinaus, wenn er keine Möglichkeit für eine Aufführung sah. Aber die Ungeduld seiner Auftraggeber veranlaßte ihn mehr als einmal, eine vorbestellte Serie unvollendet zu lassen; auch durchbrach er immer wieder die durch Gewohnheit bestimmten Grenzen einer Gattung – die der Komischen Oper mit *Don Giovanni*, die der Symphonie mit den letzten vier Werken dieser Art, jene von Serenaden und Kammermusik durch verschiedene Werke, die sich nicht leicht in das Musikleben der Zeit einfügten. Mit seinen Klavierkonzerten erfand er faktisch eine neue Gattung.

Obwohl er oft als Traditionalist bezeichnet wurde, der die musikalische Sprache seiner Zeit so übernahm, wie er sie vorfand, veränderte er sie – zusammen mit Haydn – so durchdringend, daß dadurch der Weg für eine neue emotionale Beziehung zwischen der Musik und ihrer Hörerschaft bereitet wurde. Als Meister feinfühlig gewichteter Veränderungen in der Harmonie brachte er die Musik dahin, mit einer abwechslungsreichen Eloquenz, die vor ihm niemand erreicht hatte, das innere Fühlen der Menschen anzusprechen. Musik war bisher für öffentliche Anlässe, zu religiöser Betrachtung, für das Vergnügen oder das Interesse eines Kenners an unbedeutenden neuen Richtungen genutzt worden; nach Mozart stand sie für das Leben, für die Liebe, für den Schatten des Todes, kurz, für die tiefgründigsten Erfahrungen des einzelnen Menschen.

Was aber am entscheidendsten war: Mozart lebte in einer Zeit des Übergangs von einem Europa, das unbeirrbar an eine geistige Welt außerhalb des eigenen Gemeinwesens glaubte, zu einem anderen, in dem der einzelne, auf sich selbst gestellt, leben sollte. Mozart war, sozusagen, Brückenbauer zwischen der christlichen und der nachchristlichen Ära. Er selbst schrieb ehrlichen Herzens immer, daß er auf Gott vertraue und darauf hoffe, geliebte Menschen in einer besseren Welt wiederzusehen.

Doch einige seiner letzten Werke eröffnen einen Ausblick auf einen weltlichen Humanismus: In der *Zauberflöte*, in der kleinen Motette „Ave verum corpus“ spricht die Wahrheit mit menschlicher Stimme, ohne einen Hinweis auf eine übergeordnete Macht.

Der Theologe Karl Barth bezeichnete in einem bemerkenswerten Text, der zwischen den beiden Weltkriegen geschrieben wurde, Mozarts Musik als „Essen und Trinken eines wahren Christen“, denn Mozart war nicht ein „Selbst“-Besessener, der nur das eigene Ich ausdrücken wollte, sondern ein einzigartiges „Ohr“, das für die Musik der Schöpfung offenstand.

„Er hat wie von diesem Ende her den Einklang der Schöpfung gehört, zu der auch das Dunkel gehört, in welchem aber auch das Dunkel keine Finsternis ist, auch der

Mangel, der doch kein Fehler ist, auch die Traurigkeit, die doch nicht zur Verzweiflung werden kann, auch das Düstere, das doch nicht zur Tragik entartet, die unendliche Wehmut, die doch nicht unter dem Zwang steht, sich selbst absolut setzen zu müssen – aber eben darum auch die Heiterkeit, aber auch ihre Grenzen, das Licht, das darum so strahlt, weil es aus dem Schatten hervorbricht, die Süßigkeit, die auch herbe ist und darum keinen Überdruß nach sich zieht, das Leben, das das Sterben nicht fürchtet, aber sehr wohl kennt … Mozart sah dieses Licht so wenig wie wir alle, aber er *hörte* die ganze von diesem Licht umgebene Geschöpfwelt."

Mozarts Musik zeigt, Barth zufolge, daß die Schöpfung, auch wenn sie zugleich ein Ja und ein Nein enthält, doch nicht in Unordnung, nicht zerrissen ist zwischen Gott und dem Nichts. Deshalb preist sie als Ganzes gesehen selbst in ihrem Nein noch den Schöpfer und ist darum vollkommen.

Barth pflegte jeden Tag etwas von Mozart zu hören, so wie man einem Engel zuhört, als einem Boten Gottes. Es scheint, daß viele Menschen so hören wie Barth. Wiewohl die meisten von ihnen möglicherweise Ungläubige sind, erblicken sie in dieser Musik flüchtig den Geist – „Melodien des Himmels und Stürme aus der Hölle", wie Bernhard Shaw über *Don Giovanni* schrieb – die sich in einem Kunstwerk vereinen, das Frieden bringt.

Jedoch ist Barths Sichtweise nicht die einzige. Autoren der marxistischen Linken geben sich Mühe, jenen Mozart zum Vorschein zu bringen, der eine aktive Rolle bei den aufklärerischen Bewegungen seiner Zeit und im besonderen der Freimaurerei spielte und mit seiner Ablehnung der Aristokratie und der hohen Geistlichkeit an der vermeintlich bürgerlichen Revolution von 1789 Anteil hatte.

Andere mit eher konservativem Blickwinkel neigen dazu, Mozarts politisches Engagement herunterzuspielen, und interpretieren sein Werk in dieser Richtung. Die

Massen, die Peter Shaffers *Amadeus* – im Theater oder Kino – ausgesetzt gewesen waren, gewannen daraus die Vorstellung von Mozart als einem Tölpel, der aber auch ein genialer Künstler war. Biographen verwickeln sich manchmal in die beiden wesentlichen persönlichen Beziehungen Mozarts, die zu seinem Vater und zu seiner Frau. Manche gehen dabei in die Irre, indem sie zu sehr auf Spekulationen bauen oder sich auf das verlassen, was ihrer Ansicht nach moderne Psychologen über Motive des 18. Jahrhunderts sagen können.

Das vorliegende Werk beruht soweit wie möglich auf Mozarts eigenen Aussagen, seinen Briefen und denen seines Vaters und den verläßlicheren anderen Dokumenten der Zeit, die in ihrem gesellschaftlichen Kontext betrachtet werden. Obwohl es einen Einblick in Mozarts Verhältnisse geben soll, versucht es doch, Vermutungen zu vermeiden. Jedoch stoßen wir bei dem Versuch, Mozart zu verstehen, auf Schwierigkeiten. Seine erhalten gebliebenen Briefe sind zahlreich und sagen uns viel, aber die meisten davon sind an seine Familie gerichtet. Es steht fest, daß Mozart, vor allem, wenn er an seinen Vater schrieb – und vielleicht auch manchmal in den Briefen an seine Frau –, nicht immer ehrlich war. Wenn wir mehr Briefe an Freunde oder Musikerkollegen hätten, könnten wir vielleicht einen anderen Eindruck gewinnen.

Über lange Zeitabschnitte – zwischen 1773 und 1777 und 1779/80 –, wenn die ganze Familie in Salzburg beisammen war und keine Briefe geschrieben werden mußten und dann wieder nach Wolfgangs Bruch mit Salzburg, 1781, und noch mehr nach dem Tod seines Vaters, 1787, wird die Korrespondenz spärlicher oder reißt ganz ab. Über einige Jahre haben wir nur wenige Zeugnisse.

Grundsätzlich: Worauf es uns bei diesem Mitmenschen Mozart ankommt, ist seine Musik. Die vorliegende Studie betrachtet das Werk für ihre Untersuchungen als ebenso zentral wie das Leben. Tatsächlich nimmt sie an, daß die wesentlichen Ereignisse in diesem Leben, abgesehen von einigen wenigen, musikalischer Natur gewesen seien. Mozarts Kompositionen gehen jedoch in die Hunderte. Ein kurzes Buch kann nicht damit anfangen, sie alle zu behandeln. Die folgenden Kapitel verweilen bei einigen besonders signifikanten Werken. Andere bleiben unbeachtet oder werden als Kategorie oder Gruppe behandelt. Die wichtigen Werke erschienen nicht immer in chronologischer Reihenfolge. Nachdem Mozart einmal zu seinem reifen Stil gefunden hatte – etwa im Alter von achtzehn Jahren –, machte er keinen irgendwie offensichtlichen „Fortschritt" von Werk zu Werk; höchstens könnte man fragen, ob die letzten ein, zwei Jahre seines Lebens die Entwicklung eines „Spätstils" aufweisen, der Veränderungen in seiner persönlichen oder künstlerischen Haltung widerspiegeln könnte. Es ist deshalb legitim, irgendein Werk seiner künstlerischen Reifezeit herauszugreifen, um ein Thema mit dem zu illustrieren, was er uns heute noch zu sagen hat.

Aus diesen Gründen behandeln Kapitel 1 und 2 Mozarts Kindheit und Jugend und seine Emanzipation von der Obrigkeit; Kapitel 3 seine Heirat und die Musik seiner frühen Wiener Zeit, vor allem seine Klavierkonzerte; Kapitel 4 und 5 verfolgen zwei Themen: Mozarts Erwachsenenleben, seine Beschäftigung mit der Oper und seinen inneren Glauben, beides im Spiegel seiner Werke. Kapitel 6 beschäftigt sich mit seinem Spätstil, Kapitel 7 mit Krankheit und Tod.

Im innersten Kern dessen, was Mozarts Musik uns sagt, liegt etwas, das nicht in Details zerlegt und erklärt werden kann. Selbst nach wiederholtem Hören dauert das Geheimnis dieser Musik noch an. Das ist der Grund, warum wir ihr auch weiterhin zuhören. Und nachdem wir ihr zugehört haben, müssen am Ende doch noch einige Fragen offen bleiben.

I. Flucht vor dem Vater (oder: Befreiung vom Vater)

„Alle Damen sind in meinen Buben verliebt“, berichtete Leopold Mozart im Oktober 1762 aus Wien. Der Bub war damals gerade sechs, und einige der Damen waren tatsächlich sehr bedeutend. Kaiserin Maria Theresia verbrachte in ihrem Schönbrunner Schloß drei Stunden mit der Familie Mozart, wobei der kleine Wolferl nicht nur am Cembalo spielte, sondern „der Kaiserin auf den Schoß gesprungen ist, sie um den Hals bekommen und rechtschaffen geküßt“ hat. Knapp ein Jahr später küßten die königlichen Prinzessinnen in Versailles den Buben, als er eben vorüber kam. Königin Maria Leszczynska fütterte ihn mit Leckerbissen an ihrer Tafel, doch diesmal stand er und bedeckte lediglich ihre Hände über und über mit seinen Küssen ... Noch später, in Buckingham House, traf die Familie Mozart auf Königin Charlotte und König Georg III., die so liebenswürdig und aufmerksam waren, daß das Königspaar sie, eine Woche später, bei einer zufälligen Begegnung im St. James' Park erkannte, „obwohl wir alle andere Kleider anhatten“, und nicht nur grüßte, „sondern der König öffnete das Fenster, neigte das Haupt heraus und grüßte lachend mit Haupt und Händen im Vorbeifahren, und besonders unseren Master Wolfgang“.

Im Alter zwischen sechs und vierzehn, in dem andere Kinder ihrer täglichen Routine zwischen ihrem Zuhause und – möglicherweise – ihrer Schule folgten, reiste der kleine Mozart als Starvirtuose quer durch Europa und wurde überall von den Größen des Landes geschätzt und bewundert.

Das Wunderkind als Ausstellungsobjekt war etwas Neues. Einige Leute begannen schon ihre Köpfe zu schütteln: Ein so frühes Talent würde wenig später hinwelken, und die Kinder würden mit der Enttäuschung leben müssen, schließlich auch nicht besser als ihre Zeitgenossen zu sein. Dennoch waren viele von dem, was Mozarts Vater Leopold immer als ein „Wunder Gottes“, ein „Wunderwerk der Natur“ beschrieb, das in der Welt bekannt zu machen er sich verpflichtet fühlte, genauso fasziniert, wie etwa viele Menschen des 20. Jahrhunderts von Filmen begeistert waren, in denen Shirley Temple oder ein anderes vierjähriges Kinopüppchen als Star auftrat.

Eine solche Kindheit trug viel dazu bei, Sensibilität und Aussehen des erwachsenen Mannes zu prägen; dies um so mehr, als Leopolds Methode, das Leben seines Sohnes zu lenken, späterhin, wie ihrer beider Briefe beweisen, ihre Beziehung kompliziert und schwierig machte. Bevor sich Mozart im Alter von 25 Jahren als unabhängiger Musiker etablierte, war ein Großteil seines Lebens eine hinausgezögerte, notwendige und teilweise stümperhafte Flucht vor dem Vater, den er liebte.

Der Knabe wurde am 27. Januar 1756 in der Wohnung seiner Eltern in Salzburg geboren. Am nächsten Tag wurde er im Dom auf die Namen Johannes Chrysostomus Wolfgangus Theophilus getauft. Das Geburtshaus, die Stadt, die Namen, alles ist bedeutsam.

Die Wohnung bestand aus drei Räumen, die alle weitläufig waren, aber eine so niedrige Decke hatten, daß man sich wie in einem Sandwich fühlen mußte. Ein Raum ging in den anderen über: Die Erfindung des Korridors im 18. Jahrhundert kam für die Erbauer zu spät. Das bedeutete, es gab keinen Raum, den man als Schlafzimmer abschließen konnte, keine Privatsphäre im modernen Sinn, keine Möglichkeit, sich von der Familie zurückzuziehen. Biographen, die Wolfgangs Beziehungen zu seinem Vater und zu seiner Schwester mißverstehen, nehmen ahnungslos an, daß jedes Mitglied der Familie, so wie dies heute üblich ist, ein Individuum für sich darstellte. Sie sehen die Familie nicht als eine Art Überbau, dem alle Mozarts unausweich-

Mozarts Geburtshaus, Salzburg, Getreidegasse.

Cembalo in Mozarts Geburtshaus.

lich einverleibt waren, selbst wenn sie aufeinander zornig waren oder nicht mehr miteinander sprachen.

Salzburg war eine hübsche, blühende Stadt in einem Teil der deutschsprachigen Gebiete, in dem der römisch-katholische Glaube, der nach der Reformation mit Gewalt wiederhergestellt worden war, sich nunmehr als unbezweifelte, häufig tief empfundene Religion behauptete. Die Stadt war Residenz eines Erzbischofs, der ein Fürstentum regierte, eine von Hunderten größerer und kleinerer Provinzen, die das Heilige Römische Reich bildeten, ein baufälliges, schwaches Relikt aus dem Mittelalter, das den größten Teil Mitteleuropas ausmachte. Zeitgenossen neigten dazu, Salzburg geographisch als Teil des nördlich davon gelegenen Bayern zu sehen. München, die bayerische Hauptstadt, war die nächstgelegene Großstadt. Gegen Süden hin war Italien leicht zu erreichen: Über ein Jahrhundert lang hatte die Stadt italienische Architekten und Musiker beschäftigt, und der musikalische Einfluß Italiens war stark.

Aber war Mozart nicht ein Österreicher? Niemand sah damals Österreich als ein Land, zu dem Salzburg ganz offensichtlich gehörte. Die Dynastie der Habsburger regierte in Wien über die österreichischen Erblande, die Salzburg nicht mit einschlossen. Die meisten dieser Gebiete waren, ebenso wie Salzburg, Provinzen des Heiligen Römischen Reiches, dessen Oberhaupt die Habsburger zumeist automatisch waren. In vielen dieser Länder wurde zumindest in den oberen Gesellschaftsschichten deutsch gesprochen.

Die Habsburger waren aber auch Könige von Ungarn, einem großen Land außerhalb des Heiligen Römischen Reiches. In Wien verständigten sich Kaiserin Maria Theresia, ihr Gatte (der Kaiser des Heiligen Römischen Reiches) und ihre Kinder, ganz nach Lust und Laune, untereinander durch kleine Zettel in Französisch, Deutsch oder Italienisch. Französisch war die Sprache höflichen

Gedankenaustauschs in ganz Europa. Alle drei Sprachen wurden von ihren Untertanen gesprochen. Wenn es nötig war, konnten sie auch etwas Ungarisch aufbieten, und in ihrer Alltagskonversation verfielen sie ebenso wie ihre Höflinge in den Wiener Dialekt. Mozart erblickte das Licht der Welt in einem Teil Europas, in dem der Begriff Nationalität im modernen Sinn des Wortes nicht existierte.

Als er heranwuchs, plädierten einige gebildete Leute – unter diesen auch er selbst – zeitweise heftig dafür, die deutsche Sprache und die deutsche Musik zu fördern, aber sie verlangten nicht nach einem vereinigten deutschen Staat. Wenn das Deutschtum eine Hauptstadt hatte – was zu bezweifeln ist – dann war diese Hauptstadt Wien, doch in Wien wie auch in Salzburg blickte die gebildete Schicht ebenso sehr nach Frankreich und Italien wie nach Mitteleuropa. Mozart widmete Haydn seine Streichquartette in italienischer Sprache – der Sprache der Musik – und schrieb ab und zu an seine Familie auf italienisch oder französisch.

Seine Taufnamen symbolisierten desgleichen diese Offenheit gegenüber verschiedenen Kulturen. Die ersten beiden Namen, jene des Heiligen, an dessen Tag er geboren wurde, verweisen auf den standhaften katholischen Glauben der Familie. Wolfgang, der Name, mit dem seine Eltern ihn riefen, war eindeutig deutsch. Theophilus (Geliebter Gottes) war die griechische Form eines Namens, der im Lateinischen häufig als Amadeus, in Deutsch manchmal als Gottlieb wiedergegeben wird. In seinem späteren Leben signierte Mozart häufig mit „Wolfgang Amadé“, einer weiteren Hybridform, die in deutschsprachigen Gebieten zuweilen anzutreffen war: Amadé ist eine Mischform von Amadeus und dem französischen Amedée.

Wolfgang war das letzte von sieben Kindern, die Leopold Mozart und seiner Frau Anna Maria Pertl seit ihrer Heirat neun Jahre zuvor geboren waren. Er und seine

Schwester Maria Anna, die fünf Jahre vor ihm geboren war und gewöhnlich Marianna oder Nannerl genannt wurde, waren die einzigen, die überlebten.

Leopold (1719–1787) kam aus einer Familie von Handwerkern – Maurern, Webern, Buchbindern – in Augsburg, einer Stadt in der Nähe von München. Seine Frau, ein Jahr jünger als er, war die Tochter eines kleinen Beamten aus St. Gilgen, einem Ort nahe Salzburg; in ihrer Verwandtschaft gab es einige Musiker. Leopold war durch eine sorgfältige jesuitische Erziehung zur Musik gelangt und hatte darin immerhin Universitätsniveau erreicht. Es war sowohl für seine eigene als auch für die Karriere seines Sohnes wesentlich, daß er gut (wenngleich manchmal in pedantischer Länge) schreiben konnte, daß er alte und moderne Sprachen beherrschte und in Philosophie, Mathematik und den Naturwissenschaften bewandert war. Diese Erziehung hätte aus ihm eigentlich einen Priester machen sollen, doch er sprang ab und trat als Musiker in die Dienste eines hohen Aristokraten. Wenig später übernahm er eine Stelle beim Fürsterzbischof von Salzburg. Daß er sich in seinen Briefen gelegentlich sarkastisch über Angehörige des geistlichen Standes äußerte, obwohl er doch ein frommer Katholik war, hat wenig zu bedeuten: Zur Zeit Maria Theresias und ihres Sohnes Joseph II. versuchten viele Leute, die Kirche von Mißständen wie faulen Mönchen und Priestern zu säubern, ohne dadurch von ihrem Glauben abzufallen.

Leopold war ein typisch „aufgeklärter" Intellektueller mit gemäßigten Ansichten; er stand den privilegierten Schichten kritisch gegenüber, aber er fand sich damit ab, die Welt vernünftigerweise so zu nehmen, wie sie war. Er verabscheute frontale Attacken gegen den Katholizismus, wie Voltaire sie unternommen hatte. In einem Brief an den Vater äußerte sich Wolfgang später triumphierend über Voltaires Tod. („... der gottlose und Erz-Spitzbub Voltaire sozusagen wie ein hund, wie ein vieh crepiert ist ...")

Auch Leopolds Entfremdung von seiner Mutter (wegen einer Erbschaft, die ihm seiner Meinung nach zustand) hat nicht unbedingt das Gewicht, das psychoanalytisch orientierte Biographien ihr zuschreiben. Er verstand sich weiterhin gut mit seinem Bruder Franz Alois und unterzog sich einigen Mühen, um sein Augsburger Bürgerrecht zu behalten. 1756, bald nach Wolfgangs Geburt, veröffentlichte er ein Traktat über die Kunst des Violinspiels, das heute noch große Beachtung findet. Als Komponist war er perfekt, aber ohne wirklich Originalität zu zeigen oder je aus dem galanten Stil auszubrechen, der damals für weltliche Musik in Mode war und aus kurzen musikalischen Phrasen bestand, die sauber geordnet und durchsichtig orchestriert waren.

Ungeachtet seiner offensichtlichen Weltkenntnis und wirklichen Klugheit nannte Leopold einen rastlosen Geist sein eigen und begeisterte sich immer aufs neue an der Entdeckung, daß er ein Genie hervorgebracht hatte. Der Komponist J. A. Hasse, ein neutraler Beobachter, der in Wien einiges von ihm zu sehen bekommen hatte, meinte, er sei „überall gleichermaßen unzufrieden". Das konnte von seiner Frau, einer freundlichen Seele, die, ihren Briefen zufolge, ihrem Mann eindeutig untertan war, nicht behauptet werden. Wir können wenig mehr über sie erfahren. Daß sie und andere Mitglieder der Familie eine Neigung zu skatophagischen Witzen hatte – z. B. schrieb sie an Leopold einmal „Scheiß in dein Bett und laß es krachen" –, bedeutet nichts weiter, als daß sie beide die Gebräuche des Orts und der Zeit teilten, in der sie lebten. Nicht nur Salzburg, sondern viele andere deutschsprachige Gebiete fanden Gefallen an Toilettenwitzen. In dieser Beziehung könnten auch die Engländer des 18. Jahrhunderts in ihrer intimen Korrespondenz derber gewesen sein, als spätere, zensierte Ausgaben zeigen.

Die fünf früh verstorbenen Kinder Leopolds veranlassen uns ebenso wie die vier von insgesamt sechs des erwachsenen Mozart zur Frage: Wie trugen es die Eltern? Sie trauerten, wie historische Zeugnisse vermuten lassen, nicht weniger, nur weil die Kindersterblichkeit häufig war. Trotzdem muß die Erfahrung in einer Zeit, in der es ein allgemeines Schicksal war, ein Kind nach dem anderen sterben zu sehen, eine andere gewesen sein als die davon heimgesuchter Eltern in modernen und fortschrittlichen Gesellschaften, wo solche Tragödien sehr selten vorkommen.

Wir wissen nicht, ob diese Todesfälle die Eltern Mozarts dazu veranlaßten, mit ihrem letzten Kind besonders sorgsam umzugehen. Die Geburt des Säuglings war schwierig gewesen. Wie damals üblich fütterten sie ihn mit wäßrigem Gerstenbrei. Die Alternative – selbst zu stillen wurde noch immer als eine Praxis der unteren Schichten betrachtet – wäre eine Amme gewesen; doch diese waren berüchtigt, für Erkrankungen der ihnen anvertrauten Kinder verantwortlich zu sein. Wolfgang blieb kleinwüchsig, blaß und nicht eben widerstandsfähig.

Als Wolfgang vier Jahre alt wurde, fing seine Schwester Nannerl mit ihrem Cembalounterricht an, wofür ihr Vater zeitgenössische Stücke sammelte. Der Knabe begann Akkorde aufzuschnappen; er lernte und spielte Stücke aus dem Notenbuch seiner Schwester. Mit fünf Jahren komponierte er selbst einige kurze Cembalostücke, da hatte er die gängige Notation noch nicht gelernt. Mit sechs begann er sich selbst das Violinspiel beizubringen, mit sieben wagte er sich an die Orgel, obwohl seine Füße, wenn er saß, die Pedaltasten nicht erreichen konnten, so daß er im Stehen spielen mußte.

Er hatte einen Lehrer zur Hand – sein Vater Leopold unterrichtete seine Kinder nicht nur in Musiktheorie und Instrumentaltechniken, sondern beinahe in allem, was sie je formal lernten. Er war ein guter Lehrer. Neben ihrer Musik – auch Nannerl war eine gute Pianistin – sprachen sie fließend Italienisch und Französisch, kamen mit Latein zurecht und konnten auch ein bißchen Englisch, was zu

Leopold Mozart, Ölbild um 1765, wahrscheinlich von Pietro Antonio Lorenzoni; Mozart-Museum Salzburg.

Anna Maria Mozart, geb. Pertl; Ölbild von Rosa Hagenauer-Barducci, um 1775; Mozart-Museum Salzburg.

Familienbild der Mozarts; Ölgemälde von Johann Nepomuk della Croce, 1780/81; Mozart-Museum Salzburg.

ihrer Zeit ungewöhnlich war. Schon als Jugendliche hatten sie einen guten Schreibstil, auch wenn es sich nur um Briefe handelte; Wolfgang selbst war eifrig und begabt für Mathematik. Was wir bei ihnen an Allgemeinbildung erkennen können, war ein guter Standard für Musiker, die damals wie heute durch das Üben an ihren Instrumenten in Anspruch genommen sind. Etwa in Wolfgangs sechstem Lebensjahr begriff sein Vater, daß er ein Wunderkind zu erziehen hatte. Das war nicht nur seine persönliche Meinung. Nahezu jedermann, der Wolfgang während der Familienreisen durch Europa spielen hörte, war verblüfft. Was am meisten erstaunte und Wolfgangs anfänglichen Ruhm begründete, waren seine Fähigkeiten als Cembalo- und Violinspieler, vor allem aber seine Fertigkeit, sowohl vom Blatt zu spielen als zu improvisieren. Der Musikwissenschaftler Charles Burney, der Wolfgang hörte, als er acht oder neun Jahre alt war, sah ihn eine Oberstimme zu einem vorgegebenen Baß (und umgekehrt) komponieren, improvisieren und vom Blatt spielen, die angefangene Komposition eines anderen fertigstellen, die vokalistischen Stilmittel der führenden Opernstars „in einer frei erfundenen Oper mit sinnlosen Worten" imitieren und eine dreisätzige Ouvertüre und Accompagnati spielen, all das „voll Geschmack und Phantasie, mit guten Harmonien, Melodien und Modulationen ..."

Die erste Reise, die Leopold organisierte, um seine Kinder vorzustellen, führte im Januar 1762 an den Hof des Kurfürsten von Bayern nach München. Von September bis Dezember hielt man sich in Wien auf, mit Zwischenstationen in Passau (dem Sitz eines anderen Fürstbischofs), in Linz und in Preßburg, der damaligen ungarischen Hauptstadt (heute Bratislava).

Die Zeiten waren günstig: Der hart umkämpfte Siebenjährige Krieg ging gerade zu Ende, Herrscher und Adel hatten die Muße, sich an einem musikalischen Wunder zu erfreuen, und auch das Geld, dafür zu bezahlen. Diese erste Reise war der Auftakt zu weiteren. Leopolds wichtigste Ziele waren die Hofhaltungen – nicht nur jene von Königen, sondern auch die kleinerer deutscher Fürsten und Vizeregenten, wie die der Habsburger Prinzen in den Österreichischen Niederlanden (heute Belgien) und in Mailand –, denn diese Hofhaltungen waren noch immer die Zentren von Macht und Reichtum. Er hoffte auf gute Einnahmen (in Form von Geld oder doch wenigstens in Schmuckstücken), doch er mußte mehr als einmal erfahren, daß es eine „liebenswürdige" Sitte der Monarchen war, „die Leute lange Zeit auf ein Geschenk warten zu lassen". Neben dem jeweiligen Regenten gab es an jedem Hof adelige Herren und Damen, die begierig waren, die Kinder entweder in einem öffentlichen Konzert oder privat zu hören. Dann gab es noch unabhängige Städte wie Genf oder Frankfurt, große Handelszentren wie Amsterdam und Lyon, vor allem aber die beiden größten Städte in Europa, London und Paris, wo ein zahlreiches, wohlhabendes und elegantes, ja manchmal auch musikerfahrenes Publikum sogar den Reichtum bei Hof in den Schatten stellte.

Von Juni 1763 bis November 1766 unternahm die Familie eine Monstertour durch Süd- und Westdeutschland, das heutige Belgien, Paris (ein Aufenthalt von fünf Monaten), London (wo man nicht weniger als fünfzehn Monate blieb), zurück nach Belgien, Holland (acht Monate), wieder nach Paris, durch Burgund nach Genf und in andere Städte der Schweiz, um schließlich auf dem Heimweg noch etliche süddeutsche Fürstenhöfe aufzusuchen. Weitere Reisen folgten, nach Wien (September 1767 bis Dezember 1768, mit einem Abstecher nach Brünn in Mähren) und nach Italien (Dezember 1769 bis März 1771), mit ausgedehnten Aufenthalten in Mailand, Florenz, Rom, Neapel, Bologna und Venedig.

Zwei weitere kurze Italienaufenthalte (August bis Dezember 1771 und Oktober 1772 bis März 1773) sowie

Reisen nach Wien (Juli bis September 1773) und München (Dezember 1774 bis März 1775) folgten. Doch die erste Italienreise 1769 bis 1771 brachte das Ende von Wolfgangs Wunderkind-Periode: Im Sommer 1770 hatte er seinen Stimmbruch; er war damals eben vierzehn Jahre alt. Ein jugendlicher Instrumentalist konnte nicht mehr als Wunderkind gelten. Bald sollte ein Neunmalkluger schreiben, seine Kompositionen ließen erkennen, daß solch frühe Früchte eher ungewöhnlich als hervorragend seien. Im übrigen hatte Wolfgang, kurz bevor er in die Pubertät kam, einen Vertrag unterschrieben, für das Königliche Theater in Mailand eine Opera seria zu komponieren – in den Augen eines Zeitgenossen die bemerkenswerteste Aufgabe für einen Musiker. Die Oper, *Mitridate*, wurde ein Erfolg; der Zweck späterer Reisen nach Mailand und München war es, ähnliche Aufträge zu erhalten. Obgleich er als Instrumentalvirtuose mindestens ebenso bekannt war, galt Mozart von nun an als Komponist.

Er hatte den Namen eines Wunderkindes voll verdient. Als er noch nicht ganz elf Jahre alt war, meinte ein kenntnisreicher Beobachter, daß er jeden anderen Spieler eines Tasteninstruments übertreffe, obwohl seine Hände so klein waren, daß sie kaum die Spannweite einer Oktave hatten. Sein Gehör war so geschärft, daß er den Unterschied eines Achteltons beim Stimmen zweier Violinen hörte. Als der Neunjährige in London mit seinem Vater ein Duett vom Blatt sang, zeigte er „einigen Ärger", weil dieser ein oder zweimal daneben geriet, und wies ihn zurecht. Wenn je ein Genie angeboren war, dann in Mozart. Aber es war ausschließlich ein musikalischer Genius: Nur in der Musik, befand Leopold, wußte sein Sohn „in seinem achten Lebensjahr, was man sonst von einem Mann mit vierzig erwarten" würde. Mozarts mathematische Begabung, die oft mit der musikalischen einher geht, mag ebenso bemerkenswert gewesen sein, ist aber für uns zu wenig belegt, um sie abzuschätzen. Das Leben als Wunderkind war hart, auch, wenn man von Königinnen gehätschelt und mit einem lila Mantel und einer reich mit Goldborten bestickten Moiréweste ausstaffiert wurde. „Nichts als An- und Ausziehen, einpacken und auspacken", schrieb Leopold an einem Januartag in Italien, „und kein warmes Zimmer, so daß man friert wie ein Hund!" Der dreizehnjährige Wolfgang bekam Frostbeulen. Die meisten Straßen waren schlecht, gepflasterte sehr selten. Nach dem Aufenthalt in der Villa eines Adeligen, wo sie auf feines Leinen gebettet waren und sich aus einem Silberbecken wuschen, fanden sie sich oft in „gräßlichen, schmutzigen Herbergen" wieder.

Öfter als einmal erkrankten die Kinder ernsthaft. Sie wären zweifellos auch zu Hause krank geworden, aber auf Reisen war mit Krankheiten viel schwerer fertig zu werden, und die erzwungene Untätigkeit zehrte an den Einnahmen der Familie. Wolfgang erlitt zwei Anfälle eines rheumatischen Fiebers, als er sechs und zehn Jahre alt war. Diese mögen der Anfang jener Kette von Krankheiten gewesen sein, die ihn schließlich im Alter von fünfunddreißig Jahren umbrachten. In Den Haag erlitten er und Nannerl eine ernsthafte Attacke eines typhusartigen Fiebers – Wolfgang war damals eben neun; seine Schwester starb beinahe daran, und auch er bestand nur noch aus Haut und Knochen. Als er elf war, bekamen beide Kinder Blattern in Mähren, wohin die Familie geflüchtet war, um einer Epidemie zu entkommen. Dazu kamen natürlich auch die üblichen Erkältungen und Hautausschläge. „Unser Physikprofessor glaubt nicht, daß er (Wolfgang) lange leben wird", schrieb der britische Gesandte in Den Haag in einem privaten Brief vor Ausbruch der typhoiden Attacke.

Heimtückischer waren die moralischen und psychischen Auswirkungen eines ständigen Lebens als Vorzeigeobjekt. Wolfgang und Nannerl spielten oft Duette, aber mit neun konnte er schon selbständig ein ganzes Konzert sowohl als

Virtuose als auch als Komponist bestreiten – seine Schwester war damals krank –, und immer waren seine Fähigkeiten die Hauptattraktion. Sechs Wochen vor ihrem letzten Konzert in London – sie spielten von 12 bis 3 Uhr nachmittags im „Swan and Hoop" in Cornhill zu einem ermäßigten Eintrittspreis von einer halben Krone – konnten Besucher sie privat hören, ihre Fähigkeiten mit unbekannten Stücken prüfen, die entweder vom Blatt zu spielen oder zu improvisieren waren, sowie Konzertkarten, Kupferstichporträts der Kinder und Wolfgangs erste veröffentlichte Sonaten erwerben. Leopold, der ein früher Meister der Werbung war, trommelte das Publikum auf weiteren Stationen ihrer Reiseroute zusammen, indem er Zeitungsberichte über die Erfolge der Kinder vorausschickte. In solchen Ankündigungen wurde Wolfgang vorsichtigerweise oft um ein Jahr oder sogar achtzehn Monate jünger gemacht als er tatsächlich war. Das war Ausbeutung im wörtlichen Sinn: Der Zweck der ersten Italienreise war es, wie Leopold ganz offen an einen Freund schrieb, das Beste aus Wolfgangs Talent zu machen, ehe er das Alter und physische Aussehen erreichte, das nicht länger Bewunderung hervorrufen würde. Gleichzeitig aber war Leopold sehr um die Gesundheit und das Wohlergehen der Kinder besorgt. Hasse meinte, daß er den Knaben verwöhnte. Wolfgang, der, wie er sich selbst in späteren Jahren beschrieb, ganz „von Musik durchtränkt" war, hätte wahrscheinlich unter keinen Umständen davon abgehalten werden können, den größten Teil des Tages mit Musik zu verbringen. In seiner Kindheit gab es aber doch auch Zeit für eine andere Art des Spielens. „Solange ein Musikstück dauerte", erinnerte sich Nannerl nach seinem Tode, „war er ganz und gar Musik. War es aber vorbei, kam das Kind wieder zum Vorschein." Wie andere begabte Kinder hatte er sich ein imaginäres Königreich (das er „Zurück" nannte) ausgedacht und geplant. In London beobachtete Burney, wie er mit seinem

Cembalospiel ein musikalisches Feuerwerk entfachte und danach schnurstracks zu einem Murmelspiel überging, „ganz so wie ein echtes Kind, das von nichts weiß". Ein anderer Beobachter wußte zu berichten, daß er mit dem Cembalospiel aufhörte, wenn seine Lieblingskatze hereinkam, „und wir konnten ihn für eine ganze Weile nicht an das Instrument zurückbekommen".

Einige sagten, daß er leicht in Tränen ausbrach und sehr empfindlich war. Mag sein, doch das 18. Jahrhundert war nun einmal das Jahrhundert der Empfindsamkeit und Tränen. In einem schwierigen Moment seines späteren Lebens schrieb Mozart mit einem gewissen Pathos, während seiner rastlosen Kindheit habe er sich daran gewöhnt, Menschen, Länder und Städte zu verlassen, „... ohne große Hoffnung, die theüren freunde, die ich zurücklasse mußte, bald oder gar jemals wieder zu sehen". Als Vierzehnjähriger hatte er in Neapel geschrieben: „Das reisen gefallt mir recht wohl"; es scheint, daß er auch spätere Reisen zu genießen wußte.

Das fatalste Überbleibsel aus den Jahren der Reisen und Schmeicheleien war sein Luxusbedürfnis. Als er – als Sechsundzwanzigjähriger – unbedingt einen bestimmten roten Rock mit Perlmutterknöpfen haben wollte, schrieb er: „... ich wollte, alle meine sachen sollten von guter qualitet, werthafft und schön seyn. Warum blos, so frage ich mich, wollen leute, die es nicht vermögen, am liebsten ihr geld für derart articel ausgeben, und die, so es leicht kennten, schezen desgleichen nicht?" Dies mag in gewisser Weise seine späteren Geldprobleme erklären.

Doch das Vermächtnis seiner Jugendjahre war in mehrfacher Hinsicht auch positiv. In einem Alter, in dem die meisten Musiker noch dabei waren, ihren Weg von einer eng begrenzten Erfahrungsgrundlage aus zu ertasten, war er nicht nur bedeutenden Persönlichkeiten begegnet, sondern hatte auch einen großen Teil der neuesten Musik gehört und die Theater führender europäischer Länder

Vater Mozart, mit seinen Kindern musizierend; Kupferstich von Jean Baptiste Delafosse, 1764; Mozart-Museum Salzburg.

gesehen; er hatte erlauchte und gewöhnliche Charaktere und Szenen beobachtet, von öffentlichen Auftritten bis zu königlichen Levées. Er hatte etliche der führenden Komponisten, Virtuosen und Musikwissenschaftler kennengelernt. Dies war ein unvergleichliches Training für ein Leben als Komponist und im besonderen als Opernkomponist.

In London ließ der gefeierte Komponist Johann Christian Bach den winzigen Knaben, der zwischen seinen Beinen stand, Cembalo spielen. Wolfgang hörte den großen Kastraten Giovanni Manzuoli, der später für ihn singen und in seiner Pastorale *Ascanio in Alba* auftreten sollte. In Florenz freundete er sich innerhalb einer halben Woche mit Thomas Linley an, einem vielversprechenden englischen Komponisten und Violinvirtuosen, der wie er selbst eben vierzehn Jahre alt war und sogar noch früher sterben sollte, als Zweiundzwanzigjähriger. In Bologna puschte ihn der berühmte Musikhistoriker Padre G. B. Martini durch eine Prüfung, die ihn, einen Vierzehnjährigen, zum Mitglied der berühmten Filarmonia Accademia machte. Eine weitere Ehrung in Rom machte ihn zum Ritter (des Päpstlichen Ordens vom Goldenen Sporn). Der ältere und gewieftere Gluck hatte diesen Orden auch und war deshalb überall als „der Kavalier“ bekannt, aber Mozart legte ihn ab, nachdem er ihn einmal getragen hatte. Ein junger Adeliger hatte ihn damit geneckt, und möglicherweise fehlte es ihm an Größe und Standfestigkeit, um damit fertig zu werden.

Die Musik, die er in diesen Jahren komponierte, bis hin zu *Mitridate,* trug nicht wesentlich zu seinem Ruhm bei. Sie wird heute selten aufgeführt und würde wohl kaum gehört werden, wenn sie von jemand anderem stammte. Das heißt nicht, daß sie mittelmäßig wäre – sondern nur, daß zahlreiche Komponisten der 1760er Jahre reizvolle Stücke in einem internationalen „galanten“ Stil hervorbrachten, die manchmal sehr ähnlich klangen. Viele von

Wolfgangs frühen Werken, die er geschrieben hatte, um sie selbst auf dem Cembalo zu spielen, erinnern an J. C. Bachs vom Italienischen beeinflußte Version dieses Stils, sie sind melodiös, gefühlvoll, scheinbar leicht, doch folgen sie im Aufbau doch dem, was Leopold den „Faden" des Tonartenaufbaus nennt. Bis dahin ist noch wenig Gespür für eine Entwicklung durch Konflikte zu erkennen. Die frühe Sinfonie in Es-Dur – diese Londoner Symphonien sind in Wirklichkeit dreisätzige Ouvertüren – zeigt einen Hauch von heftigem Gefühl im langsamen Satz, doch passiert damit nicht viel mehr als eine simple Wiederholung.

Mozart komponierte schon früh in den meisten Gattungen, in denen er später zur Meisterschaft gelangte. Wenn er orchesterbegleitete Messen und andere Kirchenmusik schuf, erwies er sich als kompetent im gelehrten kontrapunktischen Stil, der wenigstens in Teilen solcher Werke gefordert wurde. Sein Versuch einer italienischen Komischen Oper, *La finta semplice,* kam durch eine zufällige Empfehlung Josephs II. zustande, als die Mozarts 1768 in Wien weilten. Der sparsame Joseph wollte für die Oper keine finanzielle Verantwortung übernehmen, und der damalige Impresario setzte das Stück zuletzt gar nicht auf den Spielplan. Leopold sprach von Intrigen und Verfolgung; möglicherweise schoben die italienischen Musiker in Wien, ein clanartiger Klüngel, das Werk eines zwölfjährigen Außenseiters beiseite, doch *La finta semplice* war auch nicht bemerkenswert genug, nach einer Aufführung zu verlangen. Da war *Bastien und Bastienne*, ein kurzes Singspiel oder eine deutsche Komische Oper mit gesprochenen Dialogen, vielversprechender in seiner Klarheit.

Mitridate war Mozarts erster Versuch einer Opera seria, einer äußerst konventionellen Form, die bereits in Frage gestellt oder doch dem Geschmack der Zeit angepaßt wurde. Die Form entsprang letztlich aus den französischen Tragödien Corneilles und Racines.

Der in Rezitativen entwickelte Dialog machte in gewissen Abständen Platz für die Arien, welche einen bestimmten Affekt oder eine Empfindung darstellten, während die Handlung gleichsam eingefroren wurde; dies gab den Sängern Gelegenheit, ihre Fähigkeiten glänzen zu lassen. Im 18. Jahrhundert war die Opera seria auf virtuose männliche Sopranisten angewiesen, die vor dem Stimmbruch kastriert worden waren; dadurch wurde die Künstlichkeit dieser Gattung noch verstärkt. Mozart hatte das Glück, ein gediegenes dramatisches Libretto zu haben, dessen Vorlage von Racine stammte – was eine Ursache dafür ist, daß *Mitridate* heute noch Wirkung zeigt. Dies trifft auf die nächste Mailänder Oper, *Lucio Silla* (1772), nicht im selben Maß zu, obwohl diese Oper ein im bisherigen Werk unerreichtes Stück enthält: eine Grabszene für das Liebespaar und den Chor, die an Erhabenheit, Schrecken und Feierlichkeit durchaus mit dem Accompagnato vergleichbar ist, in dem Donna Elvira in die Seufzer der Holzbläser einfällt. Beide Werke zeigen, daß Mozart noch nicht imstande war, sich der monotonen Aneinanderreihung von in sich geschlossenen Nummern zu entziehen; er entschädigt uns dafür, vor allem in *Lucio Silla*, mit einer verschwenderisch reichen Instrumentalmusik. Aber die Lebendigkeit der besten Arien aus *Mitridate* versetzt das Publikum noch heute in Erstaunen.

Der Eintritt in die Jugendjahre bedeutete den unvermeidlichen Abstieg vom Status eines Wunderkindes. Für Mozart war das in jedem Fall eine schwierige Zeit, die sich noch dazu in die Länge zog, weil sein Körper langsam reifte. Er begann sich mit 22 Jahren erst richtig zu rasieren. (Bis dahin hatte seine Mutter den Flaum auf seinen Wangen mit einer Schere abgeschnitten.) Ähnlich lange brauchte auch seine Psyche Zeit, sich zu entwickeln. Er war vierundzwanzig, als er zum erstenmal seiner kleinen Lieblingsbase („Bäsle“) Maria Thekla Mozart einen Brief schrieb, der nicht eine Kaskade von Spaßwörtern und voll von Obszönitäten und skatophagischen Anspielungen war. Die „Bäsle"-Briefe verursachten den Amadeus-Mythos von Mozart als einem großartigen Kindskopf; sie brachten auch einige Biographen dazu anzunehmen, daß Wolfgang und Maria Thekla ein Liebespaar möglicherweise auch im physischen Sinne gewesen seien. Das scheint wenig stichhaltig.

Über Mozarts außereheliches Sexualleben weiß man nichts Genaues. Er war für Frauen höchst empfänglich. Seine Gefühle für sie, wie auch vieles andere, drückte er spielerisch aus. Wortspiele, Scherze und häusliche Balgereien rund um die Einrichtung: Cherubino, der hinter Susanna her ist. Vom Zeitpunkt seiner Pubertät an scheint er in ein Salzburger Mädel nach dem andern verliebt gewesen zu sein; war er unterwegs auf Reisen, lag er Nannerl damit in den Ohren, zum Teil in chiffrierten Postscripts zu seinen Briefen an die Familie. Er traf Maria Thekla, die Tochter seines Onkels Franz Alois, zum erstenmal im Alter von sieben Jahren und dann wieder, als er zehn war. Sie war zwei Jahre jünger als er. Sein Besuch 1777, als er einundzwanzig war, löste die berüchtigten „Bäsle-Briefe" aus. Maria Thekla war, wie er seinem Vater schrieb, „schön, vernünftig, lieb, gescheit und lustig … daß ist wahr, wir zwey taugen recht zusammen; denn sie ist auch ein bischen schlimm." Dann folgten Briefe, wie er sie von der nächsten Station seiner Reise an das Bäsle selbst schrieb: „verzeihen Sie mir meine schlechte Schrift, die feder ist schon alt, ich scheisse schon wirklich bald 22 jahr aus dem nemlichen loch, und ist doch noch nicht zerrissen – und ich hab schon so oft geschissen – und mit den zähnen den dreck ab-bissen … je vous baise vos mains, votre visage, vos genoux, et votre … afin, tout ce-que vous me permettez de baiser." („baiser" ist ein Wort mit doppelter Bedeutung.)

In späteren Briefen folgte noch viel mehr dieser Art. Man muß es im Zusammenhang sehen. Skatophagische

Witze waren, wie wir wissen, in Mozarts Familie durchaus üblich. Mozarts gesamte Korrespondenz, ja sogar seine Partituren sind voll von Reimen, Witzen und Wortspielereien. Später schrieb er z. B. in den Solopart eines Hornkonzerts, das er für seinen Freund Joseph Leutgeb geschrieben hatte: „hinüber zu dir, mein Herr Esel ... schnell ... mach schon ... und mut ...“ (und über vier Takte): „Was schon fertig geschissen?“

Die Übersetzerin seiner Briefe ins Englische, Emily Anderson, schreibt, daß er in vielen dieser Briefe, auch wenn er sich in Worten ausdrückte, in musikalischen Termini zu denken schien. Er schrieb Wörter und Sätze verkehrt herum wie eine umgekehrte musikalische Phrase (unterschrieb z.B. mit „Gnagflow Trazom“, oder schrieb „Teutschland von der Post ist noch nicht ankommen); verwendete – wie später James Joyce – Wortspiele wie dissonante Akkorde („Merditeranischen“), oder ging zu einem Lauf von Variationen zu einem Begriff über. „Sie mögen vertrauen, glauben, meinen, der Meinung seyn, der ständigen Hoffnung schmeicheln, in betracht ziehen, sich vorstellen, denken und überzeugt seyn, daß es uns allen wohl ergehet, aber ich kann ihnen der tatsache versichern ...“

Die Briefe an Maria Thekla enthalten viele solcher sinnloser Reimereien: „mir ist sehr leid, daß der H: Praelat Salat schon wieder vom Schlag getroffen worden ist fist, doch hoffe ich, mit der Hülffe Gottes spottes, wird es von keinen folgen seyn schwein ...“ – oder auch unsinnige Wortkaskaden, wie: „Potz himmel Tausen sakristey Cruatenschwerenoth, teüfel, hexen, truden, kreuz Battalion und kein End, Poz Element... Jesuiter, Augustiner, Benedictiner, Capuciner ...“ etc.

Nur hier finden wir Mozart tatsächlich mit genitalen Vorstellungen und Begriffen spielen, doch das meiste gehört in den Bereich der Analerotik „... Qui per ma la foi, ich scheiß dir auf d'nasen, so rinds dir auf d'koi a propos ...“, „schlafens gesund, reckens den Arsch zum mund!“

Dies charakterisiert die Bäsle-Briefe als eine nur zu bekannte Form pubertärer Albernheit, in der ein unreifes, wirres Sexualbewußtsein die jungen Leute dazu treibt, unter Ausbrüchen von heftigem Gekicher einander in derben Scherzen zu übertreffen. Was diese Briefe beachtenswert macht, ist der Umstand, daß sie erhalten geblieben sind. Solche Seifenblasen wurden selten schriftlich festgehalten. Über Mozart verraten sie uns nur, daß er lange brauchte, um erwachsen zu werden.

Seinen Eltern und seiner Schwester gegenüber präsentierte er sich immer als ein liebevoller Sohn und Bruder. (Die Vorstellung, er habe Nannerl absichtlich seine persönliche Aufmerksamkeit verweigert, weil er sie nur in Postscripts zu Briefen an seinen Vater ansprach, ist ein Anachronismus: In einer Zeit, in der die Post teuer war und Briefe in der gesamten Familie herumgereicht wurden, war dies durchaus üblich.) Aus den Jahren 1773 bis 1777 ist wenig über die Familie bekannt; in dieser Zeit hielt sie sich fast zur Gänze in Salzburg auf. Diese Jahre gehören zu den am spärlichsten dokumentierten in Mozarts Leben. Die Krise in seiner Beziehung zu seinem Vater brach 1777/78 aus, als er, nur von seiner Mutter begleitet, zu einer Reise durch Süddeutschland und nach Paris aufbrach.

Diese Reise sollte zu einem Desaster werden. Mozart vermochte weder eine Anstellung noch ein einträgliches Einkommen zu erlangen, er konnte nicht genug komponieren, und er verliebte sich in eine junge Sängerin, die seine Eltern ablehnten. Und inmitten dieser Tournee, in Paris, starb seine Mutter!

Leopold würde zweifellos mitgekommen sein, wenn er dazu imstande gewesen wäre. Er konnte es offenbar kaum ertragen, nicht dabei zu sein und alles unter Kontrolle zu haben. „... die Hölzer wirst du wohl allzeit wenn du wo bleibst, durch den Hausknecht in die stifl stossen lassen?“

Er blieb zu Hause, weil ihn ein neuer Fürsterzbischof dazu zwang. Der alte Erzbischof hatte 1763 Leopold zum stellvertretenden Kapellmeister und Hofkomponisten und 1769 Wolfgang zum Konzertmeister (eine geringere Position) ernannt.

Er hatte ihnen ausgedehnten Urlaub für ihre Reisen gewährt und diese sogar finanziell unterstützt, indem er entweder Leopolds Gehalt weiter bezahlte oder einen außergewöhnlichen Zuschuß beisteuerte. Wie auch immer, er starb 1772, und ein anderer Edelmann, Hieronymus Colloredo, wurde sein Nachfolger. Der neue Fürsterzbischof war ein unangenehmer Herr, vor allem, wenn es darum ging, den Mozarts Urlaub zu gewähren. 1777 beurlaubte er theoretisch zwar beide, Vater und Sohn, aber Leopold mußte bleiben, damit er sein Gehalt weiter bezahlt bekam. Dies war damals eine Notwendigkeit. Wir wissen nicht, wieviel die früheren Reisen mit den beiden Wunderkindern eingebracht hatten, aber die Reisekosten waren hoch und der Aufenthalt in Städten wie London und Paris teuer. Es scheint nicht so, als ob, wenn überhaupt, viel vom damaligen Verdienst übriggeblieben wäre. Leopold mußte Schulden machen, um die jüngste Reise seines Sohnes zu finanzieren.

Zweck dieser Reise war es, Wolfgang eine Anstellung außerhalb Salzburgs zu sichern. Beide Mozarts, Vater und Sohn, waren gründlich unzufrieden mit ihren Arbeitsbedingungen in der Bischofsstadt. Sie konnten nicht beide weg, doch zumindest für Wolfgang bestand die Möglichkeit, eine bessere Position an einem der deutschen Fürstenhöfe zu erlangen. Andere Möglichkeiten, die sie ins Auge faßten, waren ein Abstecher nach Paris (wo einige deutsche Komponisten sich in guten Verhältnissen befanden und Konzerte einträglich sein würden) oder ein Auftrag, in Italien eine neue Oper zu schreiben, vielleicht für das Königliche Theater in Neapel. „ich habe eine unaussprechliche Begierde eine neue opera zu schreiben ...“, erklärte Mozart, als sich eine Gelegenheit dazu zu bieten schien. Leopold lehnte dies nicht ab, aber bestand auf einer festen Anstellung, am besten in Deutschland, als wesentlicher Grundlage dafür. Wolfgang könne dann, wie viele andere, Urlaub für eine Saison in Italien bekommen.

Die Korrespondenz zwischen Leopold und Wolfgang zählt zu den faszinierendsten und ergreifendsten Dokumentationen, die jemals die Verhältnisse zwischen Vater und Sohn behandelten. Wir müssen dabei bedenken, daß im 18. Jahrhundert ein junger Mann von zweiundzwanzig Jahren kein selbständiger Mensch war. Bis er heiratete oder sich auf andere Weise von seinem Vater emanzipierte, erwartete man von ihm, daß er seinen Eltern gehorchte und zu ihrem Lebensunterhalt beitrug. Die Familie war wichtiger als das Individuum. Leopold bejahte diese geltende gesellschaftliche Regel, indem er von seinem Sohn erwartete: „... (es) soll deines vatters Glück und wohlfahrt allzeit deine erstliche erwägung seyn ...", und Wolfgang stellte sie nicht offen in Frage. Als Leopold im Zuge einer Auseinandersetzung ihn daran erinnerte, daß er als Kind die Fähigkeit seines Vaters, zu planen und vorzusorgen, gelobt und oft gesagt habe, „... gleich nach dem lieben Gott kommt der Papa ...", antwortete Wolfgang: „dazu halte ich noch immer."

Als er Leopold zu dessen Namenstag gratulierte, versprach er „ewigen Gehorsam"; an einem anderen St.-Leopolds-Tag betete er darum („so sonderbar, und vielleicht auch lächerlich ihnen dieser Wunsch vorkommen mag ..."), seinem Vater dazu während seines ganzen Lebens gratulieren zu können – vielleicht ein Hinweis darauf, daß er es vorgezogen hätte, seine Kindheit nicht abzustreifen. Er gab – nicht immer ehrlicherweise – vor, die Ratschläge seines Vaters zu befolgen, und in der Praxis tat er dies auch, wenngleich oft spät und eingeschüchtert. Leopold hatte folglich Brauch und Moral auf seiner Seite. Er war weltklug und zeigte, vielleicht auf oberflächliche Weise, daß er wußte, was in seinem Sohn vorging. (Er erriet zum Beispiel, daß Wolfgang während eines finanziellen Engpasses die Uhr seiner Mutter verpfändet hatte.) Gleichwohl war er – sogar in zeitgenössischen Augen – ein schwieriger Vater. Er versuchte seinen Sohn in allem zu kontrollieren, ob es nun um seine Schuhleisten, seinen Weinkonsum oder den Empfang der Sakramente ging. Wolfgang mußte ihm versichern, bei ersterem maßvoll und bei letzterem gewissenhaft zu sein. Vor allem aber versuchte er, Wolfgangs Karriere unter Kontrolle zu haben – und dies mittels langsamer Post.

Bei all dem zeigte Leopold einen unerfreulichen Zug von Selbstmitleid. Er verwendete dabei die Ausdrucksweise des sentimentalen zeitgenössischen Dramas. Für den Fall, daß Wolfgang zuviel trinken sollte, schrieb er: „... du kannst dir selber ausmalen, in welches unglück und elend du deine liebe Mutter stürzen würdest, von mir, deinem alten, ehrlichen vatter gar nicht zu reden."

Wolfgangs Plan, seiner jungen Sängerin und ihrer Familie zu folgen, veranlaßte ihn zu Klagen, daß er in Schulden stecke, Nannerl habe ihre Ersparnisse geopfert, um eine weitere Anleihe zu ermöglichen, seine Kleidung sei abgetragen, und er könne sich keine neue leisten. Noch Schlimmeres sollte folgen. Leopolds grundlegendste Klagen über seinen Sohn finden sich am besten zusammengefaßt in den Worten, die er etliche Jahre später, 1782, äußerte, als er bereits ruhiger geworden war. Wolfgangs hervorstechendster Fehler, schrieb er einer mit seinem Sohn befreundeten Edeldame, „... ist, das er garzu gedultig, oder schläfrig, zu bequem, vielleicht manchmal zu stoltz, und wie Sie dieses alles zusammen taufen wollen, womit der Mensch ohntäthig wird; oder er ist zu ungedultig, zu hitzig und kann nichts abwarten. Es sind zween einander entgegenstehende Sätze, die in ihm herrschen – zuviel oder zu wenig, und keine Mittelstrasse. wenn er keinen Mangel hat, dann ist er sogleich zufrieden und wird bequem und ohnthätig, muß er sich in activitet setzen, dann ... will er alsogleich sein Glück machen."

Es ist offensichtlich, daß Leopold vom materiellen Standpunkt aus recht hatte. Wolfgang hatte seine eigene Rechtfertigung, doch diese war nicht geeignet, sofort sein Einkommen zu sichern.

Mozart begann seine Reise spät im September 1777 in München, wo ihm der Kurfürst von Bayern erst sagen ließ, daß er sich in Italien einen Namen machen solle, um ihm dann, ohne ihn auch nur spielen gehört zu haben, direkt mitzuteilen, daß für ihn keine Stelle vorhanden sei. Mozart ärgerte seinen Vater, indem er vorgab, daß er von zehn in München ansässigen Herren im Austausch gegen neue Kompositionen subventioniert würde; er war einen derartigen Handel mit einem hohen Adeligen, der dann plötzlich gestorben war, tatsächlich eingegangen; aber das mit zehn zu multiplizieren und als fixiert auszugeben war zumindest unwahrscheinlich. In Augsburg hatte er Schwierigkeiten, sich einen Konzerttermin zu sichern, und blieb selbst mit diesem Konzert ohne finanziellen Erfolg. Wenigstens schrieb er das nach Hause, doch wie wir wissen, führte er seinen Vater auch in anderen Belangen (wie über die Anzahl neu komponierter Werke) in die Irre, so daß sich bezüglich seiner sowohl auf dieser als auch auf späteren Reisen immer wieder geäußerten Angaben, seine Konzerte seien mit Verlusten verbunden oder doch nur von geringem Ertrag gewesen, die Frage stellt, ob er damit nicht Verluste einer ganz anderen Art kaschieren wollte. Er reiste dann weiter nach Mannheim, dem Sitz des Pfälzischen Kurfürsten, wo er vom späten Oktober an blieb.

Der Kurfürst, Karl Theodor, schien zunächst huldvoll: Er hörte Mozart spielen, bezahlte ihn (wenn auch nur mit einer goldenen Uhr), ließ ihn seinen illegitimen Kindern Musikunterricht erteilen und sagte in der sorglosen Art hoher Herrschaften, daß eine deutsche Oper „leicht arrangiert werden könne". Er ließ Mozart im Ungewissen bis zum 8. Dezember, dann teilte auch er ihm mit, daß es keine freie Stelle gebe. Es gab auch keine Oper. Am 31. Dezember kam die Nachricht vom Tod des Kurfürsten von Bayern, stürzte die Hofhaltung in Trauer und brachte alle öffentlichen Aufführungen zum Stillstand. Dennoch blieb Mozart bis zum 14. März 1778; im Januar unternahm er einen Abstecher zum Landsitz der Prinzessin Caroline von Nassau-Weilburg; diese war ein Mitglied der holländischen Herrscherfamilie, für die er als Kind gespielt hatte.

Seine Mittel reichten gerade aus, um zu bleiben; er unterrichtete zwei Schüler und übernahm den Auftrag, einige Flötenkonzerte und -quartette für einen Amateur zu schreiben. Dies scheint er seinem Vater unrichtig dargestellt zu haben; auch ließ er den Auftrag typischerweise unvollendet. Er hatte zwei triftige Gründe zu bleiben. Der eine war das berühmte Mannheimer Orchester: In einer Zeit, in der Orchestermusik keineswegs die bevorzugte Form des Musizierens darstellte, war es einzigartig in seiner Virtuosität und vor allem in seinem Umgang mit der Lautstärke. Mozart lernte einige der Musiker kennen, vor allem den Kapellmeister, Christian Cannabich. Er gab dessen Tochter Rosa Klavierstunden und porträtierte sie, wie er sagte, im langsamen Satz der Klaviersonate in C-Dur (KV 309); möglicherweise war er eine Zeitlang in sie verliebt. Die nach seiner Rückkehr nach Salzburg entstandene Sinfonia concertante in Es-Dur für Violine und Viola (KV 364) verrät etwas von der Erregung, welche die Entdeckung der musikalischen Möglichkeiten in dieser Stadt in ihm verursacht hatte. Sie verkörpert die symphonische Kraft und das mächtige Crescendo des Mannheimer Orchesters ebenso wie die „singenden“ Fähigkeiten seiner Solospieler. Er hatte eine neue musikalische Welt entdeckt.

Der andere Grund für seinen verlängerten Mannheimer Aufenthalt war die an einem unbekannten Tag, vielleicht im November, geschlossene Bekanntschaft mit der Familie eines Notenkopisten namens Fridolin Weber. Dieser

Mann hatte vier Töchter, drei davon waren angehende Sängerinnen. Mozart verliebte sich in die zweite Tochter, Aloisia, die damals sechzehn Jahre alt und als Sopranistin imstande war, eine schwierige Arie aus *Lucio Silla* zu singen. Erst am 17. Januar 1778 erwähnte Mozart die Weberschen gegenüber seinem Vater. Er trat mit ihnen zusammen im Haus der Prinzessin Caroline auf – für sehr wenig Geld. Nachdem Leopold die Chance einer Anstellung in Deutschland zu bezweifeln begonnen hatte, waren er und sein Sohn dahin übereingekommen, daß Wolfgang zusammen mit zwei deutschen Musikern nach Paris reisen und dort eine gut organisierte Konzertreihe beginnen sollte.

Seine Mutter sollte nach Salzburg zurückkehren. Doch nach seiner Rückkehr von Prinzessin Carolines Landsitz schrieb Wolfgang am 4. Februar, daß er nicht mehr nach Paris reisen wolle. Statt dessen habe er vor, sich der Familie Weber anzuschließen. „Ich habe diese bedrückte Familie so lieb, daß ich nichts mehr wünsche, als daß ich sie glücklich machen könnte; und vielleicht kann ich es auch." Frau Mozart drückte es in einem geheimen Postscript etwas anders aus: „Aus diesem Brief wirst du ersehen haben, daß, wann der Wolfgang eine neue Bekanntschaft macht, er gleich Gut und Blut für solche Leute geben wolle."

Sie könnten, schrieb Wolfgang, gemeinsam nach Italien gehen, wo er eine Opera seria schreiben würde, in der Aloisia auftreten könnte. „zu verona will ich gern die opera um 50 Zechini schreiben; nur damit sie (Aloisia) sich Ruhm macht ... bis dahin werde ich mir schon durch andere reisen, die wir miteinander machen wollen, so viel geld machen, dass es mir nicht weh tuth. Ich glaube wir werden in die Schweiz gehen, vielleicht auch nach Holland ..."

Fridolin erschien ihm so rechtschaffen wie sein eigener Vater. Bei der Familie Weber „fand ich meine zerrissenen Kleider geflickt".

Dieser Brief, schrieb Leopold, habe ihn beinahe um seinen Verstand gebracht.

Von da an hatten er und sein Sohn eine lange Reihe von Auseinandersetzungen. Leopold war schon vom Beginn der Reise an irritiert gewesen wegen Wolfgangs leichtfertiger Reaktion auf seine wiederholten minutiösen Anweisungen. Ein- oder zweimal entschuldigte er sich dafür, „mürrisch" gewesen zu sein, doch bestand er auch in Kleinigkeiten, wie etwa dem Datum eines Briefes, darauf, im Recht zu sein. Er ahnte richtigerweise, daß sein Sohn Geld verlor oder doch keine Einnahmen hatte und daß er den augenfälligen Weg zum Erfolg verfehlte. Er solle die richtigen Leute hofieren, keine Zeit verschwenden und sich nicht billig verkaufen; wenn er tatsächlich eine deutsche Oper zu schreiben bekäme, solle er den natürlichen und populären Stil wählen, den jedermann verstehe. Der grandiose Mannheimer Stil, von dem er wußte, daß sein Sohn sich dafür interessierte, solle großen Themen vorbehalten bleiben: „Alles an seinem Platz."

Wenn Mozart nach Paris ginge, sei zu bedenken: „... In Paris zu leben gehört ganz eine andere Lebensart, eine andere Gedenkungsart, tägliches nachdenken etwas zu gewinnen, und die aüsserste Politesse, sich bey Personen von Stand zu insinuiren dazu ..." Es sei „kein Spaß", fügte er hinzu, „... so eine reise zu unternehmen und von zufälligen geldeinnahmen leben zu müssen." – Und es war zweifellos nicht eben beruhigend, von Wolfgang einen Brief zu bekommen, der zur Hälfte spaßhafte Grüße an das ganze Alphabet enthielt: „ich kann gescheüt nichts heüte schreiben, denn ich heis völlig aus dem fiel. der Hapa üble es nicht müssen Paben, ich so halt einmal heüt bin."

Auf Vorwürfe wegen seiner Leichtfertigkeit antwortete Wolfgang: „Wenn sie aber die ursach, meiner nachlässickkeit, sorglosikeit und faulheit zuschreiben, so kann ich nichts als mich für ihre gute Meinung bedancken, und von herzen bedauern, daß sie mich, ihren sohn, nicht kennen.

Ich bin nicht sorgloß, ich bin nur auf alles gefast, ich kann folgend alles mit gedult erwarten, und ertragen – wenn nur meine Ehre und mein guter Name Mozart nicht darunter leidet. nun, weil es halt so seyn muß, so seye es. ich bitte aber im voraus sich nicht vor der zeit zu freüen oder zu betrüben, denn es mag geschehen, was da will, so ist es gut, wenn man nur gesund ist; denn die glückseelickeit bestehet – blos in der einbildung."

Vier Tage später, als der Kurfürst immer noch zögerte, schrieb er: „ich habe mich gänzlich dem Willen Gottes unterworfen." Leopold erwiderte, daß Gottes Wille den Menschen nicht entbinde, seine eigene Zukunft zu planen; Phantasie mache nicht glücklich, wenn man mittellos gestrandet sei.

Es war dies ein Generationenkonflikt – und sollte weiterhin einer bleiben. Leopold war der achtsame Handwerker in einem Zeitalter, in dem eine solche Position einen Gönner brauchte, Wolfgang hingegen war der Prototyp eines modernen Künstlers, der auf sein eigenes Genie vertraut. Bald sollte er großartig erklären, daß er aufhören würde zu unterrichten (was sein Vater tun mußte, um zurechtzukommen): „... ich bin ein Componist, und bin zum Capellmeister geboren ... Ich darf und kann mein talent zu Componieren, welches mir der gütige Gott so reichlich gegeben hat ... nicht negligiren ..."

Eine nützliche Parallele enthält die Biographie eines Malers des frühen 20. Jahrhunderts, Gino Severini. Er war der Sohn eines schlechtbezahlten Gerichtsdieners. In Paris wurde er mehrmals delogiert, weil er seine Miete nicht bezahlen konnte, und oft mag er nicht gewußt haben, woher er seine nächste Mahlzeit nehmen sollte, aber er erklärte, während ein Gerichtsdiener wisse, daß er immer arm bleiben würde, habe ein Künstler doch andere Möglichkeiten: Ein wirklich gelungenes Gemälde oder gar eine Auktion sei jederzeit möglich. Deshalb blieb er selbst auf Kosten seiner Gesundheit bei seiner Kunst. Mozart war ein frühes Beispiel dieses künstlerischen Selbstbewußtseins, das für ihn selbst völlig gerechtfertigt war. 1777/78 wirkte es freilich eher störend auf den Umstand, daß er von seinem Vater sowohl finanziell als auch im Hinblick auf dessen Anordnungen abhängig war.

Der Brief über die Weberschen, der Leopold „beinahe um den Verstand brachte", hatte massive Vorwürfe zur Folge. Leopold brachte die früheren Verfehlungen seines Sohnes wieder aufs Tapet, einschließlich vermuteter Amouren (unter anderem mit Maria Thekla). Wolfgangs jüngste Absicht, mit der Familie Weber in alle Himmelsrichtungen auf und davon zu gehen, sei „kindisch ... übel bedacht ... undurchführbar". Er schloß, für nun oder später, eine berufliche oder sogar vorübergehende sexuelle Bindung zwischen seinem Sohn und Aloisia nicht aus, doch verbreitete er sich detailliert über die schrecklichen Folgen, falls die Interessen der Mozarts jenen der Weberschen geopfert werden sollten: „Es kommt nur auf deine Vernunft und Lebensart an, ob du als ein gemeiner Tonkünstler, auf den die ganze Welt vergisst, oder als ein berühmter Capellmeister, von dem die Nachwelt auch noch in Büchern lieset, – ob du von einem Weibsbild eingeschläfert mit einer Stube voll nothleidender kinder auf einem strohsack – oder nach einem Christ: hingebrachten Leben mit Vergnügen, Ehre und Nachruhm, mit allem für deine Familie wohl versehen, sterben willst?"

Dieses Szenario war realistisch genug – arme Musiker starben im Stroh, Kinder verhungerten tatsächlich –, aber das berührte Wolfgang nicht innerlich. Sein Bedürfnis nach Unabhängigkeit war heftig, obwohl er wenig unternehmen konnte, es in die Tat umzusetzen. In demselben schrecklichen Brief rief ihm sein Vater in anrührender Weise ihre alten Gute-Nacht-Spiele in Erinnerung. Wolfgang antwortete: „die Zeiten, wo ich ihnen auf dem Sessel stehend das oragna fiagata fà sang, und sie am Ende auf das Nasenspitzl küste, sind freylich vorbey, aber hat dessentwegen meine Ehrfurcht, liebe und gehorsam gegen sie abgenommen?"

Dennoch befahl ihm Leopold rechthaberisch: „Fort mit dir nach Paris! und das bald, setze dich grossen Leüten an die seite – aut Caesar aut nihil!"

Mozarts Mutter sollte mit ihm nach Paris gehen, offenbar, um ihn in Zaum zu halten. Wolfgang gab klein bei. Er habe, sagte er, aus einer Laune heraus geschrieben und nicht wirklich daran gedacht, mit den Weberschen zu gehen. Er sei „reinen Herzens" und habe keine bösen Absichten gegenüber Aloisia oder, was das beträfe, gegenüber Maria Thekla gehabt. Er entschuldigte sich dafür, daß er manchmal zu heftig werde, „... mithin werden sie mir, hoffe ich, verzeyhen, wenn ich bisweilen in Eyfer ausschweife – weil ich doch so sagen muß, obwohl ich lieber gesagt hätte, wenn ich natürlich schreibe ..."

Als Leopold ihn weiterhin mit Vorwürfen überhäufte, schrieb er: „Ich habe auf drey freünde mein vertrauen, und das sind starcke und unüberwindliche freünde, nemmlich auf Gott, auf ihren kopf, und auf meinen kopf: unsere Köpf sind freylich unterschieden, doch jeder in seinem fach sehr gut, brauchbar und nützlich ..."

Erwies sich sein Kopf nicht als gleichgestimmt mit dem seines Vaters, hoffte er, er würde sich durchsetzen. Aber er ging, keine Frage, nach Paris.

Dort fiel er durch. Sein Scheitern war sowohl beruflicher als auch gesellschaftlicher Natur. Beides ging Hand in Hand. Zwar konnte er nahezu sofort eine Symphonie für die Concerts Spirituels, die wichtigste Konzertveranstaltung, komponieren, doch dann war es ihm nicht möglich, seine Sinfonia concertante (KV 297b) aufzuführen. Er komponierte den Großteil eines Balletts, aber bekam keinen Auftrag dafür. Er hatte drei Schüler; für eine Schülerin und ihren Vater, einen Herzog, schrieb er ein Konzert für Flöte und Harfe, doch, wie er berichtete, zahlte der Herzog weder für das Konzert noch für die Unterrichtsstunden (Mozart hatte den rechten Augenblick versäumt, ihn danach zu fragen) und verließ die Stadt. Mozart kündigte eine französische Oper an – ein aufwendiges Unternehmen – und dies, obwohl er schon sein Mißfallen gegenüber der französischen Musik und ihrem Gesangsstil ausgedrückt hatte; diese Oper scheint nie über ihre Planung hinausgekommen zu sein.

Es war die Rede davon, daß er Hoforganist in Versailles werden sollte, doch er wollte nichts dergleichen. Er wollte Hofkomponist oder gar nichts werden. Seine Verhandlungen mit dem Hochadel verdrossen ihn: Man ließ ihn zuerst in kalten Vorzimmern warten und bot ihm dann weder Aufmerksamkeit noch Geld. All dies weckte in ihm die Sehnsucht nach Italien. Dann, am 3. Juli 1778, starb seine Mutter. Ihre Krankheit ist unbekannt und währte nur kurz. Sie bestand auf einem deutschen Arzt, und Mozart gelang es, seiner eigenen Darstellung zufolge, nicht gleich, einen aufzutreiben. Der Arzt kam vier Tage zu spät. Mozart schrieb seinem Vater einen Brief, um ihn darauf vorzubereiten, wobei er sich, wie schon oft zuvor, auf den Willen Gottes berief. Er sprach nicht davon, aber sein Verhalten verriet tiefe Trauer und deutete späterhin sogar auf eine Depression.

Er zog zu einem alten Gönner der Familie, Baron Melchior Grimm, einem Deutschen, der Mitglied einer aufgeklärten Gruppe französischer Intellektueller war. Er war opernerfahren und dürfte Mozart dazu gebracht haben, eine rasche Entwicklung der Handlung zu schätzen und das Libretto der Musik unterzuordnen. Wie auch immer, bei den in Paris üblichen ästhetischen Auseinandersetzungen opponierte Grimm gegen die traditionelle französische Oper, während Mozart sie so wie Gluck handhaben wollte. Grimm war ein trockener Geselle; er schrieb alsbald an Leopold, daß Wolfgang nicht umsichtig genug wäre und daß er mit der Hälfte seines Talents und dem Doppelten an gesellschaftlichem Geschick besser voranzukommen könnte. In Paris müsse man „unnachgiebig, unternehmungslustig und dreist“ sein. Mozart war nichts davon.

Grimms Brief bestärkte Leopold in allem, was er – wie immer zu Recht – vermutet hatte. Von Anfang an hatte er seinen Sohn dazu gedrängt, die Mächtigen zu hofieren, dem französischen Geschmack zu entsprechen und im Endeffekt das Geld zu nehmen, das ihm geboten wurde, und, wenn er dies wolle, dann nach Italien zu eilen. Er drängte ihn nun, etwas zu veröffentlichen, das „kurz, leicht und populare“ im Stil J. C. Bachs sei: „Was gering ist, kann doch groß seyn ...“

Sei dem wie immer, Mozart hatte J. C. Bach und leichte, kurze Stücke bereits hinter sich gelassen. Weder wollte er die Mächtigen hofieren, noch war er darin gut. Im Pariser Musikleben, das auf Geschmeidigkeit, Beharrlichkeit und Schlagfertigkeit setzte, war er ein Versager. „Paris“, schrieb er vierzehn Tage nach dem Tod seiner Mutter, „... ist meinem Genie – lust – wissenschaft und freüde ganz entgegen ...“

Leopold hatte die ganze Zeit über seine gewohnten Klagen und Ausbrüche von Selbstmitleid fortgesetzt. Ende August 1778 begriff er endlich den Fehlstart seines Sohnes in Paris. Er entschied nun, daß Wolfgang zu seiner alten Stelle als Konzertmeister in Salzburg, die er wiederzuerlangen vermocht hatte, zurückkehren sollte, mit der Aussicht, später einmal in München oder in Italien eine Stellung zu erlangen. In demselben Brief eröffnete er Wolfgang das chiffrierte Postscript seiner Mutter aus Mannheim, in dem sie sich über die Bereitschaft des Sohnes äußerte, für die Weberfamilie alles zu opfern. Er fügte hinzu: „... sie musste aus Salzburg mit dir fort reisen und durch deine neue bekanntschaft ihre zurückreise nach Salz; gehindert werden ...“

„... wäre deine Mutter von Mannheim nach Salz: zurückgekommen, so würde sie nicht gestorben seyn ...“

Obwohl er im nächsten Satz feststellte, daß „die göttliche Vorsehung“ in jedem Fall den Zeitpunkt des Todes von Frau Mozart bestimmt haben würde, sollte dies in seinem Sohn Schuldgefühle bewirken. Das war unverzeihlich. Ob Wolfgang es damals oder späterhin vergab, ist zu bezweifeln.

Mozart stimmte zu, nach Salzburg zurückzukehren, hüllte aber den Zeitpunkt in einen Dunstkreis des Ungewissen. Er stellte eine Reihe von Bedingungen und ließ durchblicken, daß seine Pariser Angelegenheiten sich eben zum Besseren wendeten. Wenn er noch einige Jahre aushielte, könnte „ich meine Sache ganz gewis sehr gut machen ...“ Tatsächlich jagte ihn Grimm, mit dem er nun im Streit lag, am 26. September aus der Stadt. Er verbrachte einen Monat in Nancy und Straßburg, wo er Konzerte gab, die (wie er wieder einmal berichtete) sehr wenig eintrugen.

Entgegen Leopolds Wünschen ging er wieder nach Mannheim. Die Familie Weber war nicht mehr dort, sie war dem Kurfürsten nach München gefolgt, wo Aloisia einen Vertrag als Opernsängerin bekommen hatte. Diesmal wurde Mozart durch eine neue musikalische Erfindung aufgehalten, das Monodrama oder Melodrama, ein gesprochenes Stück mit Orchesterbegleitung. Mozart stimmte zu, etwas Derartiges zu komponieren, und das ohne Bezahlung. Er sprach schließlich sogar davon, in Mannheim eine Anstellung zu bekommen, mit der Aussicht, daß der Kurfürst (und die Weberschen!) bald zurückkehren würden. Leopold wurde daraufhin wütend. „Ich werde noch wahnsinnig oder sterbe an einem Schlagfluss.“ Sein Sohn treibe ihn immer tiefer in Schulden, während er Luftschlösser baue. Am 9. November schrieb er Wolfgang, so rasch wie möglich heimzukehren. Wolfgang gab keine Antwort (er gab zu verstehen, daß er es nicht ertragen könnte), aber er trödelte auf seiner Reise nach München weiter in Süddeutschland herum.

Am Weihnachtstag traf er in München ein – doch nur, um dort herauszufinden, daß Aloisia nicht mehr an ihm interessiert war. Leopold, der über diese weitere Verzögerung völlig verbittert war, schrieb am 28. Dezember: „... Ich will also, dass du alsogleich nach meiner vorschrifft abreisest, da es abscheulich ist ... oder muß ich selbst auf die Post sitzen und dich abholen ...?"

Mozart lieferte zwei Erklärungen für seine Verzögerung: Er müsse dem Kurfürsten einige Sonaten abliefern (und auf die Bezahlung warten); und: er werde zurückgehalten durch die Furcht, die Liebe seines Vaters verloren zu haben. Über diesen letzteren Punkt hatte ihn ein Salzburger Freund beruhigt, und er sah keinen Grund, die Vorwürfe seines Vaters zu scheuen. „... ich weis mich nichts schuldig, daß ich von ihnen vorwürfe zu befürchten hätte; ich habe keine fehler, (denn ich nenne einen fehler das, welches einem Christen und Ehrenmann nicht zustehet,) begangen ..."

Tatsächlich hing er noch länger in München herum, weil er die Premiere einer Oper sehen wollte, und kam schließlich Mitte Januar 1779 in Salzburg an.

Wir können nur vermuten, was in Mozart in den sechseinhalb Monaten zwischen dem Tod seiner Mutter und seiner Rückkehr nach Salzburg vorging. Seine Briefe verbergen ebensoviel, wie sie enthüllen. Wahrscheinlich befand er sich in einem Zwiespalt zwischen Trauer und Schuldgefühlen wegen seiner Mutter und Ärger über seinen Vater, über Grimm, die Pariser und die gesamte Welt der Erwachsenen. Ungewöhnlich lange Abstände zwischen seinen Briefen lassen das erkennen und werfen auch die Frage auf, was er damit bezweckte, z. B. einen Monat lang in Nancy oder Straßburg zu bleiben. Der Musikwissenschaftler Alfred Einstein war überzeugt, daß die a-Moll Klaviersonate, KV 310, die in Paris nach dem Tod seiner Mutter entstanden war, äußerst persönlich und ohne jede Spur jenes gesellschaftlichen Plaudertons sei, der damals erwartet wurde. Der ausgedehnte erste Satz ist in der Durchführung voll von explodierenden Gefühlsausbrüchen, das Andante klingt trüb, das Presto angespannt und schmerzlich. Es stimmt, wir neigen dazu anzunehmen, ein stürmischer, tragischer Ausdruck müsse persönlich und sanfte, fröhliche Musik unpersönlich sein – doch das ist eine romantische Vorstellung. Tatsache bleibt, daß Mozart – wie er selbst seinem Vater bekannte – in dieser Zeit außer dieser Sonate sehr wenig komponierte.

Von Aloisia versetzt zu werden, war ein weiterer Schicksalsschlag. „... denn heute kann ich nichts als weinen – ich habe gar ein zu empfindsames herz; ... mein herz ist gar zu sehr zum weinen gestimmt“, schrieb er an Leopold in einem, wie er selbst fühlte, ungewöhnlich intimen Bekenntnis. Dieses kreuzte sich, wie es der Zufall wollte, mit Leopolds strikter Aufforderung zur Rückkehr nach Salzburg vom 27. Dezember. Mozart war verbittert und zeigte dies auch, blieb aber „bis zum Tod Ihr äußerst gehorsamer Sohn“. Noch im November hatte Leopold geschrieben, sein Sohn sei nur „unbedacht“ – doch „... du hast ein zu gutes Herz! du hast keine Bosheit – du bist nur flüchtig. Es wird schon kommen!“

Dieser Ton schwand, als er zunehmend verbitterter wurde, auch wenn er dennoch „dein liebender Vater“ blieb. In seiner Antwort auf den „Ich-befehle-Dir-Brief“ seines Vaters griff Wolfgang dessen Hinweis auf die „glücklichen Träume“ auf, die ihn verführt hätten. Diese seien, wie er sagte, schwerlich glücklich. „... was will den dieß sagen, lustige traüme? ... ruhige traüme, erquickende, süsse traüme! – das ist es; traüme, die wenn sie wircklich wären, mein mehr traueriges als lustiges leben, leidentlich machen würden.“

Hier zeigt sich wieder der Unterschied der Generationen. Die Leopolds war realistisch, sie gehorchte einem Gott, der zugleich Schöpfer und Erhalter eines durch Vernunft geordneten Universums war; und sie war nur wenig berührt von den Gefühlen, die in den Werken von Sterne, Rousseau oder des jungen Goethe zum Ausdruck kamen. Wolfgang hingegen kündigte jene neue Generation an, für die Träume die äußerste Wirklichkeit werden sollten.

Die Jahre 1779/80 verbrachte er beinahe zur Gänze mit seinem Vater und seiner Schwester in Salzburg. Über diese Zeit wissen wir, abgesehen von Mozarts Kompositionen und Aufführungen, kaum etwas. Wolfgang und Leopold fanden sich bald wieder in einem Kriegszustand, diesmal gemeinsam gegen eine andere Autoritätsperson, die sie zu unterdrücken schien, ihren Arbeitgeber, den Fürsterzbischof. Mozart sollte sich von dieser Unterdrückung im Winter 1780/81 mit den Waffen der Kunst befreien – durch einen schöpferischen Triumph, die Oper, die er in Paris zu schreiben verfehlt hatte: *Idomeneo*. Das gab ihm die Zuversicht, die Dienste des Erzbischofs zu quittieren und sich in Wien als unabhängiger Komponist niederzulassen. Mit diesem Schritt gelang ihm vermutlich auch, soweit dies überhaupt jemand in diesem Leben möglich ist, seine Befreiung vom Vater.

II. Der Konflikt mit der Obrigkeit

Graf Hieronymus Colloredo, der letzte regierende Fürsterzbischof von Salzburg, blieb der Nachwelt in Erinnerung, weil er Streit mit Mozart hatte und weil sein Kämmerer den jungen Komponisten mit einem berüchtigten Fußtritt hinauswarf. Er wurde oft als ein Narr oder Tyrann bezeichnet. Aber er war ein Reformer. Von seinem eigenen Standpunkt aus gab es gute Gründe, die Mozarts kurz zu halten.

Bei seiner Inthronisation 1772 war Colloredo vierzig, bereits Kirchenfürst und ein Aristokrat mit weitreichenden Verbindungen in Wien. Er stimmte mit der aufgeklärten Politik Josephs II. überein und ging daran, diese in Salzburg einzuführen. Er brachte einen Zug von Strenge in ein weitläufiges kirchliches Leben; Ziel dieser Bemühungen war es, Zeit und Geld zu sparen und eine reinere Form des Gottesdienstes einzuführen. Gesungene Messen sollten nicht länger als eine Dreiviertelstunde dauern; die Verständlichkeit des Textes sollte Vorrang bekommen. Deutschsprachige Gesänge traten in den Vordergrund, und Instrumentalmusik, mit Ausnahme der Orgel, wurde zurückgedrängt. Auch die Hofmusik, die sich früher die halbe Nacht hinzog, wurde nun auf wenig mehr als eine Stunde beschränkt. Diese Vorgaben wurden zwar nicht immer wörtlich durchgeführt, vor allem nicht im Dom selbst, außer wenn Colloredo selbst die Messe zelebrierte. Nichtsdestoweniger mußten auch die Musiker auf der Hut sein; wie andere Bedienstete hatten sie sparsam, sauber und fleißig zu sein.

Es gehörte nicht zum Wesen dieser „aufgeklärten" Politik, Freiheiten zu gewähren. Der neue Fürsterzbischof war, ebenso wie Joseph II., ein Autokrat. Es bedeutete auch nicht, einheimische Musiker zu bevorzugen. Colloredo war, wieder wie Joseph – und auch wie sein eigener

Fürsterzbischof Hieronymus Joseph Franz de Paula Graf von Colloredo; Ölgemälde, anonym; Mozart-Museum Salzburg.

Kaiser Joseph II. (1741–1790); Kupferstich von F. John, nach H. F. Fuger; Mozart-Museum Salzburg.

Vorgänger – musikalisch gebildet. Alle drei vertraten die Ansicht, daß die besten Musiker Italiener seien. Dies war in einer Zeit, in der die italienische Oper ganz Europa (mit Ausnahme Frankreichs) beherrschte, die allgemeine Meinung. Leopold Mozart mußte zweimal mit ansehen, wie ein mittelmäßiger Italiener ihm selbst als Hofkomponist vorgezogen wurde. Er blieb von 1763 bis an sein Lebensende, 1787, Stellvertreter. Nicht daß Leopold die Spitzenposition tatsächlich verdient hätte. Er hatte jahrelang Urlaub genommen, um seine Kinder in Europa herumzuzeigen, und er hatte öfter als einmal Sonderurlaub für bestimmte Vorhaben bekommen – zum Beispiel, als er versuchte, für Wolfgang einen Posten beim Habsburger Regenten der Toskana, einem Bruder Josephs II., zu erwirken. Bald nach Colloredos Inthronisation suchte er um einen weiteren Urlaub an. Für einen regierenden Fürsten hatten Bedienstete – und das waren die Mozarts – treu zu dienen, sich fügsam zu zeigen und die Arbeit zu tun, für die sie bezahlt wurden. In einer hierarchischen Gesellschaftsordnung konnte einem Musiker, der eine Hofstelle verließ, um in dieser oder jener Stadt Konzerte zu geben, der Vorwurf gemacht werden, er gehe betteln. Colloredo benützte diesen Ausdruck für die Mozartschen Reisen – genauso wie Maria Theresia etliche Jahre zuvor einem ihrer Söhne abgeraten hatte, Mozart eine Stellung in Mailand zu gewähren: Warum wolle er sich mit „nutzlosen Leuten“ dieser Art belasten? „... Cela avilit le service, quand ces gens courent le monde comme gueux ...“ (Wenn man sie in Diensten hat, stören sie die Reputation, indem sie wie Bettler durch die Welt ziehen.)

Es war amüsant gewesen, den sechsjährigen Wolfgang spielen und sich küssen zu lassen; doch einen nahezu erwachsenen herumziehenden Musiker anzustellen war eine andere Sache.

Viele Komponisten erfüllten die in ihre Dienste gesetzten Erwartungen, wie z.B. Haydn, der bis zum Jahr vor

Mozarts Tod die Livree des Fürsten Esterhazy trug. Leopold war jedoch darüber erbittert. Er spottete über den Erzbischof und seine Beamten und ließ zu, daß sein Sohn desgleichen tat. In einer kleinen Stadt und Hofhaltung wäre ihre Feindseligkeit – in einer Zeit, in der Verwaltungsbeamte Briefe zu öffnen pflegten – auch dann bekannt geworden, wenn die Chiffrierung, zu der sie in ihren Briefen manchmal Zuflucht nahmen, schwieriger zu knacken gewesen wäre.

Wolfgang, der 1769 als dritter Konzertmeister angestellt wurde, arbeitete anfangs ohne Bezahlung; es war dies eine Art von Lehrstelle, die eine spätere Bezahlung mit einschloß; die erfolgte ab 1772. Das Gehalt, 150 Gulden jährlich – weniger als ein Drittel des väterlichen Salärs –, war bescheiden. Sein Gegenwert entsprach in England 16 Pfund, dem Lohn eines landwirtschaftlichen Arbeiters. Aber der Wechselkurs machte England für kontinentale Reisende berüchtigt teuer. In Salzburg reichte dieser Betrag ein Gutteil weiter; außerdem lebte Wolfgang bei seinen Eltern.

Zu den Aufgaben in dieser Stellung gehörten weltliche und geistliche Kompositionen sowie die Mitwirkung bei den Proben. Nach seiner mißglückten Reise von 1777 bis 1779 durch Süddeutschland und Paris wurde Wolfgang zum Hoforganisten bestellt, eine Position, die zuvor ein hochgeschätzter Freund der Familie, Cajetan Adlgasser, bis zu seinem Tod innegehabt hatte. Wolfgangs Gehalt betrug 450 Gulden, um 50 Gulden weniger als das seines Vaters. Die Reise markierte also eine Veränderung in Mozarts Karriere. Einerseits stieg sein Gehalt, anderseits aber fühlte er sich der Stadt noch mehr entfremdet, war noch begieriger fortzugehen, und dennoch lastete die aus dieser letzten Reise gewonnene Erkenntnis auf ihm, daß er anderswo schwerlich eine bessere Anstellung finden könne.

Was von ihm in seiner neuen Position erwartet wurde, können wir aus einigen spitzen Bemerkungen im späteren

Anstellungsdekret für Michael Haydn (Joseph Haydns jüngerer Bruder, ein altgedienter Salzburger Musiker) entnehmen: Michaels Pflichten sollten die gleichen sein wie die des jungen Mozart, mit der zusätzlichen Klausel, daß er mehr Fleiß zeige, die Kapellknaben im Klavierspiel unterrichte und öfter für „unsere Dom- und Kirchenmusik" komponiere.

Mozart mag mit den Unterrichtsstunden für die Kapellknaben geknausert haben, aber die Anspielung auf seine angebliche Faulheit als Komponist war nicht fair. Während seiner Salzburger Jahre schrieb er stetig und reichlich Musik für den „täglichen Gebrauch".

Die Stadt bot größere Möglichkeiten, als Mozarts abfällige Bemerkungen 1778/79 vermuten lassen. Damals war er schon im Streit mit Colloredo und stand wegen seiner mißglückten Pariser Reise unter Druck. „... sie wissen, wie mir Salzburg verhasst ist ... daß Salz: kein orth für mein Talent ist ... es ist kein Theater da, keine opera ..." Das Orchester habe „keine Clarinettn", die Hofkapelle „keine bedeutenden Sänger". Ihre Musiker ließen die Ernsthaftigkeit und Disziplin vermissen, die er in Mannheim vorgefunden habe. Sie seien „derb, schlampig, liederlich", immer unterwegs in den Kneipen. Die Salzburger Sprache und Manieren waren „mir gänzlich unerträglich".

Diese Anwürfe stellen eine sehr eigenwillige Anklage dar. Die Stadt hatte immerhin einen Fürstenhof, mehrere große Kirchen, eine Universität, ansässigen Adel und finanzkräftige Kaufleute als Gönner zu bieten, die andauernd musikalische Werke bestellten. Unter Wolfgangs besonderen Protektoren waren zwei Gräfinnen, und zwei angehende Doktoren der Medizin, etwa im gleichen Alter wie er, zählten zu seinen engsten Freunden. Eine Generation früher waren solche Lebensbedingungen – abgesehen von einigen Nörgeleien – für J. S. Bach ausreichend gewesen.

Mozart war jedoch ein neuer Typus von Musiker, der sich selbst als individueller Künstler sah. Ja, noch mehr, er wußte, daß er der Beste war. Er hatte recht, wenn er es auch auf unkluge Weise zeigte. Als er kurz vor der 1777er Reise stand und hoffte, daß ihm der Kurfürst von Bayern eine Stellung bieten würde, erbot er sich, es mit allen Komponisten in München und auch einigen aus Italien, Frankreich, Deutschland, England und Spanien aufzunehmen. Nebenbei gesagt war sein Genie eher dramatischer als beschaulicher Natur. Für einen solchen Komponisten mußten die neuen Richtlinien der Salzburger Kirchenmusik verheerend sein; Wolfgang komponierte zahlreiche Messen (allein fünf in den Jahren 1775/76), aber einige davon waren nur Routinearbeiten. Zu all dem gierte er danach, italienische Opern zu komponieren, jene Art von Musik, die für einen ehrgeizigen Musiker des 18. Jahrhunderts am erstrebenswertesten war. Salzburg hingegen leistete sich, abgesehen von einer einzigen, während eines langen Zeitraums keine Opern. Sogar ernste Theaterstücke (die häufig musikalische Einlagen erforderten) wurden nur dann und wann aufgeführt.

Schon während seiner frühen Salzburger Jahre beklagte Mozart den Mangel an Theatermöglichkeiten. Es gelang ihm, eine italienische Komische Oper zu schreiben, *La finta giardiniera* (1775), doch die war für München bestimmt und brachte ihn nicht weiter. Zur Zeit des alten Fürsterzbischofs war in Salzburg *La finta semplice* aufgeführt worden, jenes Werk des Wunderkindes, das Wien ignoriert hatte. Doch was seine Abstecher nach Italien betraf (zuletzt 1772), hatte Mozart keine Möglichkeit, etwas Dramatischeres zu schreiben als eine Pastorale, eine schmeichelnde Allegorie, oder die Chöre für eine Festspielaufführung. Erst nach der Pariser Reise, 1780, bot endlich München eine große Gelegenheit. Nicht zufällig erwies sich diese auch als sein Weg, um Salzburg und den Fürstendienst aufzugeben.

In der Zwischenzeit kündigten die Werke, die er für den Hof und die Stadt komponierte, eine neue künstlerische Reife an. Von der Mitte der 1770er Jahre an verkörperten sie den in erster Linie von Mozart und Haydn bestimmten klassischen Stil, der die beinahe erschöpften „galanten" mit den „gelehrten" Formen der abendländischen Musik zu einer Synthese verschmolz und schließlich überwand. Sein besonderes Kennzeichen ist, wie Charles Rosen schreibt, die „symmetrische Auflösung gegensätzlicher Kräfte"; eine strenge Beherrschung der Tonalität sorgt für Symmetrie, ein bedachtsamer Aufbau der harmonischen Spannung und rhythmische Abwechslung im Verlauf bewirken die Aussöhnung der einander dramatisch entgegengesetzten Kräfte. Dieser „Stil der wiederholten Darstellung" (Re-interpretation) verleiht vor allem durch die Modulation einer Phrase ein völlig neues Erscheinungsbild, indem er sie in einen anderen Zusammenhang stellt. Rosens ausgezeichnete Studie sollte als Ganzes gelesen werden. Wer immer zu erkennen vermag, wie Mozart imstande war, durch Licht und Schatten unvorhergesehener Modulationen den dramatischen Knoten am Ende eines Stückes zu lösen, wird von dieser ausführlichen Analyse profitieren. Doch selbst für ein ungeübtes Ohr sind Mozarts ab 1773 entstandene Salzburger Werke eindeutig „mozartisch".

Er schrieb in diesen Jahren sehr viel. Die Vorstellung, er sei ein spontaner Komponist gewesen, der seine Musik im Kopf komponiert und in der nächsten Minute ohne einen weiteren Gedanken niedergeschrieben habe, ist eine romantische. Er sagte einmal, „… das Componieren ist meine einzige freude und paßion", und bei einer anderen Gelegenheit: „… alles ist im Kopf schon componiert, aber noch nicht ins reine geschrieben." Wenn die Zeit drängte, konnte er sehr schnell arbeiten. 1783 brachte er es fertig, die Linzer Symphonie in C-Dur, KV 425, in fünf Tagen zu schreiben. Doch war oft harte Arbeit mit Feder und

Tasteninstrument notwendig, bis er mit einem Stück wirklich zufrieden war. Von seinen vielen unvollendeten Skizzen verwarf er einige, weil sie ihm nicht gelungen erschienen. Und gleichzeitig war er bereit, musikalische Gegenstücke zur Arbeit eines Journalisten zu liefern – handwerkliche Stücke, die ordentlich gearbeitet waren, aber ihn nicht tief berührten.

Diese letzteren bilden den Hintergrund seiner Salzburger Zeit, vor allem der Jahre 1772 bis 1777, vor seiner Pariser Reise. Es bestand eine Nachfrage nach Unterhaltungsmusik für festliche oder gesellige Gelegenheiten, oder auch als Umrahmung für ein Konzert – Stücke, die Streich- und Holzblasinstrumente verbanden und als Divertimento, Cassation oder Serenade bezeichnet wurden, aber auch richtige Streichquartette oder Symphonien –, denn in den frühen Salzburger Jahren enthielten diese noch nicht die Ernsthaftigkeit der Absicht, die sie später, größtenteils durch Mozart selbst und durch Haydn, erlangten. Damals wechselten Symphonien gerade von der dreiteiligen italienischen Ouvertüre zum viersätzigen Wiener Typus mit Menuett und Trio. Serenaden nur für Blasinstrumente waren Stücke, die im allgemeinen in Sommernächten im Freien aufgeführt wurden, wo sie mit einer lauen Brise, geselligen Plaudereien, Fackeln und einem vorüberhuschenden Gesicht im Wettstreit standen.

Überschäumend gute Laune beherrschte 1772 Werke wie die Symphonien in Es-Dur und D-Dur (KV 132, 133) und die beiden Divertimenti – oder vielmehr Serenaden – in D-Dur (KV 131, 136). Dazu kam die Bereitschaft, mit volkstümlichen Elementen zu experimentieren, wie z.B. beim reizvollen Dialog zwischen Flöten und Streichern im Andante von KV 133 oder dem absichtlich von Haydn entlehnten Thema im Andante von KV 132. Alfred Einstein glaubte in der fragmentarischen Struktur einen rebellischen Expressionismus zu erkennen, aber wir könnten sie auch sprunghaft nennen. Um 1774 war Mozart imstande, eine Symphonie im voll entwickelten klassischen Stil zu schreiben, die wohlbekannte A-Dur-Symphonie (KV 201); eine andere, in g-Moll (KV 183), könnten wir als düster bezeichnen. Um 1776 und 1779, vor und nach seinem Pariser Abenteuer, komponierte er Divertimenti für Streicher und zwei Hörner (KV 247, 287, 334), die Einstein als die „reinsten, heitersten, beglückendsten, vollkommensten" Kompositionen bezeichnete, die je geschrieben wurden, „ein verlorenes Paradies der Musik".

Eine strenge Eleganz kennzeichnet den Allegro moderato überschriebenen ersten Satz der A-Dur-Symphonie gleich von der in sanftem Piano beginnenden Mitte des Eröffnungsthemas an, das dann durch das gesamte Orchester geführt wird und immer mehr an Intensität und Mannigfaltigkeit gewinnt. Das Andante (mit gedämpften Streichern und punktierten Rhythmen) wirkt ruhig und sparsam, das Menuett robust, und der Finalsatz ist ein echtes, dramatisch entwickeltes Allegro con spirito. In jedem Satz relativiert ein anmutiges oder ruhiges Nebenthema die Spannung des Hauptthemas. Die eiligen Skalen der Streicher, die den letzten Satz unterstreichen und zu einem prägnanten Ende führen, sind nur einer der Kunstgriffe, die das Werk klassisch erscheinen lassen. Sein Gesamteindruck wird durch sparsame, sorgsam ausgewogene Ausdruckskraft bestimmt. Mehr braucht dazu nicht gesagt zu werden.

Die kleine g-Moll-Symphonie – deren unerbittlicher Druck im einleitenden Allegro con brio durch wiederholte, in ruhigen Momenten auch unheimlich wirkende Synkopen noch verstärkt wird, ließ manche an eine persönliche Krise denken. Diese drängende Spannung durchzieht alle Sätze mit Ausnahme des Andante, doch selbst darin erwecken die brummenden Fagottappoggiaturen, wie Stanley Sadie sagt, den Eindruck einer „ansteigenden Kette von Seufzern"; das Trio der Holzbläser hingegen bringt einen Hauch österreichischer Frische ein. Andere Komponisten, vor allem Haydn, schrieben damals Moll-Symphonien von ähnlich drängender Spannung, von denen Mozart einige kannte. Diese wurden als Teil der Sturm-und-Drang-Bewegung in Deutschland betrachtet, die ein Vorbote der Romantik war. Neal Zaslaw hält dem entgegen, daß die literarische Bewegung später einsetzte; diese musikalischen Spannungsausbrüche müßten daher ihren Ursprung in einer Übersättigung vom galanten Stil und einer Rückkehr zum Barock haben.

Eine umfassendere Erklärung ist notwendig. Der Anstoß zu einem tieferen Pathos wurde bereits durch Richardsons *Clarissa* und Rousseaus *La Nouvelle Héloise* gegeben. Beide waren der gebildeten Schicht in ganz Europa bekannt. So entstand ein lebhaftes Interesse an unbewußten, manchmal dunklen menschlichen Motiven. In allen Bereichen zeigten von den 1760er Jahren an die Künstler ein Bedürfnis nach unmittelbareren, reineren Formen und tieferem Empfinden. Mozart teilte dieses Interesse. Nicht nur die kleine g-Moll-Symphonie, sondern auch die einprägsamen Chöre und instrumentalen Zwischenspiele für das Schauspiel *Thamos, König von Ägypten* (oft als freimaurerisch angesehen, weil der Autor ein Freimaurer war, obwohl auch viele andere in deren Lobpreis von Tugend und Treue hätten einstimmen können) gehört dieser erweiterten protoromantischen Bewegung an. Die Thamos-Musik, die vermutlich zu unterschiedlichen Zeiten zwischen 1773 und 1779/80 geschrieben wurde, entwickelt eine unmittelbar expressive Aussagekraft, und einige Harmonien darin mögen die Zeitgenossen genauso „schrecklich" genannt haben wie manche Szenen in „Gothic Novels", die ihnen eine angenehme Gänsehaut verursachten. Nichtsdestoweniger mögen diese Stücke, ähnlich wie die kleine g-Moll-Symphonie, einem inneren Tumult Ausdruck verleihen. Um 1773 war diese Symphonie jedenfalls schwerlich eine Unterhaltungsmusik.

Die reifen Divertimenti und andere Gelegenheitsstücke der späten Salzburger Periode fanden ihren Höhepunkt in der Serenade B-Dur für 13 Instrumente, allesamt Bläser, außer einem Doppel-(Kontra-)Baß, der heutzutage durch ein Kontrafagott ersetzt wird (KV 361). Dieses Werk, das vermutlich 1781 kurz nach Mozarts Ankunft in Wien geschrieben wurde, wirkt schon auf den ersten Blick außerordentlich reichhaltig und geheimnisvoll. Seine sieben Sätze – eine harte Aufgabe für Bläser – sind von einer unerschöpflichen Vielfalt. Die wechselnden Stimmungen und Kombinationen von Instrumenten, die jedem Paar seine ganz individuellen Schattierungen und Charakterzüge geben, lassen das Werk zu einem geistigen Abenteuer werden. Der Rhythmus, der das erste Adagio bestimmt – aus einer rhythmischen Figur auf der gleichen Note (zwei Achtel gebunden, eine gestoßen) und einem Ostinato-Baß gebildet –, verläuft in langen melodischen Wellen, die ein Kaleidoskop aus Harmonien und Schattierungen formen. Dieser Rhythmus drückt beides aus: Standfestigkeit und Entschwinden, wie in einem nächtlichen Duft von Blumen. Es ist dies ein Notturno, ein Nachtstück. Die Anklänge von Vergänglichkeit im Oboenpart des Eröffnungslargo finden, fünf Sätze später, ihr Gegenstück in einer kurzen Glücksmelodie (gefolgt von einer Reihe meisterhafter Variationen im vorletzten Satz) über murmelnden Arpeggios; deren Andeutungen wurden zuvor in den schicksalhaften auf- und absteigenden Akkordfolgen des b-Moll-Trios zum zweiten Menuett noch vertieft. Die heller getönten Sätze drücken eine Heiterkeit aus, die gleichzeitig vernunftbetont und kompliziert ist: Die Welt ist gut, aber sie birgt ihre Geheimnisse.

Mozarts zweite wichtige Errungenschaft in seiner Heimatstadt war eine Reihe von Klavierwerken. Das erfolgreichste darunter war das Klavierkonzert in Es-Dur (KV 271), das 1777 für die Virtuosin Mademoiselle Jeunehomme geschrieben wurde. Zuvor waren schon die Klaviersonaten (KV 279 bis 284) entstanden, eine Serie, die für München bestimmt war. Es folgten weitere für Mannheim und Paris, KV 309 bis 311, eine zahlenmäßig dürftige Ernte, doch von hohem künstlerischem Wert. Zusammen mit Mozarts anderen Werken aus der Mitte der 1770er Jahre machen sie deutlich, warum er das Salzburger Joch nur noch mit immer größer werdender Ungeduld ertrug.

Schon um 1775 betrachteten er und sein Vater den Erzbischof als Feind. Wolfgang konnte nur außerhalb Salzburgs „freien Atem schöpfen". 1777, als Wolfgangs Reise durch Süddeutschland und nach Paris geplant wurde, versäumte es Colloredo zunächst, Mozarts Urlaubsgesuch zu beantworten, dann genehmigte er den erbetenen Urlaub nur für Wolfgang und zog dann auch diese Erlaubnis wieder zurück. Leopold verfaßte eine weitere Bittschrift in seinem höchst pedantischen Stil, in dem er Wolfgang mit einem Hinweis auf das Gleichnis von den Talenten in der Bibel um seine Beurlaubung ansuchen ließ; es würde nicht angehen, sein Talent zu verstecken. Der Erzbischof kritzelte auf das Schreiben: „Vater und Sohn erhalten hiermit die Erlaubnis, ihr Glück in der Bibel zu suchen." Es war allerdings undenkbar, daß beide ihre Stellung aufgaben. Leopold brachte es fertig, die seine zu retten, und später gelang es ihm, für Wolfgang nach Abschluß seiner Pariser Reise eine neue zu sichern. Es scheint, daß der Erzbischof eher rechthaberisch als rachsüchtig war.

Die endgültige Krise brach 1781 aus, als der Salzburger Kämmerer, Graf Karl Arco, sich beschwerte, weil Mozart es versäumte, am Morgen im Vorzimmer des Fürsten zu erscheinen. Der konnte nicht einsehen, warum er jeden Morgen etliche Stunden dort verschwenden sollte. Er sei immer gekommen, wenn er gerufen wurde. Aber die Anwesenheitspflicht im Vorzimmer gehörte zu den normalen Obliegenheiten eines bediensteten Musikers. Es war nicht verwunderlich, daß er Schwierigkeiten hatte, eine Anstellung bei Hofe zu bekommen, obwohl seine Musik hochgeschätzt war: Die hohen Herrschaften witterten einen Mangel an Unterwürfigkeit. Wolfgang bemerkte persönliche Zurücksetzungen rasch. So, als sein Onkel, ein geachteter Kaufmann, bei einem Augsburger Granden „wie ein Lakai" zu warten veranlaßt wurde. „Nur nicht kriechen", schrieb er, als sein Vater vorschlug, ihn einem anderen Fürstbischof zu empfehlen.

Er war der neue Mensch seines Zeitalters, dem bewußt war, daß seine Reichtümer – anders als die eines Adeligen – in seinem Kopf waren. Er machte sich gern lustig über den Pomp, mit dem sich hohe Herren umgaben. Als er sich im Kloster eines regierenden Abtes aufhielt, wo des Nachts eine Wache patrouillierte und „Wer da?" rief, antwortete Mozart: „Schmeck's!" Mozart und der Dienst bei Hof waren unvereinbar.

Im März 1781, als Colloredo ihn mit seiner übrigen Hofhaltung mit nach Wien nahm, fand er seinen Platz an der Tafel unter den persönlichen Kammerdienern und vor den Köchen – und das, nachdem er eben sein bis dahin größtes Werk, seine Münchner Oper *Idomeneo,* vollendet hatte! Kurfürst Theodor hatte sie zu recht „hervorragend" genannt, für Mozart war sie der befreiende Beweis für sein Genie. „... es ist genug musick für alle arthen von leüten darin, nur nicht für die mit den langen ohren", hatte er seinem Vater berichtet. (Esel war in seiner durchsichtigen Geheimsprache eine seiner Bezeichnungen für den Erzbischof.)

Einmal in Wien, war er begierig, sein Werk vor dem Kaiser aufzuführen. Er war äußerst enttäuscht, als Colloredo auf seiner Anwesenheit bestand und ihn so daran hinderte, bei einem privaten Konzert zu erscheinen, wo Joseph II. als Gast erwartet wurde. Wien, bemerkte er, war das „Land des Klavierspiels", hier konnte er Konzerte geben, tausend Gulden im Jahr verdienen, eine deutsche

Oper schreiben und seinen Vater unterstützen. Nebenbei gesagt lebte die verwitwete Frau Weber mit ihren Töchtern in Wien, und vielleicht begann er sich schon in Aloisias Schwester Constanze zu verlieben. Sollte er all dies aufgeben „... wegen eines schlechtdenkenden Fürsten – der mich mit lausige 4 (hundert) Gulden alle Tage Cujoniert?"

Obwohl Leopold den Erzbischof ebensowenig mochte wie sein Sohn, predigte er Vorsicht. Aber es war zu spät. Wolfgang nahm des Vaters Rat, nach Salzburg zurückzukehren, zur Kenntnis, doch als die Hofhaltung Anfang Mai zum Aufbruch bereit war, flüchtete er sich in die Wohnung der Weberschen. Die Forderung Colloredos nach einem sofortigen Aufbruch beantwortete er mit einer lahmen Ausrede.

Dem Erzbischof waren mit ziemlicher Sicherheit Wolfgangs rebellische Briefe hinterbracht worden; zweimal schon hatte er zu seinem Hoforganisten „beleidigende Worte" gesagt. Nun brauste er auf, er nannte Mozart „einen lumpen", „lausbub" und „fexen", wies ihm die Tür und befahl ihm zu gehen. Mozart betrachtete dies als seine Entlassung. „Ich hasse den Erzbischof bis zum Wahnsinn." Graf Arco wollte indes seine Entlassungsschreiben nicht akzeptieren, vielleicht weil ihm sein Talent wert schien, ihn zu halten. Als Mozart zum fünften Mal darauf bestand, nannte er ihn einen „spitzbuben" und „erz-lumpen" und versetzte ihm buchstäblich einen Fußtritt. Mozart war zugleich wütend und erleichtert. Er tobte, daß er den Fußtritt mit Zinsen zurückgeben werde – aber eben dieser Fußtritt zeigte ihm auch, daß diese ganze gräßliche Geschichte vorüber war –, auch wenn er, wie es scheint, nie formell entlassen wurde. Mitte Juni 1781 fand er sich allein und auf sich gestellt in Wien.

Wie üblich erging sich Leopold (brieflich) in massiven Vorwürfen voll Selbstmitleid. Sein Sohn verfolge nur sein Vergnügen, seine eigene Stellung werde dadurch in Gefahr geraten. Er eröffnete eine Kampagne gegen den Weberschen Einfluß, und es verdroß ihn, daß das versprochene Geld nicht kam. Doch trotz aller Vorwürfe beharrte Wolfgang auf seinem Entschluß. Er ging, ganz gehorsamer Sohn, aufs genaueste auf alle väterlichen Einwände ein, doch schrieb er standhaft, daß seine „Ehre auf dem Spiel" stünde. Leopold scheint sich mit der Zeit beruhigt zu haben. (Seine Briefe aus diesen Monaten fehlen, sie wurden vermutlich vernichtet.)

Es stand noch ein längerer Kampf wegen der Heiratsabsichten seines Sohnes mit Constanze Weber bevor. Eine Heirat war etwas, was ein Vater des 18. Jahrhunderts in jedem Fall unter Kontrolle zu halten suchte. Der Vater verlor, und Wolfgang und Constanze wurden am 4. August 1782 ein Paar. Doch sei dem wie immer, Wolfgangs Karriere lag schon seit dem Sommer 1781 nicht mehr in den Händen des Vaters.

Für diese Karriere schien Wien sehr vielversprechend. Der Adel, eine große Gruppe aus allen Habsburger Erblanden, war äußerst musikbegeistert. Viele von ihnen, bis hin zur kaiserlichen Familie, spielten ein Instrument. Die Wiener Orchester waren berühmt für ihr kraftvolles Spiel und ihre genaue Intonation. Allerdings war das Publikum aus der Mittelschicht klein, und, wie Graf Arco Mozart in einem Gespräch vor dem berüchtigten Fußtritt gewarnt hatte, „... hier dauert der Ruhm eines Menschen sehr kurz – am anfang hat man alle lobsprüche, und gewinnt auch sehr viel, das ist wahr ... aber nach etlichen monaten wollen die Wiener wieder was Neues ..." Richtig, erwiderte Mozart, aber nur auf dem Theater. Als Klaviervirtuose würde er auf jeden Fall einige Jahre überdauern – eine zutreffende Prophezeiung!

Sein Abschied (von seinem bisherigen Leben) sollte tatsächlich am Theater stattfinden, mit der deutschen Komischen Oper (Singspiel!) *Die Entführung aus dem Serail*. Sie blieb bis zum 16. Juli 1782 auf dem Spielplan,

Mailand: Inneres des Theaters; Stich von Marc' Antonio del Ré; Civica Raccolta Stampe Bertarelli, Mailand.

K. u. k. Hoftheater Wien (heute Burgtheater).

und ihr Erfolg ermutigte Mozart möglicherweise, den Sprung in die Ehe zu wagen und drei Wochen später gegen den Willen seiner Familie Constanze Weber zu heiraten; genauso hatte ihn zuvor schon der Erfolg seines *Idomeneo* ermutigt, den Dienst beim Erzbischof zu quittieren. Die Oper sollte in Zukunft sein ständiges Wunschziel sein, das hin und wieder auch erreicht wurde. Jedoch der wesentlichste Erfolg seiner frühen Wiener Jahre war seine Karriere als Klaviervirtuose. Er verfolgte sie in dreifacher Weise: Einmal, indem er in öffentlichen Konzerten auftrat, die entweder von ihm selbst oder von Musikerkollegen veranstaltet wurden und in denen er seine eigenen Kompositionen spielte; dann aber auch durch Aufführungen in zumeist adeligen Privathäusern und schließlich, indem er Unterricht erteilte.

Sein Instrument war das Fortepiano (Hammerklavier), ein Instrument, das wir nach zweihundert Jahren nunmehr wieder hören können. Es braucht einen Saal von mäßiger Größe und ein Orchester, das es nicht mit seiner Lautstärke ertränkt. Diese Bedingungen entsprachen der Wiener Norm und galten für das Burgtheater, den führenden Saal der Stadt, ebenso wie für die „Mehlgrube", einen Saal, in dem Mozart Subskriptionskonzerte arrangierte. Andere Säle waren sogar noch intimer.

Mozart war praktisch der Erfinder des Klavierkonzerts, und gemeinsam mit C. P. E. Bach, Haydn und einigen kleineren deutschen und italienischen Komponisten förderte er auch die Verbreitung der Klaviersonate. Aber wiewohl wir heute Aufführungen auf den Instrumenten der Mozartzeit hören können, müssen wir doch immer noch jene Erwartungen vergessen, die die Komponisten des 19. Jahrhunderts für diese Formen in uns bewirkt haben. Und wir müssen auch die Säle verlassen, die für diese Komponisten errichtet wurden, wenn wir das musikalische Geschehen in Mozarts Werken so hören wollen, wie sein ursprüngliches Publikum es gehört haben mag.

Diese musikalischen Geschehnisse waren hochdramatisch, vor allem in seinen Improvisationen. Das meiste ist verloren, aber hin und wieder schrieb er doch etwas davon auf. Sie waren nicht unbedingt schmerzlich wie die Fantasie in c-Moll von 1785 (KV 475), die in ihrer einsamen Wanderung zwischen den Welten die Romantik vorwegnimmt. Vielmehr konnten sie auch brillant und manchmal sogar keck sein, wie bestimmte Sätze der Sonaten, die 1774/75 für München entstanden waren, oder auch die Ecksätze der beiden Mannheimer Sonaten von 1777/78 (KV 309 und 311). In KV 309 zeigt sich der Meisterimprovisateur nicht nur in einem Feuerwerk an Einfällen, sondern auch in den ruhigen, knappen Abschlüssen. Für Wien schrieb Mozart, vermutlich 1783, eine weitere Sonatenreihe, KV 330 bis 333; sie gehört heute zu seinen bekanntesten Werken und schließt die besonders reizvolle Sonate KV 330 in C-Dur mit ein, in der die Schatten (Abschweifungen in die Moll-Tonart) überleiten zur liedhaften Eröffnungsmelodie und hüpfenden Glückseligkeit des abschließenden Allegretto, und ebenso das brillante „türkische" Schlußrondo, KV 331.

Improvisationen (von Verzierungen und Kadenzen) waren auch in den Klavierkonzerten wichtig. Sie gehörten so wesentlich zu Mozart als Virtuose, daß er sie meist unveröffentlicht ließ.

Diese Konzerte könnten als Mozarts krönende Leistung bezeichnet werden, wären da nicht noch einige andere Kronen gewesen. Die königliche Reihe beginnt 1773 in Salzburg mit dem Konzert in D-Dur (KV 175). Mit seinen Pauken und Trompeten vermittelt es einen triumphalen, gleichwohl in charakteristischer Weise überschatteten Eindruck und bietet die Gelegenheit zu prunkhafter Darstellung. In Wien wurde es von Mozart überarbeitet und erhielt einen neuen Finalsatz, das Rondo, KV 382, um der örtlichen Vorliebe für Lustigkeit zu entsprechen. Er wird vermutlich auch das Es-Dur-Konzert für Mademoiselle

Jeunehomme gespielt haben, das eher innerlich triumphierende und erfindungsreiche Konzert KV 271. In den Jahren 1782 bis 1785 schrieb er neue Klavierkonzerte, fünfzehn an der Zahl, und jedes davon ist ein Meisterwerk.

Sein Ziel in den ersten drei dieser Konzerte (KV 413 bis 415) war es, wie er seinem Vater schrieb, „Die concerten sind eben das Mittelding zwischen zu schwer und zu leicht – sind aber brillant – angenehm in die ohren – Natürlich, ohne in das Leere zu fallen. hier und da können auch kenner allein satisfaction erhalten – doch so – daß die nichtkenner damit zufrieden seyn müssen ohne zu wissen, warum ..."

Später konfrontierte er die Wiener mit den dunklen, leidenschaftlichen Konzerten in d-Moll und c-Moll (KV 466 und 491) die weit vom „glücklichen Mittelweg" entfernt waren. Das letzte in der Hauptreihe, das C-Dur-Konzert, KV 503, wurde von Joseph Kerman als ein „monumentales", beinahe verboten großartiges Werk bezeichnet, das aber einen „Verlust an Herz", d.h. an Gefühlstiefe, ankündigte. Kerman vermutet, daß etwa im Dezember 1786 Mozart vom Wiener Publikum genug hatte; die gängigere Vermutung ist die, daß das Publikum sich an Mozart sattgehört hatte; beides mag seine Richtigkeit haben. In den verbleibenden fünf Jahren seines Lebens schrieb Mozart jedenfalls nur noch zwei Klavierkonzerte.

Kerman legt in seinem aufschlußreichen Essay dar, daß die Konzerte weniger einen Streit als vielmehr einen Dialog beinhalten. Klavier und Orchester antworten einander in jeweils abgeänderten Versionen des Hauptthemas, das Klavier unternimmt einen virtuosen Ausfall, das Orchester stellt – mit Ausnahme der beiden dunkel getönten Moll-Konzerte – im Interesse des „Spiels" und eines glücklichen Ausgangs die Einigkeit wieder her. Wir befinden uns in einer frühlingshaften Komödie, deren Akteure eben dabei sind, ihre eigene menschliche Natur zu verstehen. „Der Einzelne ist in die Gesellschaft eingegliedert und die Gesellschaft wird dadurch verändert.“ In Wien hatte Mozart sowohl als Komponist als auch als Virtuose rasch Erfolg. Die Fastenzeit, während der die Oper – vor 1788 – geschlossen war, war die Hauptsaison für Konzerte. Zwischen 22. Februar und 4. April 1783 gab Mozart 22 Konzerte; für drei davon hatte er 153 Subskribenten, vorwiegend Adelige; zwei weitere Konzerte wurden in den Palästen der großen Adelsfamilien Galitzin und Esterhazy aufgeführt; zwei Konzerte jährlich veranstaltete er im Burgtheater. Zwischen Januar und März 1785 gab er fünf Subskriptionskonzerte. Zehn weitere Konzerte sind dokumentiert, und er dürfte noch bei verschiedenen anderen Gelegenheiten aufgetreten sein. Sein Klavier wurde fortwährend zum Theater oder in irgendein Privathaus gebracht. Er konnte sich auch eine hübsche Wohnung leisten, deren Miete um ein weniges sein früheres Salär beim Erzbischof überschritt. Unter seinen Schülern befand sich zumindest eine Schülerin, Barbara Ployer, die so gut war, daß er zwei seiner schillerndsten Konzerte (KV 449 und 453) für sie schrieb. Er war an seinem Ziel angekommen.

Jedoch ein solcher Erfolg wäre auch dann gefährlich gewesen, wenn Mozart seine finanziellen Angelegenheiten sorgfältiger gehandhabt hätte. Er hatte im Februar 1783 Schulden, zu einer Zeit, als er am meisten engagiert war. Konzerte konnten ein Fehlschlag werden, und manchmal geschah das vielleicht auch. Mozart hatte wohlwollende, kultivierte Gönner – die Gräfin Thun, den Reichskanzler Kaunitz, den kaiserlichen Bibliothekar und Unterrichtsminister Baron Gottfried van Swieten, der ihn in die Musik von Händel und Bach einführte, aber sie alle beschäftigten keine Komponisten. Was er wirklich brauchte, war, wie er bemerkte, eine Stelle am kaiserlichen Hof.

Charakteristischerweise war er nicht bereit, sich um eine solche zu bewerben. Er kannte den zugänglichen Kaiser Joseph II. und hatte im Frühjahr 1782 eine Audienz bei ihm. Im Frühling 1783 besuchte Joseph eines seiner

Konzerte, rief laut „Bravo Mozart!“, winkte mit seinem Hut und applaudierte so enthusiastisch, daß er, wie Mozart bemerkte, ein größeres Geschenk als 25 Dukaten (112 Gulden) hätte schicken müssen, wenn er diesen Betrag nicht vorsorglich schon zuvor gesandt hätte. Dennoch folgte keine Anstellung. Mozart begann davon zu sprechen, daß er wieder nach Paris und vielleicht nach London gehen würde. Noch immer geschah nichts – bis zum Dezember 1787, als ihn Joseph persönlich zum Kammermusiker ernannte, mit einem Gehalt von 800 Gulden jährlich. Das war weniger als ein Fünftel der Gage, die in diesem Jahr der Primadonna am Burgtheater geboten wurde. Eine derartige Differenz zwischen dem Honorar eines Komponisten und dem eines Gesangsstars war durchaus üblich. Die Stellung war praktisch eine Pfründe ohne weitere Verpflichtungen als der, für die Hofbälle etliche Menuette und Deutsche Tänze zu liefern.

Josephs Motive können nur indirekt vermutet werden. Er war von Mozart angetan. Aus einem offiziellen Dokument, in dem diese Pfründe nach Mozarts und Josephs Tod abgeschafft wurde, geht hervor, daß Joseph sie in erster Linie gewährt hatte, um ein so außergewöhnliches Genie in Wien zu halten. Joseph hatte ein reges Interesse an Opern, obwohl er die Opera seria, die opulenteste und teuerste Form dieser Gattung, nicht mochte. Seine Entscheidungen gaben Mozart die Möglichkeit, vier seiner bedeutendsten Werke zu komponieren oder wiederzubeleben, und er gab selbst den scherzhaft ironischen *Schauspieldirektor* in Auftrag. Seine neue Bläsergruppe ermutigte Mozart, drei außergewöhnliche Bläserserenaden zu schreiben und die Bläserpartien in seinen Konzerten und Opern weiterzuentwickeln.

Nichtsdestoweniger teilte Joseph die allgemeine Meinung, daß Mozarts Musik zu kunstvoll und kompliziert sei – in der Oper, wie er schrieb, „zu schwierig für die Sänger“. Das macht die Geschichte glaubhaft, derzufolge der Kaiser nach der Aufführung der *Entführung aus dem Serail* gesagt haben soll: „Zu schön für unsere Wienerischen Ohren, lieber Mozart, und gewaltig viele Noten!" Was er bevorzugte, war das, was viele andere auch wollten: Italienische Musik, welche die Einfachheit pflegte und die Stimmen in den Vordergrund rückte. Der bestbezahlte und am häufigsten aufgeführte Komponist in Josephs Operngesellschaft war Giovanni Paisiello. Unter den bodenständigen Komponisten war Antonio Salieri der am meisten geschätzte. Beide gehörten zu den führenden Komponisten der Zeit. Sich für ihre Werke zu entscheiden hieß, mit dem vorherrschenden Geschmack der Zeit übereinzustimmen. Mozarts Stil hingegen war speziell und zeitweise schwierig. Ob Joseph, wie andere Regenten, bei dem jungen Musiker eine Ader zur Rebellion vermutete, wissen wir nicht. Er teilte Mozarts Verachtung für Pomp, er versuchte Kritik nicht weiter zu beachten; doch nichtsdestoweniger mußte sein Wille befolgt werden. Jedenfalls erkannte er den hohen Wert Mozarts und unterstützte ihn, wenn er auch keine volle Anstellung für ihn hatte.

Mozarts Freimaurertum war kein Hindernis. Er trat im Dezember 1784 einer Loge bei, zu einer Zeit, als der Freimaurerei in Wien führende Aristokraten, hohe Geistliche und Regierungsbeamte ebenso angehörten wie zwei von Mozarts Verlegern und sein zeitweiliger Hausherr, ein Druckereibesitzer und Eigentümer eines Saales, in dem Mozart häufig spielte.

Radikale Freimaurer unterstützten Joseph in seinen Bestrebungen, die kirchlichen Regeln zu lockern, Toleranz zu fördern und eine allgemeine Schulpflicht durchzusetzen. Mozart komponierte drei Freimaurertexte, die Josephs Weisheit priesen. Der Kaiser selbst stand jedoch der Freimaurerei reserviert gegenüber, ihre Rituale erschienen ihm als Humbug, er mochte ihre Geheimnistuerei und ihre internationalen Verbindungen nicht und vermutete, daß einige Logenangehörige in Intrigen verstrickt seien. Vor allem aber war die Freimaurerei ein wachsender Organismus, der sich der Kontrolle des Staates entzog. Im Dezember 1785 beschränkte Joseph die Anzahl der Logen und ließ ein Verzeichnis ihrer Mitglieder anfertigen. Die reorganisierten Logen bestanden weiter – und damit auch ihre von Mozart komponierten Preisgesänge auf Joseph als Vater und Wohltäter.

Das politische Klima in Wien wurde ab Herbst 1787 rauher wegen der Revolution in den Niederländischen Erblanden (dem heutigen Belgien), die ein Vorläufer der Französischen Revolution war. Seit Mitte der 1780er Jahre war eine Gesinnung, die wir heute vielleicht als „radikalen Schick" bezeichnen würden, in den gehobenen Schichten Wiens, ebenso wie im übrigen Europa, weit verbreitet. Im Theater manifestierte sich diese Haltung unter anderem in zwei Opernlibretti, G. B. Castis *Re Theodore in Venezia*, einer Satire auf das Königtum (Wien 1786, Musik von Giovanni Paisiello), und Giovanni Bertatis *La villanella rapita* (Das geraubte Landmädchen), für deren Wiener Aufführung Mozart 1785 zwei Extranummern schrieb. Unter den Sprechstücken war Beaumarchais' *Le mariage de Figaro*, das Mozart 1786 zu einer unsterblichen Oper machen sollte, das berühmteste dieser Art.

Beaumarchais' Intrigenkomödie brandmarkte, ähnlich wie *La villanella*, die Schikanen der Aristokratie, im besonderen die sexuelle Belästigung junger Frauen aus dem Volk. Er zeigte einen Adeligen, der der Klugheit und dem Erfindungsreichtum der unteren Schichten unterliegt. Figaros langer Monolog stellt den Lebensweg dieses plebejischen Hans-Dampf-in-allen-Gassen, dessen Talente in jeder Hinsicht durch die Privilegien behindert wurden, dem leichten Leben seines Herrn, des Grafen, gegenüber, dessen „mehr oder weniger einzige Mühe es gewesen sei, geboren worden zu sein". Dieser Satz, der weitgehend mit einigen Bemerkungen Mozarts übereinstimmte, machte in ganz Europa die Runde.

Die Pariser Zensur verhinderte nichtsdestoweniger das Stück drei Jahre lang, bis zu seiner erfolgreichen Premiere im Jahr 1784. In Wien wurde es vom Kaiser geächtet, doch war er klug genug einzusehen, daß eine Komische Oper, die darauf basierte, das öffentliche Interesse erregen würde, wobei gleichzeitig die subversiven Anspielungen ausgelassen werden konnten. Wie der Librettist – der dem Figaro ähnliche Abenteurer Lorenzo da Ponte – schrieb, mußte eine Oper, die ein so kompliziertes Werk zur Grundlage hatte, notwendigerweise ein „Extrakt" desselben werden. Abgesehen von den „klugen Bemerkungen", auf die er sich bezog, würde kein für den Gesang bestimmter Text dem direkten Informationsgehalt von Figaros Monolog entsprechen können. Genaugenommen verwandelte da Ponte das Stück in eine komische Schmähschrift gegen die Frauen, behielt jedoch das Hauptthema des Originals bei.

Es zeigt immer noch einen arroganten Aristokraten, der durch jene, die er als seine Untergebenen betrachtet – Diener, Frauen und heranwachsende junge Leute – gedemütigt wird.

In Wien war *Le nozze di Figaro* eher ein beachtlicher als ein überwältigender Erfolg, obwohl Mozart mit dieser und anderen Opern mehr Aufführungen erzielte als seine deutschen Kollegen. Die Italiener schnitten da weit besser ab. Wie bei anderen seiner Werke wurde auch diesmal über die reichhaltige Partitur geklagt – man könne die Melodien nicht mitsummen (die Melodien gingen nicht ins Ohr). Es gibt aber kein Anzeichen dafür, daß, wie manchmal behauptet wird, dieses Werk die Wiener Aristokratie gegen Mozart aufgebracht habe. 1789 und 1790 gab es mehr Aufführungen als im Premierenjahr 1786.

War es ein revolutionäres Stück? Zur Zeit der Erstaufführung im Jahr 1786 waren die französischen und die niederländischen Revolutionsbewegungen noch nicht ausgebrochen. Niemand ahnte, was sich da zusammenbraute.

Die zehn Jahre zuvor proklamierte amerikanische Unabhängigkeit war für Radikale zwar inspirierend, aber weit entfernt. Moderne Studien zur französischen Geschichte zeigen, daß es falsch ist, Figaro als Herold einer bürgerlichen Revolution anzukündigen, weil diese Revolution nicht von der Bourgeoisie (im marxistischen Sinn von „kapitalistischen Ausbeutern") getragen wurde, sondern vielmehr von Rechtsanwälten, Beamten, Druckern, Journalisten, Schauspielern und anderen Berufsgruppen, die im Ancien régime gearbeitet und sich an seiner Anhäufung von Privilegien gestoßen hatten.

Mozart, wie Beaumarchais' Figaro ein begabter Professionalist, der von hohen Herren abhängig war und sich von ihnen unterdrückt und schlecht behandelt fühlte, hätte dem Prototyp eines potentiellen Revolutionärs entsprechen können, wenn er in Frankreich gelebt hätte. Im moderateren Mitteleuropa bedeutete der Konflikt mit der Obrigkeit mehr oder weniger, einen feindseligen Autokraten, den man verabscheute, hinter sich zu lassen und zu versuchen, bei einem anderen, der verständiger und sympathischer war, eine neue Stellung zu finden. Nur wenig trennte Colloredo und Joseph II. in ihren Anschauungen und in ihrer Politik. Doch der Kaiser war bereit, Mozart auf halbem Weg entgegenzukommen, und er zeigte eine größere Weite des Geistes. Auch einige Aristokraten schätzten plötzlich die feineren Züge von Mozarts Musik und stimmten mit ihm in das Gelächter über ihre eigene Klasse ein.

Vielen von ihnen sollte das Lachen dann in den Jahren 1792/93 vergehen, als die junge, demokratische französische Republik in blanken Terror stürzte. Aber da war Mozart schon tot. Was er über die Revolution in ihrem frühen, gemäßigten Stadium gedacht haben mag, wissen wir nicht.

Er verdankte seine Befreiung vom Joch der Obrigkeit in ihrer strengeren Ausprägung – erst der seines Vaters und dann der des Erzbischofs – vor allem seiner Kraft, Töne in eine Form zu bringen, die die Zeit überdauerte.

„Not marble, nor the gilded monuments
of princes, shall outlive this powerful rhyme“

hatte Shakespeare, der selbst beinahe ein Fürst war, in einem Sonett an einen jungen Freund einst geschrieben. Mozart drückte es nicht auf diese Weise aus, aber dieser kleine, leicht erregbare und nicht ganz gesunde junge Mann kannte seinen Wert. Mochten auch andere spotten, er schrieb aus Mannheim: „sie werden bald Augen machen.“ Er konnte sich bei einem unbedeutenderen Komponisten nicht beliebt machen, wenn ihm ungewöhnliche Tonarten vorgegeben wurden und er am Klavier demonstrierte, daß man noch ungewöhnlichere schreiben könne „und doch das Ohr nicht beleidigt“. Gegenüber einem erfolgreichen älteren Kollegen, Niccolò Piccinni, war er höflich, doch nicht mehr. „ich suche keine bekanntschaft, weder mit ihm (Piccinni), noch mit irgend einem anderen Componisten. ich verstehe meine Arbeit, und sie die ihre. damit mag es genug seyn.“

Es blieb dem einzigen Komponisten, den er wirklich schätzte, Joseph Haydn, vorbehalten, Mozarts Status in der Musikwelt zu definieren. Als er Leopold Mozart 1785 traf, sagte er diesem: „Ich sage Ihnen vor Gott, als ein ehrlicher Mann, Ihr Sohn ist der größte Komponist, den ich von Person und dem Namen nach kenne. Er hat Geschmack und überdieß die größte Kompositionswissenschaft.“ Das ist mehr als zunächst ins Auge fällt. Kenntnis der Komposition bedeutete, alle Stilarten einschließlich des „gelehrten Kontrapunkts“ und einer völligen Kontrolle über die Harmonie zu beherrschen. „Geschmack“ umschrieb im späten 18. Jahrhundert den Gebrauch jener Mittel, die ein ästhetisch befriedigendes Gesamtbild schaffen konnten. Haydns Lob hätte nicht weitreichender sein können. Die Gelegenheit einer Aufführung in Wolfgangs

Bühnenbild zu *Idomeneo*, Neptuns Grotte.

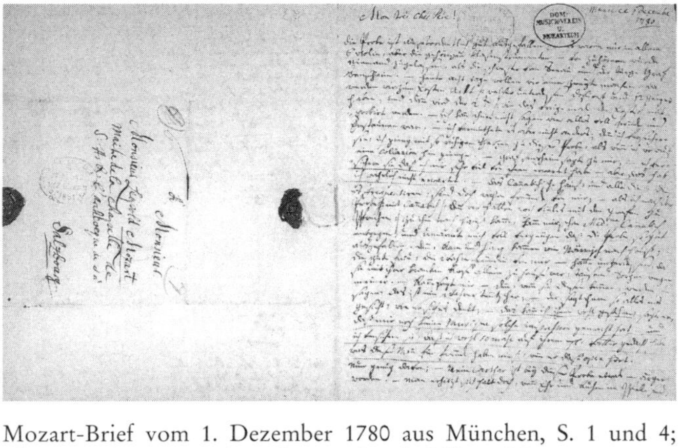

Mozart-Brief vom 1. Dezember 1780 aus München, S. 1 und 4; Idomeneo-Korrespondenz; Internationale Stiftung Mozarteum.

Wohnung während Leopolds einzigem Besuch bei ihm in Wien war passend: Es wurden drei der sechs Streichquartette aufgeführt, die Mozart Haydn als dem Erfinder der Gattung, wie wir sie kennen, gewidmet hatte. Als er diese seine „Kinder“ dem „großen Mann und meinem liebsten Freund Haydn“ widmete, schrieb er, sie seien „die Frucht langer und mühsamer Anstrengung“. Das war zutreffend: Er hatte mindestens zweieinhalb Jahre (1782 bis 1785) dazu gebraucht, sie zu komponieren, mit zahlreichen Korrekturen und Fehlversuchen. Alfred Einstein nannte sie „Musik, die aus Musik gemacht ist“, eine „filtrierte“ Kunst. Für den Hörer mögen sie manchmal ihrer genau ziselierten Verfeinerung wegen eine Spur weniger spontan als andere der bedeutendsten Werke Mozarts erscheinen: Die Anstrengung ist spürbar. Aber sie waren für jene bestimmt, die sich zu Hause in sie hineinspielen konnten; es gab für solche Werke damals keine Wigmore Hall, keine Alice Tully Hall, kein passives Publikum. Der Spieler würde sie entdecken, als ob er sie wiedererschüfe, voller Bewunderung für die neuartigen Chromatiken und Dissonanzen. Erklärungen müßten hier bei jedem Satz, ja nahezu jedem Takt ins Detail gehen. Sie sind das, was Virginia Woolf die „Diagonale im Quadrat“ nannte, ein Werk, das vollendet und sich selbst genug ist. Zusammen mit den Haydn-Quartetten bleiben sie die Grundlage des Streichquartettrepertoires.

Einige von Mozarts Werken kann man als eine gewisse Auflehnung gegen die Obrigkeit verstehen. Die Bläserserenade in c-Moll, KV 388, ist eines davon. Mozart komponierte sie wahrscheinlich 1782 und arrangierte sie später, 1787/88, als Streichquintett (KV 406) in der Absicht, eine seiner unvollendeten Serien damit abzurunden. In der nunmehr geschmeidigeren Lesart verliert sie etwas von ihrem ursprünglichen Biß. Wir wissen nicht, zu welchem Anlaß er die erste Version schrieb. Ihre viersätzige Struktur ist die einer Symphonie, und ihre Grundstimmung ist so weit wie nur möglich von Unterhaltung entfernt.

Dennoch ist es Musik für die Öffentlichkeit. Sie handelt von großen, unbestimmten, alarmierenden Geschehnissen, die jedermann betreffen. Das aufsteigende und dann in einer verminderten Septime fallende Eröffnungsthema wirkt gespannt und scharf. Das Nebenthema schwankt trostlos hin und her und klingt noch gequälter, wenn es von zwei Oboen wiederholt wird. Plötzliche schmerzliche Aufschreie unterbrechen die Entwicklung. Der Schluß dieses ersten Allegro ist, wie das gesamte Werk, knapp gehalten. Ein Anzeichen von Trost im Andante erweist sich, selbst in diesem kurzen Satz, als illusorisch. Das Menuett wirkt mit seinen plötzlichen Dissonanzen unbarmherzig, ja sogar grimmig, und ebenso, im abschließenden Allegro, die erste von acht Variationen zu einem Thema, das wieder und wieder um sich selbst kreist. Die dritte Variation bietet bedrohlich wirkende Synkopen, die vierte einen ziemlich düsteren Tanz im ländlichen Stil, in der vorletzten führt eine tiefe Verstörtheit zu einem Moment, in dem das Thema innehält und, wie Hermann Abert ausführt, „in Trümmer zu zerbrechen scheint". Nur die letzte Variation ringt sich zu einem positiven C-Dur durch, wenngleich auch sie zu sagen scheint: Hier! Nimm's oder laß es bleiben! Jedenfalls ist das gesamte Werk von einem potentiell widersprüchlichen Gebrauch der musikalischen Sprache durchzogen. Das liegt zu einem großen Teil am Kontrapunkt, der um so befremdlicher wirkt, weil er streng gezügelt wird. Das Menuett ist ein Kanon, das unirdisch-geisterhafte Trio ein doppelter Spiegelkanon. Mozart hatte bei seinem Freund van Swieten Bach gehört. (Er hatte schon längst eine gründliche Kenntnis des Kontrapunkts, aber Bachs Fugen und Kanons zu lesen und sie selbst unter seinen Fingern zu haben, muß für ihn eine Offenbarung gewesen sein.) Kanons und andere mathematische Formen hüllen die Musik in eine Rüstung von Unpersönlichkeit. Sie eröffnen, wie schon im späten 18. Jahrhundert, auch heute noch einen tiefen Blick in die Vergangenheit, hin zu Bach, ja sogar zu den flämischen Meistern der Renaissance. Sie sprechen für eine unwandelbare Wahrheit. Mozarts Serenade in c-Moll ist das Werk eines Rebellen gegen die herrschende Ordnung der Dinge. Es wirkt bedrohlich, beinahe besessen und wie nur mit einer letzten raschen Geste zurückgehalten. Doch wie so viele Rebellen ist auch sein Urheber tief verwurzelt in jener traditionellen Ordnung, gegen die er sich auflehnt. Die daraus resultierende Spannung macht dieses Werk zumindest ebenso revolutionär wie Beethovens 7. Symphonie.

Enthält auch die Jupiter-Symphonie etwas von dieser Spannung? Diese Symphonie in C-Dur (KV 551) ist Teil der berühmten Trilogie, die Mozart innerhalb weniger Monate im Sommer 1788 für einen unbekannten Zweck komponierte. Es ist ziemlich sicher, daß er damit eine Konzertreihe, eine Tournee oder eine Veröffentlichung beabsichtigte und daß er sie wahrscheinlich auch aufgeführt hörte. Die Jupiter-Symphonie, schreibt Neal Zaslaw, könnte aus ähnlichen Gründen als revolutionär bezeichnet werden wie die oben beschriebene g-Moll-Serenade. Ihr erster Satz vermische edle und komisch-plebejische Elemente miteinander. Das Andante cantabile vermittle eine Stimmung von wiederholter Spannung, Verneinung und Unruhe. Die Chromatik des Menuetts verleugne den traditionellen Tanzcharakter dieser Form. Der letzte Satz wandle fünf unterschiedliche Themen ab und bilde daraus in der Coda ein Fugato in fünfstimmigem unumkehrbarem Kontrapunkt. Nach einem kurzen Blick zurück auf die Welt Leopold Mozarts trete ein sechstes Thema ein, um endlich den Konflikt mit einer kraftvollen Homophonie zu lösen.

Zaslaws Analyse klingt plausibel, aber seine Fragestellung – können wir hier nicht einen flüchtigen Blick auf

Mozart erhaschen, wie er davon träumt, seiner bedrückenden Vergangenheit zu entkommen und seinen kühnsten Hoffnungen und Erwartungen in die Zukunft Raum zu geben? – klingt zu sehr nach Elgar.

Mozart ist strenger. Es gibt in der Jupiter-Symphonie keine Anzeichen von „interessanten" ungelösten persönlichen Problemen, keinen wahrscheinlichen Bezug zu äußeren Ereignissen. Der erste Satz errichtet wohl einen Widerspruch zwischen einem triumphierenden „adeligen" und einem anmutigen, an die Komische Oper erinnernden „plebejischen" Thema, endet aber – nachdem die Harlekine in der Durchführung über zweifelnde, suchende und sogar aggressive Modulationen geführt wurden – in ungetrübter Frische. Ähnlich machen auch eine vorübergehende Moll-Eintrübung, unruhige Appoggiaturen und ein ungewöhnlicher Tonartenwechsel am Höhepunkt einer Reihe von Modulationen zuletzt jener Sanftheit Platz, mit der dieser Satz begonnen hat. Das Menuett drückt kraftvolles Selbstbewußtsein aus, das durch die klagende Kadenz am Beginn des Trios kurz abgeschwächt wird. Kraftvolles, freudig triumphierendes Selbstbewußtsein ist auch das bestimmende Element im Finale, Trompeten und Pauken umjubeln es in seinem Verlauf. Es ist von Anfang an kunstvoll kontrapunktisch komponiert. Aber dieser Kontrapunkt mit seinen beinahe knirschenden Dissonanzen vor dem Schluß wird völlig absorbiert von einer erheiternden Tour de force: „Kann er es schaffen? Wird er es schaffen?" Diese Frage stellen wir nie, dazu ist Mozarts Meisterschaft zu offenkundig.

Wenn die Jupiter-Symphonie revolutionäre Musik ist, dann ist sie Musik für eine ideale Revolution, die nur im Geist stattfinden kann. Mozart packt hier den inneren Konflikt mit der Obrigkeit beim Schopf, er löst ihn auf und läßt ihn – für sich und für uns – in Musik aufgehen.

Constanze Mozart, geb. Weber; Ölbild von Hans Hansen, Wien 1802; Mozart-Museum Salzburg.

III. Das ewig Weibliche

In Venedig waren der 15jährige Wolfgang und sein Vater viel mit einer deutschen Familie zusammen, deren sechs schöne Töchter als die „Perlen“ bekannt waren. Diese „Perlen“ und ihre Mutter wollten, wie Wolfgang Nannerl berichtete, aus ihm einen „echten Venezianer“ machen, indem sie versuchten, ihn auf den Boden zu werfen und ihm herzhaft aufs Hinterteil zu klatschen, „aber sie haben mich doch nicht niederdrucken können“. Diese kleine Begebenheit im Februar 1771 schlägt die erotische Tonart an, die Mozarts künftige Laufbahn als Mann und als Künstler bestimmen sollte: Umgeben von schönen Frauen, bot sich ihm die Wahl zwischen Verderbtheit oder Tränen, doch letztlich war „alles Komödie“. Komödie ist viel mehr als etwas, worüber man lacht, um es dann zu vergessen. Wye J. Allenbrook nennt sie das ordnende Prinzip in Mozarts Werk: „... einen kosmischen Spiegel, der alle Arten von Gegenständen in ihrer bezwingenden Vielfältigkeit darstellt und ihre Einbindung ... in eine übergeordnete gemeinsame Hierarchie bestätigt.“ Man könnte es vielleicht auch so ausdrücken: Für Mozart spielen alle Männer und Frauen, was immer sie auch an Kummer und Gefahr zeitweise bedrohen mag, letztlich nur die ihnen zugeteilte Rolle in der geschaffenen Welt, und diese Rolle ist zugleich erfreulich und richtig. Die Liebe, unser wichtigstes Anliegen, endet folgerichtig in Gelächter.

Das 18. Jahrhundert war über weite Strecken ein Zeitalter, das die Erotik als Spiel, als Komödie verstand. Wir sehen das in den Gemälden von Tiepolo, Boucher und Fragonard: Eine helle Farbpalette verbindet sich mit luftigen Ansichten; die gemalten Gesichter zeigen nur geringe Geschlechtsunterschiede (die meisten Männer dieses Zeitalters waren glattrasiert), wiewohl die Körper oft wollüstig und die dargestellten Situationen zweideutig erscheinen konnten. In den Schriften eines Sterne oder Diderot mag die Erotik auf der einen Seite sich dem Pathos zuwenden, auf der anderen in die Nähe der Pornographie geraten, aber der Eros, der sie beherrscht, ist am Ende doch ein vernünftiger, lächelnder Gott. Allerdings begann in den 1760er Jahren die Vorstellung von Erotik als Leidenschaft und Verzweiflung, die verletzte und manchmal sogar zum Selbstmord führen konnte, Anklang zu finden. Aber wiewohl Mozart 18 Jahre alt war, als Goethes *Die Leiden des jungen Werthers* 1774 erschienen, brachte sein Leben und Werk eher das frühere Zeitalter der Empfindsamkeit, in dem die Liebe schlimmstenfalls zu Tränen führte, aber doch stets in Versöhnung und Glück endete, zu einer letzten Blüte.

In Wirklichkeit war das 18. Jahrhundert eine Zeit der Abenteurer. Die neue Leichtigkeit im Leben der gehobenen Klassen machte Karrieren möglich, wie sie in der Casanovas zusammengefaßt schienen. Eine andere, nur etwas weniger hektische, war die von Lorenzo Da Ponte, dem Librettisten von Mozarts besten italienischen Opern. Wie das erotische Leben der meisten Leute aussah und was sie empfanden, liegt völlig außerhalb unserer Kenntnisse. Das trifft auch auf Mozart und seine Erfahrungen mit Frauen zu. Wir wissen wenig über sein Verhältnis zur Mutter, das ein abhängiges, und dem zu seiner Schwester, das neckisch war, und etwas mehr über sein Eheleben, aber kaum etwas darüber, was er sonst von Liebe und Sexualität hielt. Das konnte die Gerüchtehändler von einst oder jetzt nicht zum Schweigen bringen. Nichts provoziert Gerüchte – die rasch in „Gewißheit" umschlagen – so sehr wie das Liebesleben anderer Leute. Wenn ein großer Künstler im Alter von fünfunddreißig Jahren stirbt, gibt es da keine Hemmungen mehr. Augenzeugen und frühe Biographen berichteten von Mozarts „Schwächen", seinen „menschlichen Fehlern", seinen „gewagten Beziehungen“ und „Ausschweifungen“. Was war damit gemeint? Sie schwiegen sich darüber aus. Viele Interpretationen sind möglich. Für den modernen Biographen Maynard Solomon machen es solche Hinweise, zusammen mit den Lücken und Rätselhaftigkeiten in Mozarts Briefen, außerordentlich wahrscheinlich, daß er seiner Frau während seiner Berlinreise 1789 untreu war. Jedoch wenn man die Zeugnisse mit den üblichen historischen Methoden oder gar mit denen eines Scheidungsgerichts untersucht, haben sie kein derartiges Gewicht. Wir wissen ganz einfach nicht, ob Mozart treulos war. Warum sollten wir das also nicht zugeben und darüber hinwegsehen?

Wir sind auf unsere Eindrücke angewiesen. „Wenn ich die alle heyrathen müßte, mit denen ich gespasst habe, müsste ich leicht 200 Frauen haben“, gestand Mozart 25jährig seinem Vater.

Er schrieb dies, um – vielleicht fälschlicherweise – eine ernsthafte Beziehung zu Constanze Weber abzustreiten, also mag es ein spezielles Plädoyer für diesen Zweck gewesen sein. Andererseits lassen seine Briefe vermuten, daß der unverheiratete Mozart unaufhörlich in irgendein junges „Frauenzimmer“ verliebt war und daß bis zu seiner Begegnung mit der Familie Weber die Liebe für ihn viel mit „Scherzen“ zu tun hatte, die in seinen Briefen zwar spärlich dokumentiert, aber vielleicht doch nicht so unreif waren wie die Beziehung zu seiner Cousine Maria Thekla. Als er frisch verheiratet war, brachte er es fertig, einen scherzhaften Liebesbrief an eine noble Gönnerin, die Baronin Waldstätt, zu schreiben, eine von ihrem Gatten getrennt lebende Dame, die als „leichtlebig“ galt. Er sei, schrieb er, „... unglücklich seit der Zeit, da ich Euer Gnaden so schön frisiert auf dem Ball sah! – denn – meine Ruhe ist mir verloren! – Nichts als Stöhnen und Ächzen! – Doch ach! Wer schlägt mich auf die Achsel? – Wer guckt mir in mein Schreiben? Auweh, auweh, auweh! – mein Weib!“

Wir können dabei sowohl das Lächeln auf Mozarts Gesicht als auch jenes, das er auf dem der Baronin hervorrufen wollte, förmlich vor uns sehen.

Er, seine Frau und viele seiner Freunde und Bekannten gehörten der Theaterzunft an. Er teilte mit den Theaterleuten deren Kameradschaftlichkeit und Flirtbereitschaft. Gleichzeitig beschreibt er sich selbst, in den Briefen an seinen Vater, als einen lauter gesinnten jungen Mann aus guter Familie, der sich keine Mätressen halten oder mit losen Frauenzimmern herumspielen würde. Dies könnten wir vielleicht anzweifeln, aber seine spätere Korrespondenz mit seiner Frau zeigt, daß er um seine eigene Ehre besorgt war und fürchtete, diese könnte durch ihr Verhalten in der Öffentlichkeit gefährdet sein. Daß dies auch durch sein eigenes Verhalten geschehen könnte, bleibt unausgesprochen. Mozart, der Frauen einfühlsamer begegnete als die meisten seiner Zeitgenossen, teilte doch deren Gewohnheit, Männer und Frauen mit zweierlei Maß zu messen. Mit 21 Jahren unterschrieb er einen seiner Briefe als „Ritter vom Goldenen sporn – und wenn ich verheyratet seyn werde, vom gedoppelten horn ..." Hahnreitum wirkte nur in eine Richtung.

In seinen Opernlibretti dient das Horn als ständige Anspielung, um die Nöte der Männer zu beklagen, die von ihren Frauen betrogen werden. Die erste Frau, die er, über eine scherzhafte flüchtige Liebschaft hinaus, wirklich liebte, war beinahe sicher Aloisia Weber. Sie trafen sich im August 1777 in Mannheim, als er 21 und sie möglicherweise 16 war. Die nächste war Aloisias Schwester Constanze; sie war 1781 neunzehn Jahre alt, als sie und der nunmehr 25jährige Mozart einander in Wien wieder begegneten. Der Tatbestand, der Leopold Mozart so sehr in Rage brachte, war deutlich genug, wiewohl verschiedene Erklärungen möglich sind. Aloisia erwiderte als erste Wolfgangs Liebe und bezauberte ihn darüber hinaus mit ihrem Gesang. Im September 1778 bekamen sie und ihr Vater

Anstellungen in München, die sie in eine bessere finanzielle Lage versetzten. Um Weihnachten fand Wolfgang heraus, daß Aloisia ihn nicht mehr liebte. 1780 heiratete sie den Schauspieler und Maler Joseph Lange. Weil junge Leute sich öfter und immer wieder von neuem verlieben, sollten wir sie nicht für berechnend halten. Im Mai 1781, als Mozart bei der Familie Weber wohnte, bekannte er: „... bey der (Langin) war ich ein Narr, das ist wahr, aber was ist man nicht, wenn man verliebt ist."

Aloisia war ihm noch immer nicht gleichgültig. Möglicherweise war er zu diesem Zeitpunkt schon in Constanze verliebt, aber es kommt auch oft genug vor, daß ein junger Mann für seine verflossene Liebe eine zärtliche Schwäche empfindet, auch wenn er schon eine neue Bindung eingegangen ist. Seinem Vater gegenüber leugnete er seine neue Liebe, räumte aber im Juli 1781 ein, daß er möglicherweise aus der Weberschen Wohnung ausziehen müsse, weil seine Anwesenheit zu Gerüchten Anlaß geboten habe, vor allem, weil er mit Constanze herumgealbert habe. Er sei, sagte er, unentschlossen zu einem Wechsel, denn im Weberschen Haushalt könne er im Morgenrock arbeiten und essen, und die Mahlzeiten würden nach seinen Bedürfnissen festgelegt; ein wahres Paradies für einen Künstler! Doch Leopold bestand energisch darauf, daß sein Sohn ausziehen solle, und im August war es dann soweit.

Erst im Dezember 1781 gab Wolfgang zu, daß er in Constanze verliebt sei und sie heiraten wolle. Überdies hatten ihn die verwitwete Frau Weber und der Vormund der Tochter unter der Drohung, daß er andernfalls Constanze nicht wiedersehen dürfe, zu einem schriftlichen Versprechen veranlaßt, daß er sie entweder innerhalb von drei Jahren heiraten oder ihr ein Jahreseinkommen von 300 Gulden aussetzen würde. Constanze jedoch hatte dieses Schriftstück zerrissen.

Leopold antwortete wütend, Frau Weber und der Vormund seien Verführer der Jugend, die seinen Sohn in eine

Falle gelockt hätten, sie sollten in Ketten gelegt werden. Wolfgang stritt dies rundheraus ab, war aber doch zwiespältig in seiner Einstellung zu Frau Weber. Einmal sah er sie als feindlichen Elternteil, von dem Constanze „befreit" werden müsse. Diese verließ tatsächlich die elterliche Wohnung, um bei der Baronin Waldstätt Zuflucht zu suchen, jener schon erwähnten, in gewisser Weise „schnelllebigen" Dame. (Es scheint, daß Mutter Weber drohte, ihre Tochter mit der Polizei zurückholen zu lassen.) Jedoch waren Mozart und Frau Weber, als er am 4. August 1782 Constanze heiratete, wieder miteinander versöhnt. Alle Anwesenden brachen in Freudentränen aus, doch Leopolds Segen, den er dem Paar nur zögernd und nach vielen Einwänden gab, kam erst am nächsten Morgen an.

Die Haltung der Eltern macht eine historische Erklärung notwendig. Frau Weber, eine Witwe mit nur geringen Mitteln und unverheirateten Töchtern, deren Umfeld das Theater war, mußte den Anschein einer gewissen Ehrbarkeit aufrechterhalten. Nur allzu leicht konnten ihre unverheirateten Töchter einem Verführer in die Hände geraten und dadurch in Armut, ja sogar zu Prostitution getrieben werden. Ein schriftliches Heiratsversprechen war ein geeignetes Verteidigungsmittel. Dies war die grundsätzliche Situation. Was darüber hinaus den zeitweiligen Bruch zwischen Mutter und Tochter verursachte, wissen wir nicht.

Leopold und Nannerl – sie hatte ebenso viele Einwände gegen diese Heirat wie ihr Vater und hielt sie viel länger aufrecht – hatten andere familiäre Interessen zu bedenken. Die Salzburger Mozarts waren eine Mittelstandsfamilie mit einem Oberhaupt, das an Bildung und lokalem Ansehen weit über seine Geschwister hinausgewachsen war. Der einzige überlebende Sohn war ein Genie und imstande, eine offizielle Stellung einzunehmen, die ihm sowohl Geld als auch Ehre einbrachte. Er sollte eine zumindest seinem eigenen gesellschaftlichen Stand ebenbürtige Frau ehelichen, die eine Mitgift einbringen würde. Damit konnte die Familie zu einer gesicherten Stellung in der Welt gelangen, möglicherweise auch Landbesitz und sogar einen Adelstitel erwerben. Dies würde sie gegen Gefahren absichern, die in einer Zeit lauerten, in der Krankheit und sonstiges Mißgeschick viele Leute zugrunde richteten, die auf sich selbst gestellt waren. Doch anstatt diesen Überlegungen zu folgen, heiratete der geniale Sohn ein schlecht erzogenes Mädchen ohne einen Groschen Vermögen, das noch dazu aus einer habsüchtigen Familie von zweifelhaftem Ansehen stammte, aus der zwei Töchter Schauspielerinnen geworden waren. Er stellte sein eigenes Vergnügen über das Wohl seiner Familie. Was im einzelnen Leopold in diesen kritischen Monaten seinem Sohn schrieb, ist verloren gegangen, aber dies waren, wie Mozarts Antworten vermuten lassen, seine Argumente. Sie stimmten völlig mit der üblichen Erwartungshaltung mittelständischer Familien der Zeit überein, wiewohl Leopold zweifellos seinen eigenen Zug von Pedanterie und Selbstmitleid noch hinzufügte.

Nannerl ihrerseits erfüllte die auch in sie gesetzten Erwartungen vollkommen, indem sie zwei Jahre nach Wolfgang einen ortsansässigen Adeligen mit Kindern aus zwei früheren Ehen heiratete. Er war 48, sie 33, sie paßten also ihrer Zeit zufolge nicht schlecht zusammen. Wir können schwerlich sagen, ob diese Ehe glücklich wurde. Auf jeden Fall mißbilligte Nannerl die Verbindung ihres Bruders und das, was er dadurch der Familie „zugefügt" hatte, so sehr, daß sie einem Biographen nach Mozarts Tod empfahl, wegen aller Ereignisse nach 1781 in Wien nachzufragen (ohne den Namen ihrer Schwägerin auch nur zu erwähnen!).

Mozarts eigene Haltung stand dazu in einem lebhaften Gegensatz. Sie war modern, für die Zeit um 1781/82 sogar fortschrittlich. Während er in Aloisia verliebt war, hatte er seinem Vater – offenbar im Zusammenhang mit einem anderen Paar – geschrieben, daß er es sich nicht wünsche, aus finanziellen Gründen zu heiraten. Alles, was er sich wünsche, sei, seine künftige Frau glücklich zu machen. Im Dezember 1781, als er sich seinem Vater gegenüber erklärte, schrieb er ohne Umschweife: „die Natur spricht in mir so laut wie in Jedem andern, und vielleicht lauter als in Manchem grossen, starcken limmel. Ich kann ohnmöglich so leben wie die meisten dermaligen Jungen leute. – Erstens habe ich zuviel Religion, zweytens zuviel liebe des Nächsten und zu Ehrliche gesinnungen als daß ich ein unschuldiges Mädchen anführen könnte; und drittens zuviel Grausen und Ekel, scheu und forcht vor den krankheiten und zuviel liebe zu meiner Gesundheit, als daß ich mich mit hurren herum balgen könnte."

Er brauchte auch eine Frau, die ihn in seinen alltäglichen Bedürfnissen unterstützte. Denn: „ein lediger mensch lebt in meinen Augen nur halb." In Constanze hatte er „die gutherzigste, geschickteste und mit einem Wort beste der Weber-Schwestern, eine Stütze des Haushalts" gefunden, die für die anderen förmlich zur Märtyrerin wurde. Ihre übrigen Qualitäten sah er durchaus realistisch: „sie ist nicht hässlich, aber auch nichts weniger als schön. Ihre ganze schönheit besteht in zwey kleinen schwarzen Augen und einem schönen Wachsthum. sie hat keinen Witz, aber gesunden menschenverstand genug, um ihre pflichten als frau und Mutter zu erfüllen. sie ist nicht zum aufwand geneigt, das ist grundfalsch … sie versteht die Hauswirthschaft, hat das beste herz von der Welt. – ich liebe sie und sie liebt mich von Herzen? – sagen sie mir, ob ich eine bessere frau finden könnte."

Zunächst sollte seine Heirat warten, bis er ein festes Einkommen hatte; aber ebenso, wie Mozarts Erfolg mit *Idomeneo* ihn ermutigte, den Dienst bei Colloredo zu quittieren, gab ihm sein Wiener Erfolg mit der *Entführung aus dem Serail* die Freiheit, Constanze 19 Tage später zu ehelichen. Er versuchte noch immer die väterliche Zustimmung zu bekommen – indem er argumentierte, er sei zu weit gegangen, um sich jetzt noch zurückzuziehen. „mit einem wort, wir sind für einander geschaffen, – und Gott, der alles anordnet, und folglich dieses auch gefügt hat, wird uns nicht verlassen." In den Briefen nach Salzburg unterschrieben er und Constanze gemeinsam als „Mann und Frau", und ein Brief schloß mit: „Mann und Weib ist ein leib."

Leopold war realistisch genug, Constanze zu akzeptieren, wenngleich er fortfuhr, schlecht über ihre Familie zu reden. Aus diesem Grund gingen wohl auch die Briefe verloren, die Leopold vor und nach der Hochzeit an seinen Sohn geschrieben hatte; Constanze verbrannte sie zweifellos.

Der Baronin Waldstätt schrieb er mit seinem üblichen Scharfsinn und mit unüblicher Offenheit über den mangelnden praktischen Hausverstand seines Sohnes, der um so mehr Anlaß zur Sorge gebe, „denn leyder, werden eben nur den geschicktesten Leuten, den besonderen genies, die meisten hindernisse in den Weg gelegt. – gnädige Frau! sprechen sie ihm (meinem Sohn) gedult ein."

Das jungvermählte Paar sollte möglichst sofort zu einem Besuch nach Salzburg aufbrechen, aber es kamen alle möglichen Hindernisse dazwischen, wie schlechtes Wetter, die geschäftige Konzertsaison und Constanzes Schwangerschaft. Und wiewohl dies realistisch genug war, grübelte Mozart, als die Zeit für die geplante Reise näher rückte – grundlos –, noch darüber nach, ob ihn der Erzbischof in Salzburg nicht verhaften lassen würde. Schließlich verbrachten er und Constanze die drei Monate August bis Oktober 1783 bei seinem Vater. Einige spätere indirekte Zeugnisse lassen vermuten, daß die Beziehungen – möglicherweise wegen Nannerl – angespannt waren. Doch als Leopold von Februar bis April 1785 einen Gegenbesuch bei den jungen Mozarts in Wien machte, scheint man gut miteinander ausgekommen zu sein; Leopold lobte sogar die wirtschaftliche Haushaltsführung seiner Schwiegertochter. Das einzige bekannte Resultat seines Salzburger Besuchs war Mozarts große unvollendete Messe in c-Moll (KV 427). Er schrieb sie, wie es scheint, als eine Art Danksagung für die glückliche Niederkunft seiner Frau, die bei der Aufführung in der Stiftskirche St. Peter als Solistin auftrat.

Die Vorstellung, daß dieser Salzburger Besuch die Salzburger und Wiener Mozarts einander entfremdet habe, ist ein Mißverständnis aus späterer Zeit. Für Leopold und Nannerl kam die Heirat zwar wie ein Schlag, aber die Beziehungen wurden doch aufrecht erhalten, die Familienbande setzten sich durch. Wolfgang schrieb seiner Schwester zu deren Hochzeit einen Brief mit leicht obszönen Versen. Wenn die Korrespondenz spärlicher wurde und eher von beruflichen als persönlichen Problemen handelte, war dies in der Sprache der Zeit eine normale Konsequenz aus Mozarts Emanzipation von der väterlichen Gewalt. Er hatte nun selbst einen unabhängigen Hausstand gegründet, und er und Leopold waren nicht mehr unmittelbar für- und voreinander verantwortlich. Wolfgangs häufige Entschuldigungen wegen eines verspäteten Antwortbriefes – er sei rasend beschäftigt gewesen – entsprechen der Wahrheit, sind aber auch ein untrüglicher Beweis dafür, daß er, ein erwachsener Ehemann und Vater, dabei war, dem Familienkokon der Mozarts zu entwachsen.

Die Meinungen darüber, welche Art von Ehemann er war und wie sich Constanze als Ehefrau machte, gehen auseinander. Eine oberflächliche Betrachtung seiner Briefe an sie läßt vermuten, daß die Ehe glücklich und sexuell erfüllt war. Die gelegentlich sowohl vor als auch nach seiner Heirat geäußerte Sorge, sie könnte seiner Ehre durch indiskretes und allzu sorgloses Benehmen schaden – ein bekanntes Beispiel ist die häusliche Szene, in der sie einem jungen Stutzer erlaubte, an ihren Waden Maß zu nehmen –, läßt vermuten, daß er, wie dies allgemein üblich war, von der Theaterwelt, in der er verkehrte, eine zwiespältige

Meinung hatte. Auf der einen Seite fand er diese Welt kongenial, ja, er hatte sogar in sie eingeheiratet. Wenn er, während er bei der Familie Weber wohnte, gemeinsam mit Constanze und einer jungen Frau Verstecken spielte, die, wie sich später herausstellte, mit einem Schauspieler verheiratet war, zeigt dies eine wenig bekannte Seite aus seinem Leben. Andererseits war er darauf bedacht, als respektabler Bürger und Mann von Ehre betrachtet zu werden, der freimütig mit den Großen seiner Zeit verkehrte. Das Maßnehmen an den Waden seiner Verlobten in einem Alkovenspiel verkörperte so gut wie alles, was ihn an den Sitten der Theaterleute abstieß.

Ein Brief aus dem Jahr 1789, als Constanze sich wegen eines Leidens in Baden aufhielt, läßt vermuten, daß sie von „unnötiger“ Eifersucht geplagt wurde und daß Mozart seinerseits über ihr freies und leichtfertiges Betragen verärgert war, das sie bei zwei verschiedenen Gelegenheiten zwei Herren gegenüber gezeigt haben soll. Darin mehr zu sehen, als eine vorübergehende Verstimmung zwischen Eheleuten, wäre reine Anmaßung. „... du ... sollst gleich die erste nacht einen derben schilling auf deinen liebens =küßenswürdigen Äerschgen haben“, schrieb ihr Mozart im selben Jahr von einer der wenigen Reisen, die er ohne sie unternahm (mit dem Versprechen, ihr das Hinterteil zu versohlen, falls sie wirklich denken sollte, er habe sie vergessen). In seinem Hotelzimmer redete er mit ihrem Bild „... zum Beispiel, wenn ich es (Constanzes Bild) aus seinem Arrest herausnehme, so sage ich: Grüß dich Gott, Stanzerl! Grüß dich Gott, spitzbub, Knallerballer, spitzignas, Bagatellerl, schluck und druck! ... Gute nacht, mauserl, schlaf gesund!“

In einem anderen Brief, der seine Rückkehr ankündigte, strich Constanze an vielsagenden Stellen einige Wörter aus. „... richte dein liebes, schönstes nest recht sauber her, denn mein Bübderl verdient es in der that, es hat sich recht gut aufgeführt und wünscht sich nichts als dein schönstes … zu besitzen. Stelle dir den spitzbuben vor, dieweil ich so schreibe, schleicht er sich auf den Tisch und zeigt mir mit fragen … ich aber, nicht faul, geb ihm einen derben Nasenstüber – aber der Bursch ist nur noch – jetzt brennt der schlingl noch mehr und läßt sich fast nicht bändigen …"

Eine gute sexuelle Beziehung bedeutete in jener Zeit auch wiederholte Schwangerschaften. In den neun Jahren ihres Ehelebens gebar Constanze sechs Kinder, von denen nur das zweite und das letzte, Karl Thomas und Franz Xaver Wolfgang, länger als einige Monate am Leben blieben. (Als erwachsene Männer brachten es beide zu respektablen, doch mittelmäßigen Karrieren.) Einige starben nur wenige Stunden nach der Geburt.

Dieser Teil von Mozarts Leben liegt nahezu gänzlich im dunkeln. Nach der Geburt des ältesten Kindes, Raimund Theodor, schrieb Mozart: „das kind ist auch ganz frisch und gesund, und hat entsetzlich viele geschäften, welche bestehen in trinken, schlaffen, schreyen, B…sch… und schpeiben, etc. es küßt dem Grospapa und der tante die Hände."

Nach dem Tod dieses Kindes im Alter von zwei Monaten – Wolfgang und Constanze, die in Salzburg aufgehalten waren, hatten es einer Amme übergeben, was in jener Zeit für Angehörige ihres Standes durchaus üblich war – waren beide sehr traurig: „wegen des armen, dicken, fetten und lieben Büberl ist uns beyden recht leid." Daß der Tod späterer Kinder in erhaltenen Briefen nicht erwähnt wird, verrät uns nichts über die Gefühle der Eltern. Mozart berichtet aber über einige Schwierigkeiten bei Karls Einschulung und daß er den Siebenjährigen in eine Aufführung der Zauberflöte mitgenommen habe. (Das war eine seiner letzten Unternehmungen vor dem Ausbruch jener Krankheit, der er schließlich erlag.)

Während ihrer neun Ehejahre bewohnten Wolfgang und Constanze zehn verschiedene Wohnungen. In der bei weitem größten (deren Jahresmiete Mozarts früheres Einkommen von 450 Gulden überstieg) blieben sie zweieinhalb Jahre, von September 1784 bis April 1787; ihr letztes Quartier bewohnten sie beinahe drei Jahre lang, so daß ihr Durchschnittsaufenthalt in den übrigen acht Wohnungen etwa sieben Monate betrug.

Eine derartige Mobilität war nicht so seltsam, wie sie uns heute scheinen mag. Die Leute hatten, wenn sie nicht sehr reich waren, gemessen an unserem Standard, nur wenige Habseligkeiten. Arbeitskräfte waren billig und Mietwohnungen nicht schwer zu finden. Es war dementsprechend leichter, umzuziehen. Dazu kam, daß Theaterleute, mit denen die Mozarts viel gemeinsam hatten, an häufige Umzüge ebenso gewöhnt waren wie von der Hand in den Mund zu leben. Wolfgang und Constanze zogen wenigstens zweimal aus finanziellen Gründen in eine Vorstadtwohnung um, weil sie sich eine teure Stadtwohnung nicht mehr leisten konnten. Und sie kehrten in die Stadt zurück, wenn sich die Gegebenheiten günstiger anließen. Die schöne Wohnung, in der das Paar sich im September 1774 einrichtete, wurde auf dem Höhepunkt von Mozarts Karriere als Konzertvirtuose bezogen, ebenso wie der Erfolg seinen Freund und Librettisten, den Bühnenautor Gottlieb Stephanie, veranlaßte, eine sogar noch kostspieligere zu beziehen. Leopold wunderte sich bei seinem Besuch über eine solche Verschwendung und die hohen Wiener Mieten, aber um 1787 war dies alles zu viel, um damit fertig zu werden.

Mozarts Finanzen haben viel Tinte fließen lassen. Einige Autoren unternahmen große Anstrengungen, sein Einkommen und seine Ausgaben in Wien zu schätzen. Das Problem ist zunächst einmal, daß wir die Unternehmungen, aus denen Mozart sein Einkommen bezog, nur teilweise kennen (und noch weniger ist uns bekannt, wofür er sein Geld ausgab). Dazu kommt, daß wir auch bei den uns bekannten Aktivitäten die Höhe seines Einkommens nur danach schätzen können, was Zeitgenossen als übliches Honorar für bestimmte Auftritte von Künstlern überlieferten. Solche Berichte können, wie andere zeitgenössische Zeugnisse beweisen, bei weitem übertrieben sein. Am besten hält man sich an detaillierte Rechnungen über Zahlungen, die von offiziellen Stellen oder adeligen Haushaltungen veranlaßt wurden, wenn sie auch fragmentarisch sein mögen. Mozarts eigenen Angaben über seine Einnahmen ist nicht zu trauen. Von Desdemona heißt es: „She has deceiv'd her father and may thee"; im Gegensatz zu ihr dürfte Mozart nicht aufgehört haben, seinen Vater über sein Einkommen zu täuschen, auch nachdem er dessen Haus verlassen hatte. Präzise Gesamtsummen von Einnahmen und Ausgaben könnten deshalb in die Irre führen.

Das Grundproblem steht jedoch fest. In seinen besten Wiener Jahren, bis 1787, hatte Mozart als unabhängiger Komponist und Konzertvirtuose ein beträchtliches Einkommen, das vermutlich um die 2000 bis 3000 Gulden jährlich betrug und hauptsächlich von öffentlichen und privaten Konzertauftritten herrührte. Der Rest waren Tantiemen von Opernaufführungen und Musikverlagen sowie Honorare von Schülern und seltene Glücksfälle wie der Verkauf verschiedener Musikstücke an einen süddeutschen Fürsten. Verglichen mit den Verhältnissen im späten 19. Jahrhundert waren die Tantiemen niedrig; auch gab es kein Copyright, so daß z.B. wiederholte Produktionen von Opern nichts einbrachten. Dazu kam, daß die Lebenshaltungskosten in Wien viel höher als in Salzburg waren. Das alles sagt uns nur, daß es für einen Komponisten im 18. Jahrhundert schwierig war, Geld zu sparen oder gar reich zu werden. Doch wenn auch Mozarts Einkommen keine Reichtümer bringen konnte, dürfte es doch ausreichend gewesen sein, um ihm und seiner Familie einen angemessenen Lebensstil zu sichern und Sorgen leidlich von ihm fernzuhalten. Nichtsdestoweniger borgte Mozart regelmäßig – das erste Zeugnis dafür ist mit Februar 1783, sechs Monate nach seiner Heirat, datiert –, und das oft in großer Eile, Geld aus, wobei er meistens akute Schwierigkeiten geltend machte.

Seine finanzielle Krise sollte erst später, in den Jahren 1789/90 einsetzen. Doch wie wirkte sich mittlerweile sein Umgang mit den Finanzen auf sein Eheleben aus?

Schulden zu haben war in jener Zeit durchaus üblich. Sogar reiche Aristokraten hatten es zuweilen schwer, Bargeld in die Hand zu bekommen, ihre Zahlungen erfolgten oft spät. Manche Leute – wie gelegentlich auch Mozart – mochten einem Freund Geld borgen, während sie selbst Schulden bei einem anderen hatten. Bis 1787 gibt es keine klaren Anzeichen dafür, daß Mozarts Anleihen etwas anderes gewesen wären als kurzfristige Notbehelfe. Leopold, der seinen Sohn während der Fastenzeit 1785, mitten in dessen geschäftiger und erfolgreicher Konzertsaison, besuchte, glaubte, Wolfgang könnte 2000 Gulden auf die Bank legen, fügte aber bezeichnenderweise hinzu: „... ich glaube, daß mein Sohn, wenn er keine Schulden zu bezahlen hat, itzt 2000 f (Gulden) in die bank legen kann; das geld ist sicher da, die Hauswirthschaft ist, was Essen und Trinken betrifft, im höchsten Grad ökonomisch."

Diese Äußerung eines Mannes, der so weltklug und genau wie Leopold Mozart war, läßt auf reichliche Bareinnahmen schließen, aber andererseits vielleicht auch auf ausständige Schulden und beträchtlichen Aufwand für Anschaffungen, die über das tägliche Essen und Trinken hinausgingen.

Worin mochten diese Anschaffungen bestanden haben? Mozart liebte schöne Kleidung und hatte durch seinen Umgang mit der gehobenen Gesellschaft einen aristokratischen Geschmack entwickelt. Das mag für einen hohen, letztlich untragbaren Ausgabenstand verantwortlich sein, aber möglicherweise nicht für plötzliche, wiederholte Anleihen von größeren und kleineren Summen.

Mozart mit dem Vogelnest; Ölbild von Johann Zoffany, 1764/65; Mozart-Museum Salzburg.

Mozart als Ritter vom Goldenen Sporn. Anonymes Ölbild, August/September 1777.

Einige Wissenschaftler haben daraus geschlossen, daß Wolfgang ein Spieler war; dafür gibt es jedoch keinen direkten Beweis. Dennoch wäre dies, alles in allem, eine plausible Erklärung für sein bekanntes Verhalten in finanziellen Angelegenheiten. Die Spielleidenschaft verursacht typischerweise plötzliche Auf-und-ab-Bewegungen der Finanzen, Verluste können abgrundtief sein und dringende Abhilfe verlangen. Dies könnte auch erklären, wie jemand, der eine Menge Geld verdiente, zeitweise völlig mittellos sein konnte. Wenn Mozart ein solcher Spieler war, dürfen wir ihn uns allerdings nicht in irgendeiner Wiener Spielhölle vorstellen. Er liebte das Billardspiel. Alles, was er zu tun hatte, war, erhebliche Summen auf sein Spiel oder das eines anderen zu setzen. Glücksspiele waren in der Gesellschaft des 18. Jahrhunderts so verbreitet, daß seine Vorliebe dafür ohne weiteren Kommentar hingenommen worden sein mochte, wenn man von dem Gerede „menschlicher Fehler" und „gewagter Gesellschaft" absieht, das nach seinem Tod aufkam.

Die Möglichkeit – und mehr als eine solche ist es nicht –, daß Mozart ein Spieler gewesen sein könnte, erweckt den Verdacht, daß die ständigen Berichte über geringe Einnahmen bei seinen Konzertreisen dazu dienten, seine Spielverluste zu kaschieren. Solche Berichte – die zuerst an Leopold und später an Constanze gingen – begleiteten seine Reisen von 1777 bis 1779, 1789 und 1790, auf denen er einen großen Teil der Zeit für sich allein war und Stunden oder Tage nach seinem Belieben verbringen konnte. Offensichtlich war er auch bereit, seine Einnahmen in der anderen Richtung zu „frisieren", wenn ihm dies passend erschien: Im Dezember 1789 erzählte er seinem Freund und langmütigen Geldgeber Michael Puchberg, von dem er dringend 100 Gulden ausborgen wollte, daß er bald für *Così fan tutte* 900 Gulden erhalten würde; doch die kaiserlichen Rechnungsbücher weisen nur die Zahlung von 450 Gulden, die übliche Standardgebühr für

Opern, aus. Wohlmeinende Wissenschaftler vermuten, daß Joseph II. den Rest aus seiner Privatschatulle bezahlt haben könnte oder auch, daß Josephs Krankheit und Tod die Auszahlung verhindert hätten. Eine einfachere Erklärung ist die, daß Mozart, in einem finanziellen Engpaß, seinen Freund belogen hatte.

Was Constanze von der Spielleidenschaft ihres Mannes (falls eine solche existierte) oder seinem geringen wirtschaftlichen Talent (das unzweifelhaft war) gehalten haben mag, wissen wir nicht. Ihre eigene Wirtschaftsführung nach dem Tod ihres Mannes war zuverlässig und kompetent. Sie tilgte bald die Schulden ihres Mannes, die sich durch die Besserung der Lebensumstände in Mozarts letztem Lebensjahr ohnehin schon reduziert hatten, heiratete schließlich einen ehemaligen Diplomaten und lebte in gesichertem Wohlstand bis zu ihrem Tod 1842, mehr als fünfzig Jahre später. Wir sollten nicht unbedingt annehmen, daß sie während ihrer Ehe mit Mozart oft über die finanziellen Schwierigkeiten in Verzweiflung geraten wäre. Diese waren nie so hoffnungslos, daß sie sich kein Hausmädchen leisten konnte oder am Essen sparen mußte. Sie und Wolfgang gehörten beide dem Künstlermilieu an, ihr sozialer Hintergrund und ihre Interessen waren eng mit dem Theater verknüpft, und sie hatten viele Freunde aus diesem Bereich. In einer derartigen Umgebung war das Auf und Ab des materiellen Wohlstands allgemein verbreitet. Schwierige Situationen müssen junge Leute wie die Mozarts nicht davon abgehalten haben, ihr Leben und die Freude aneinander zu genießen oder, in diesem besonderen Fall, sich am Höhenflug von Wolfgangs Kunst zu begeistern.

In seinen besten Wiener Jahren, von der *Entführung aus dem Serail* im Juli 1782 bis zu *Le nozze di Figaro* im Mai 1786, wurde dieser Höhenflug vor allem durch Mozarts Auftritte als Klaviervirtuose bewirkt. Nicht zufällig umrahmen zwei Operntitel die Aufzählung einer fürstlichen

Reihe der Wiener Klavierkonzerte (nur KV 413-415 und KV 503 liegen einige Monate außerhalb dieses Rahmens). Mozart, ein Komponist, der für die Oper geschaffen war und der sich nichts so sehr wünschte wie Opern zu schreiben, hatte in diesen Jahren keinen anderen Opernauftrag als die einaktige Satire *Der Schauspieldirektor*. Für ihn war das Klavierkonzert, neben vielem anderen, eine Fortsetzung der Oper mit anderen Mitteln.

Der Höhepunkt der *Entführung* – das Quartett der beiden Liebespaare am Schluß des zweiten Aktes – bietet einen Ausblick auf das emotionelle Abenteuer, das auf die eine oder andere Weise die schönsten Konzerte gestaltete. Es hat vier Teile, deren jeder von einem beherrschenden Gefühl farblich bestimmt wird. Im ersten singen die beiden Paare abwechselnd – nach verschiedenen Themen – von ihrer Freude, einander inmitten der gefahrvollen Umgebung des Serails, in dem die Frauen eingeschlossen waren, wiedergefunden zu haben; dann singen sie gemeinsam eine dritte Melodie, die da und dort von Schatten eingetrübt wird („Voll Entzücken“). Ein Wechsel in Tonart und Rhythmus drückt im zweiten Teil den Zweifel der Männer darüber aus, ob die Tugend der Frauen standgehalten habe. Der dadurch verursachte Mißton führt die Musik durch fremde und unheilverkündende Regionen, bis Blondchen Pedrillo eine Ohrfeige versetzt. Mit einem neuen Thema bitten die Männer um Vergebung. Wenn alle gemeinsam singen, künden weitere Modulationen und eine bittere Harmonie von Zwietracht und Seelenpein, bis in einem zweiten Tutti (dem die unversöhnlichen Worte der Frauen nicht entgegenstehen) in choralartiger Weise der Friede wiederhergestellt wird. Der dritte Teil beginnt mit Pedrillos beschwingtem neuen Thema und führt zur Vergebung der Frauen. Der letzte („Es lebe die Liebe“) markiert, nicht ohne einen charakteristischen vorübergleitenden Schatten, einen raschen, brillanten Abschluß.

Was Mozart an diesem Höhepunkt der Oper gelang, konnte er auch, in einer nahezu unerschöpflichen Vielfalt, in den darauf folgenden Klavierkonzerten bewirken. Die Hörer haben lange den singenden (melodiösen) Stil in vielen dieser Klavierstücke vermerkt, vor allem in den langsamen Sätzen (die oft mit Arien verglichen wurden), aber nicht nur dort.

Ob im Theater oder anderswo, die Melodie verleiht dem menschlichen Gefühl, oft dem der Liebe in all ihren Schattierungen, eine Stimme; sie spricht – wie von einer Passage in einem der Konzerte damals gesagt wurde – die Sprache des Herzens. Zugegeben, Mozart schrieb diese Konzerte für seine eigenen virtuosen Aufführungen. Doch die daraus resultierende Virtuosität verlangt viel mehr nach Tiefe des musikalischen Verstehens als nach reiner Fingerakrobatik. In diesem Sinn sind die Klavierkonzerte, ebenso wie die Opern, öffentliche Musik. Aber sie sind zugleich intime Musik. Wie Einstein schrieb, läßt das Konzert in Mozarts Hand immer die Tür offen für den Ausdruck des Dunkelsten und des Strahlendsten, des Ernsthaftesten und des Fröhlichsten, der tiefsten Gefühle.

Woraus entspringen diese Gefühle? Es ist unsinnig anzunehmen, ein Komponist schreibe eine melancholische Melodie, weil ihn eben irgendein Ereignis in seinem Leben traurig gemacht hat. Die kreative Phantasie arbeitet nicht so. Mozart konnte fröhliche Musik schreiben, wenn er in tiefen Sorgen steckte. Er konnte auch komponieren, während seine Frau im Nebenzimmer gerade ein Kind gebar. Dennoch kann diese schöpferische Phantasie nicht unberührt vom Innenleben des Künstlers wirksam werden. Diese Berührung mag versteckt, verzögert, vorweggenommen oder verändernd sein – in jedem Fall ist sie aber wirksam.

In ihrer außerordentlichen Fülle und Vielfalt sind diese Konzerte das Werk eines Musikers, der die Grenzen seiner eigenen Fähigkeiten auslotet, um aus symphonischer

Musik und den bescheidenen Anfängen des zuvor schon existierenden Konzerts für ein Solo-Tasteninstrument und Streicher eine wirklich neue Form zu schaffen. Sie sind der Höhepunkt seiner Instrumentalmusik. Ähnlich wie in *Idomeneo* verkörpern sie seine Freude an Blasinstrumenten und seine ausgewogene Kunst, für sie zu schreiben.

Wir können jedoch in diesen Konzerten auch den Ausdruck von Mozarts Leben in diesen frühen Wiener Jahren sehen, eines Lebens als junger Ehemann und als Künstler, der neue Höhen erreichen will. Um wieder Einsteins Worte zu verwenden: „Es gehört zu den Vollkommenheiten Mozartscher Musik, daß ihre Dramatik latent bleibt, daß sie tiefere Tiefen kennt als den Kampf der auseinanderstrebenden Kräfte." Klavier und Orchester sind einander gleichgestellt. Ihr Verhältnis zueinander ist weniger ein Konflikt als vielmehr eine Dualität innerhalb der Einheit. Diese Dualität (Joseph Kermans „Dialog") besteht zwischen Solist und Orchester, zwischen Bühne und Auditorium, aber auch zwischen Mozarts innerem Wesen und der Außenwelt, die er in diesen Jahren mit all ihren erfreulichen, bedrückenden oder lustvoll absurden Aspekten entdeckte. Wir könnten dem, zumindest teilweise, noch hinzufügen: „zwischen ihm und Constanze". Die Konzerte sind auch, dreifach gefiltert, Szenen einer jungen Ehe.

Was geschieht in den intimeren dieser Konzertsätze? Daß unterschiedliche Ohren auch unterschiedliche Gefühle herauszuhören meinen, bedeutet nur, daß die Liebe viele Schattierungen kennt. Zärtlichkeit mag inmitten von Vorwürfen entstehen, ein Schauer von Besorgnis der Glückseligkeit zuwiderlaufen. In der gesamten abendländischen Musik drückt die Mozarts am besten jene emotionale Befrachtung aus, die leicht, aber tiefgründig, vielseitig strahlend, aber doppelbödig ist. Dies wird zumeist durch die Modulation bewirkt und bekommt oft durch einen Bläsereinwurf eine spezielle Tönung.

Im Adagio des Klavierkonzerts in A-Dur (KV 488) – einem Satz, der selbst in fis-Moll steht, einer für Mozart ungewöhnlichen Tonart – hört der eine Kritiker „Resignation und Hoffnungslosigkeit", ein anderer „sanfte Melancholie", ein dritter die Auseinandersetzung zweier Sänger mit verschiedenen Standpunkten. Die in Stufen verlaufenden Eingangsphrasen des Klaviers erzählen tatsächlich von melancholischer Liebe, doch können wir in der Antwort der Klarinettenmelodie (über einer wiegenden Harmonie) einen Hauch von Trost verspüren.

Das Klavier wiederholt seine traurige Melodie und läßt dann aufsteigende Phrasen folgen, die wie Fragen wirken. Oberhalb der wiegenden Harmonie nimmt es die Trostfigur auf, läßt sie aber gleich wieder in sich zusammensinken. Modulationen in den Bläserstimmen greifen die ursprüngliche Klage des Tasteninstruments wieder auf, die in der Transposition nunmehr plötzlich gedämpfter und reifer klingt. Die Trostfigur wird, in der Wiederholung, vom gesamten Orchester übernommen.

Der Pianopart drückt zunächst in absteigenden Tonwiederholungen Resignation aus und geht dann gegen ein gedämpftes Streicherpizzicato in vokal anmutenden Sprüngen zu entschlosseneren Einzelnoten über, die weit auseinanderliegen – ganz so, als ob ihm der Mut zu weiterem fehlte. Der Rest ist eine kurze Zusammenfassung und ein Adieu auf engstem Raum.

Was immer wir in diesem Satz hören mögen – wenn wir ihn überhaupt hören –, durchwanderte unser Geist Bereiche, in denen tiefste Liebe mit Kummer vermischt ist, sich an die Hoffnung wagt, davor zurückschreckt und sie zuletzt doch aufgreift. Im übrigen steht dieser Satz innerhalb des Konzerts nicht isoliert. Im ersten Allegro macht das draufgängerische Eröffnungsthema bald einem anderen Platz, das in seiner sanften Beredsamkeit Schatten heraufbeschwört. Geheimnisvolles drängt sich in der Übergangsphase zusammen, die zur Durchführung überleitet und dort, durch Modulationen in Tonarten, die fremdartiger klingen als jemals zuvor, in eine flüchtige Drohung überspringt. Ein Dialog setzt ein: Klavier, dann wieder die Bläser. Wir durchschreiten den Wechsel der beiden Hauptthemen und von Laut und Leise, bis das zweite, umschattete Thema, nunmehr von Unentschlossenheit bedrängt, das Klavier in die Kadenz führt. Selbst im Allegro assai trifft der fröhlich plätschernde Klavierpart – eine Oberflächlichkeit des Genius, wie Arthur Hutching es nennt – auf bestürzende Lustschreie und, an einer Stelle der Bläser, auf die Andeutung einer gewissen Zurückhaltung.

Wenn wir uns Freuds Definition vom Eros als dem extrovertierten Trieb, der auf den Genuß der Außenwelt gerichtet ist, zu eigen machen, dann ist das A-Dur-Konzert ein durch und durch erotisches Werk. Es durchläuft eine große Skala von Gefühlen für das irdisch andere und endet schließlich im Adagio als eine der zwingendsten Äußerungen der Liebe zu einem anderen menschlichen Wesen. Ob dieses geliebte Wesen verlorenging, wissen wir nicht. Wovon die Musik spricht, ist unsere Wahrnehmung eines Verlustes, der vielleicht kommen mag (vielleicht auch schon gekommen ist oder doch kommen wird) und uns unseren Grund zu leben entzieht.

Das trifft in unterschiedlicher Weise auch auf die anderen Konzerte zu, von denen einige komplizierter sind als KV 488. Die zwei Konzerte für Barbara (Babette) Ployer, KV 449 in Es-Dur und KV 453 in G-Dur, beide in absichtlich bescheidenem Rahmen ohne Trompeten und Pauken geschrieben, damit die Pianistin sie ihren Gästen bei sich zu Hause vorspielen konnte, zeigen eine quecksilberartige Veränderlichkeit der Gefühle, die selbst für Mozart ungewöhnlich ist. Die Melodie einer ruhigen Glückseligkeit im Andante von KV 449 folgt auf ein rastloses Allegro vivace, in dem Sturm und Stille ineinander verwoben sind und das später von schnellen chromatischen Veränderungen und dem Nebeneinander von Gegensätzen bedrängt wird. Die

Melodie redet in ihrem Verlauf von den Umständen eines glücklichen Lebens zu zweit, worunter auch kleinere Krisen gemischt sind. Die „Tränen in allen Dingen“ sind nur selten weit entfernt von der Musik des Konzerts KV 453, einem anderen Werk, das dafür geschaffen ist, in seinen Hörern die unterschiedlichsten Gefühle zu erwecken. Doch alles in allem wachsen die qualvollen Stellen hier weder ins Extreme noch stören sie die vorherrschende Zärtlichkeit der Gefühle. Sogar das abschließende Allegro (das eine fanfarenhafte Coda aus dem Bereich der Komischen Oper bietet) hat im Klavier ein Eröffnungsthema, das glückhaft weitschweifig ist. Ein Biograph, der es auf Affären abgesehen hat, könnte annehmen, Mozart sei in seine Schülerin Babette verliebt gewesen. Wahrscheinlicher ist, daß er fühlte, ihr Herz könne seine Sprache sprechen, während er gleichzeitig wußte, daß ihre Finger perlende Läufe und Arpeggios hervorbringen konnten.

Erotik im weitesten Sinn teilt sich auch in den mehr nach außen gerichteten Konzerten dieser Periode mit, sogar in dem weltmännischen und brillanten KV 450 in B-Dur, ganz zu schweigen von dem persönlicher gehaltenen KV 467 in C-Dur mit seiner von Weltschmerz geprägten Eröffnung bis hin zum triumphierenden (wenngleich nicht unumschatteten) Witz des Finales und der dazwischen wogenden Melodie des Andante, einem Erguß paradiesischer Liebe, über Streichertriolen, deren „Herzschlag“ die Idylle durchwegs aufrecht hält. In der Durchführung des ersten Andante behandelt das Werk Dinge von schwerwiegender Bedeutung. Das Persönliche findet sich zugleich auf wirksame Weise mit der Außenwelt verstrickt. Fortschreitungen durch schicksalhafte Modulationen und Dissonanzen führen zu einer reiferen, gelasseneren Auffassung des bekannten Themas. Ein derartiges Werk ist – wenn auch weniger augenscheinlich – ebensosehr eine geistige Autobiographie wie ein Tongemälde von Richard Strauss.

Mozart spricht tatsächlich beinahe immer mit der Stimme des Individuums, von Angesicht zu Angesicht mit der Welt; mit einer Stimme auch, die durchtränkt von Gefühlen ist. In den 1780er Jahren war die „Objektivität" eines J. S. Bach, das Bewußtsein, daß sowohl der einzelne als auch die Welt als Gesamtheit von einer Macht regiert wird, die beide bei weitem übertrifft, für einen abendländischen Künstler (auch wenn er gerade Bach studierte) nicht mehr greifbar. Zugegeben, der außerordentlich lange erste Satz des Klavierkonzerts in C-Dur (KV 503) – das im Dezember 1786 vollendet, aber möglicherweise ein oder sogar zwei Jahre früher begonnen worden war – mag in seiner komplizierten Gestaltung von kurzen, nicht sehr charakteristischen Themen unpersönlich erscheinen (seltsam kalt, wie Joseph Kerman schreibt). Einige allerdings meinen darin eine Selbstbestätigung des Künstlers zu sehen, der sich (jedenfalls für den Augenblick) seiner eigenen erobernden Kraft so sicher ist, daß er es nicht länger nötig hat zu bezaubern. Auf jeden Fall ist dies – außer einer Gelegenheitsarbeit und einem Meisterwerk, das Mozarts letztem Lebensabschnitt zuzuordnen ist – das letzte der Wiener Klavierkonzerte.

Danach komponierte er *Le nozze di Figaro*, das Werk, das die Reihe der italienischen Komischen Opern eröffnete, die für Mozarts Schaffen eine weitere Krönung bedeuteten: drei Werke, die zugleich pfiffig-komisch und geheimnisvoll-poetisch sind. Für Mozart selbst stand die Oper im Mittelpunkt seiner Karriere als Komponist. Die Opern, die er während seiner erfolgreichen Jahre in München und Wien schuf – mit *Così fan tutte* als einem späten Destillat –, sind das Herzstück seines Schaffens.

In der unerschöpflichen Begeisterung, die sie seit ihrer Entstehung bewirkt haben, spielt Eros eine bedeutende Rolle.

Mozarts erstes Auftreten in Paris; gezeichnet und lithographiert von Anton Ziegler, o.J.; Internationale Stiftung Mozarteum.

Mozart in Wien, seinen Freunden und Gönnern zum ersten Mal *Don Giovanni* vortragend; Farblithographie, erschienen im Kunstverlag Friedrich Scherl, Berlin; Internationale Stiftung Mozarteum.

IV. Der Theatermensch

„Ich darf nur von einer opera reden hören, ich darf nur im Theater seyn, Stimmen hören – oh so bin ich schon ganz ausser mir."

Als Mozart im Oktober 1772 dies schrieb, war er unterwegs nach München, auf der Suche nach Möglichkeiten, Konzerte zu geben und eine feste Anstellung zu finden. Was er aber wirklich wollte, war, eine – oder besser mehrere – italienische Oper zu komponieren, und das möglichst in Italien. „Man macht sich dadurch mehr Ehre und Credit, als wenn man 100 Concert in Teutschland gibt ..."

Für einen jungen Komponisten war dieses Ziel selbstverständlich: Die italienische Oper war die wichtigste musikalische Gattung. Die Sachsen Händel und Hasse, die Böhmen Gluck und Myslivicek, der Spanier Martin y Soler waren nur einige der nicht italienischen Komponisten, die damit ihren Ruhm begründeten. Mozart hoffte es ihnen wenigstens gleichzutun.

Er war, mehr als dies allgemein wahrgenommen wurde, durch und durch ein Theatermensch. Nicht nur, daß er für das Theater schreiben wollte. Er verbrachte auch viele seiner Abende dort, besuchte sowohl Opern als auch Schauspiele, und er kannte viele Theaterleute, vor allem aus der Familie seiner Frau. Das Theater war zu seiner Zeit sowohl die wichtigste Form der Unterhaltung als auch das Zentrum geselligen Lebens, eine Stellung, die es im 19. Jahrhundert nach und nach verlieren sollte. Viele gebildete Städter gingen Abend für Abend dorthin, unter ihnen auch Leopold Mozart und seine Familie, wenn sie die Gelegenheit dazu hatten.

Sie blieben nicht immer die ganze Aufführung über oder verfolgten aufmerksam alles, was auf der Bühne geschah. Vielmehr mochten sie sich unterhalten, essen, umhergehen oder Karten spielen. Eine Szene oder ein Darsteller mußte schon bemerkenswert sein, damit es im Haus einmal ruhig wurde.

Die italienischen Opernbesucher, für die der junge Mozart 1770 und 1772 schrieb, pflegten bei einem erfolgreichen Werk zwanzig Aufführungen lang halb zuzusehen. Bei Sprechstücken – und in Deutschland auch bei Opern – war es die gängigere Praxis, den Spielplan alle paar Tage abzuändern. Emanuel Schikaneder, der zwölf Jahre lang ein Wiener Vorstadttheater (am Kärntner Tor) leitete und Librettist, Produzent und erster Papageno der Zauberflöte war, setzte während seiner Direktionszeit 404 Produktionen, darunter 57 eigene, auf den Spielplan. Alles in allem schrieb er etwas über hundert Stücke. Die Zauberflöte war, mit ungefähr 40 Aufführungen in zwei Monaten, ein außergewöhnlicher Fall. Die meisten seiner Produktionen wurden nach zwei oder drei Aufführungen abgesetzt. Ein begrenztes Publikum, das immer wieder kam, wußte eine neue Handlung in einem bekannten Rahmen zu schätzen. Wie die Autoren heutiger Fernsehserien dachten sich die Stückeschreiber endlose Variationen der immer gleichen Grundthemen aus. Dasselbe taten auch die italienischen Librettisten. *Don Giovanni* war eine unter Hunderten Komischen Opern. Der Unterschied lag in Mozart.

Die Opera seria, die noch immer als aristokratische Gattung existierte, stand und fiel mit ihren Gesangsvirtuosen und war eine Klasse für sich. Aber in den deutschsprachigen Gebieten war die Unterscheidung zwischen Komischen Opern, Sprechstücken und anderen populären Unterhaltungen nicht so genau wie bei den Engländern. Schauspiele enthielten oft Gesangsnummern und instrumentale Bühnenmusik. Schikaneder setzte sowohl Open-Air-Veranstaltungen mit Pferdedressuren als auch *Hamlet* auf den Spielplan. Der Sänger, der bei der Premiere der *Entführung* die Rolle des Pedrillo sang, spielte auch die Hauptrolle in einer deutschen Version von

The School for Scandal. Mozart selbst dachte sich eine Harlekinade aus, in der er auch persönlich auftrat, und er begann zwei Farcen zu schreiben, die um die wienerische Hanswurstfigur kreisten.

Nach den frühen Italienreisen fühlte er sich ausgehungert nach Theaterstücken und besonders nach Opern. „Wenn doch wenigstens ein theater (in Salzburg) da wäre, das was hiesse, denn in dem besteht meine ganze Unterhaltung hier", schrieb er seinem Vater einmal, nachdem er nach Wien geflüchtet war. Dies war, neben anderen kritischen Bemerkungen über seine Vaterstadt, eine Übertreibung, aber nur in Wien konnte er Theater finden, „wo man alle Arthen von schauspielen vortrefflich aufführt; hier ist es jede Rolle – die müdeste, die schlechteste Rolle ist gut und doppelt besetzt ..."

Bis dahin bot ihm nur die näher gelegene Residenzstadt München die Chance, das zu tun, was er am meisten zu tun wünschte, nämlich eine Oper zu komponieren. Es scheint ihm gleichgültig gewesen zu sein, welche Art von Oper er zu schreiben bekam. Seine Briefe zeigen manchmal eine Vorliebe für deutsche oder italienische Opern, für die komische oder die ernsthafte Gattung. Solche Bemerkungen scheinen die Laune eines Augenblicks widerzuspiegeln oder auch die Person, an die sie sich wandten, oder die Möglichkeiten, die in Sicht kommen mochten. Sein Ziel war jedenfalls die Oper. Die Gattung spielte da keine wesentliche Rolle. In Paris wollte sich der damals Zweiundzwanzigjährige sogar an der schwierigen französischen Sonderform der Oper, der Tragédie lyrique, einem spektakulären Gesamtkunstwerk mit Ballett, versuchen – aber weil außerhalb Frankreichs die italienische Oper dominierte, basierten die meisten Werke, die er schließlich komponieren sollte, auf italienischen Libretti.

Seine Komische Oper für München, *La finta giardiniera* (1775), erlebte nur drei Aufführungen. Die Partitur weist schon den reifen Stil auf, den er sich in Salzburg in den vorangegangenen Jahren erarbeitet hatte. Aber er war noch nicht in der Lage, eine verschwenderische Fülle schöner Musik durch strenge Beherrschung von Libretto und dramatischer Struktur zu bändigen. Zu viel davon ist eine Abfolge von Arien. Die eigenmächtige Entwicklung der Charaktere wiederholt die Klischees Dutzender Komischer Opern, und alles zusammen wirkt zu lang. Als die nächste Einladung nach München, im Herbst 1780, kam, handelte es sich um eine ernsthafte Oper für den neuen Hof des Kurfürsten Karl Theodor, desselben, der es drei Jahre zuvor verabsäumt hatte, Wolfgang eine Stellung zu geben. Der Kurfürst hatte das berühmte Mannheimer Orchester und die Mannheimer Vorstellungen über die Oper mit nach München genommen. Diese waren, wie auch an einigen anderen deutschen Höfen, von Paris beeinflußt, vor allem von den Reformopern, in denen Gluck versucht hatte, die Ideale der „edlen Einfalt“ zurückzuholen, welche seine Zeitgenossen in der Antike zu finden meinten. Eine ernsthafte Oper sollte durch Deklamation, mächtige oder brillante Chöre, eindrucksvolle Bewegtheit und Ballett ebenso wirken wie durch die Arien, die das wesentliche italienische Element darin waren. Das Thema, das Mozart vorgegeben wurde – Idomeneo, eine nicht biblische Version der Geschichte von Jephtha und dessen unvorsichtigem Schwur, das erste Lebewesen, das ihm bei seiner Heimkehr begegnen würde, zu opfern, wobei er verhängnisvollerweise auf sein eigenes Kind trifft –, war eine französische Tragédie lyrique, die von André Campra in der ersten Hälfte des Jahrhunderts komponiert worden war.

Obwohl Mozart in den Briefen an seinen Vater nichts dergleichen sagt – sie verraten uns im übrigen mehr über die Entstehung dieses Werkes, als wir über irgendein anderes wissen –, stürzte er sich verständlicherweise förmlich auf die Gelegenheit, so etwas wie die französische Oper zu komponieren, die ihm in Paris versagt geblieben war. Die Worte waren, der Gewohnheit entsprechend, italienisch, doch der Geist sollte vorwiegend französisch sein. Er hatte gute Sänger und ein hervorragendes Orchester zur Verfügung und arbeitete im Bewußtsein, auf der Höhe seiner schöpferischen Kräfte zu sein.

Idomeneo, lange Zeit eher bewundert als aufgeführt, kam in den letzten Jahren endlich zu seinem Recht, nicht nur als überragendes Werk geschätzt, sondern auch gerne gehört zu werden. Mozart geriet schnell an die Schwierigkeit, ein Libretto des Salzburger Hofpoeten Abbé G. B. Varesco benützen zu müssen, das die Geschichte klar, aber weitschweifig erzählte. Der dritte Akt war viel zu lang, vor allem für eine Zeit, deren Gewohnheit forderte, daß er kürzer als die beiden davor sein sollte. (Dritte Akte sollten bald überhaupt gestrichen werden.) Varesco blieb in Salzburg – alles mußte über Leopold ausgehandelt werden –, und er bestand auf seinen Rechten, die einem „Dichter"-Librettisten damals zustanden. Mozart beantwortete seine und Leopolds Einwände höflich, machte dann aber kurzen Prozeß. Diese Männer einer früheren Generation waren mit langen Rezitativen aufgewachsen und sahen keine Notwendigkeit, etwas daran zu ändern. Teile des Libretto, schrieb Mozart, seien zu lang und müßten gekürzt werden. Falls der Librettist dies nicht besorgen würde (wobei im gedruckten Libretto die nicht komponierten Textteile einem Gewohnheitsrecht zufolge stehen bleiben konnten), würde es der Komponist selbst tun.

Er brachte Varesco dazu, die entscheidenden Worte der Stimme Neptuns zu kürzen, mit denen jener Idomeneo die Opferung seines Sohnes erläßt, und kürzte sie dann selbst noch einmal. „Wäre in Hamlet die Rede des Geistes nicht solang, sie würde von noch besserer Wirkung seyn. – Diese Rede hier ist auch ganz leicht abzukürzen, sie gewinnt mehr dadurch, als daß sie verliert."

Dies ist falsch, soweit es den Geist in Shakespeares eigenen Versen betrifft, aber richtig für das, was Mozart möglicherweise als Gesang gehört hatte, der sich langsamer entwickelt; richtig auch, wenn er damit sagen wollte, daß in Varescos Entwurf Neptuns feierliches Orakel das Publikum gelangweilt haben würde. Er mußte dem adeligen Intendanten des Opernhauses „grob“ kommen, um ihn dazu zu bringen, Geld für die Posaunen auszugeben, die notwendig waren, um Neptun einen eindrucksvollen Hintergrund zu geben. Deshalb „habe lezthin mich verflucht herumgebalget mit dem Seeau“, berichtet Mozart seinem Vater. (Und selbst dadurch kamen die Posaunen offenbar nicht zum Vorschein.)

Wie bei allen Opernproben des 18. Jahrhunderts mußte der Komponist, wenn möglich, in erster Linie die Sänger zufriedenstellen, die damals von viel größerer Bedeutung waren als er selbst. Die Schwierigkeit lag bei den Männern. Die beiden Heldinnen – hell und dunkel – waren Dorothea und Elisabeth Wendling, zwei Schwestern, beide gute Sängerinnen und Bekannte aus den Mannheimer Tagen. Mit ihnen ging alles reibungslos. Für den Tenor Anton Raaff, damals sechsundsechzig, war die Titelpartie die letzte einer glänzenden Karriere. Leutselig, aber in seinen Gewohnheiten gesetzt, mußte er behutsam behandelt werden. Das galt auch für seine Stimme. Der zweite Tenor, Domenico Panzacchi, ein weiterer Veteran, durfte verlangen, daß seine größtenteils überflüssige Rolle ausgebaut wurde. Den Protagonisten der jugendlichen Kastratenrolle, Vincenzo dal Prato, charakterisierte Mozart als „inwendig nicht gesund“ und völlig nutzlos.

Im Gegensatz zu einer so ablehnenden Kritik hatte jener aber beachtliche Theatererfahrung und war musikalisch gebildet. Mozarts Tadel bezog sich möglicherweise auf dal Pratos Mangel an Ausdrucksfähigkeit, weil „Raaff und dal Prato, das Rezitativo ganz ohne geist und feuer, so ganz monoton herabsingen, und die Elendsten Acteure, die jemals eine Bühne trug, sind."

Mozart versuchte ihnen einigen Geist oder etwas Feuer einzuhauchen, doch schließlich kürzte er die hochdramatische Rezitativszene, in der Idomeneo und sein Sohn Idamante (das unvorhergesehene Opfer) aufeinander treffen.

Panzacchi war im Gegensatz dazu ein guter Schauspieler. Mozart erweiterte sein Arioso, in dem er über das Schicksal Kretas grübelt („Sventurata Sidon"), doch konnte er nicht umhin, zwei überflüssige Arien zu schreiben, um die Koloraturfähigkeiten des Sängers glänzen zu lassen. Raaff hatte schon zwei Arien und wollte noch eine dritte. Warum nicht eine Arie anstelle des Quartetts im dritten Akt, das ihm keine Möglichkeit gab, seine stimmlichen Fähigkeiten zu zeigen? Darauf Mozart: „... ich sagte nur: liebster freund! – wenn ich nur eine Note wüste, die in diesem quartetto zu ändern wäre, so würde ich es gleich tun ..." Tatsächlich war dies der bestechende Höhepunkt des Werks. Als Mozart während seines Salzburgbesuchs 1783 im Familienkreis eine Partie daraus sang, brach er in Tränen aus und verließ das Zimmer. Raaff wurde umso leichter besänftigt, als Mozart ihm eine dritte Arie für den Abschluß der Oper schrieb und den Text zweimal umschreiben ließ, um ihn zufriedenzustellen.

Dies waren die Schwierigkeiten, die mit der Produktion nahezu jeder Oper einhergingen. Im Fall *Idomeneo* sind sie ungewöhnlich gut dokumentiert. Es war auch nicht ungewöhnlich, daß ein Premierentermin verschoben wurde (auf den 29. März 1781) oder daß, für jedermann einsichtig, zehn Tage vor der Premiere festgestellt wurde, daß der letzte Akt viel zu lang sei. Der Hof würde nicht bereit sein, auch nur auf eine Note des abschließenden Balletts zu verzichten. Diese „verwünschten Tänze", wie Mozart sie nannte, sind allerdings auch großartig und heiter – doch um sie zu halten, mußten im gesungenen Text tiefe Einschnitte gemacht werden.

Mozart hatte schon entschieden, daß ein Duett zwischen dem beabsichtigten Opfer und seiner Geliebten (die an seiner Stelle sterben will) gestrichen und die Szene in ein Rezitativ umgewandelt werden sollte. „… das 2te Duetto bleibt ganz weg – und zwar mit mehr Nutzen als schaden für die oper; denn, sie sehen wohl, … daß die scene durch eine arie oder Duetto matt und kalt wird – und für die andern acteurs, die so hir stehen müssen, sehr genant ist – und überdieß würde der großmüthige kampf zwischen Ilia und Idamante zu lange, und folglich sein ganzen Werth verlieren."

Nun mußte noch viel mehr gestrichen werden: Panzacchis zweite Arie, dal Prato letzte, die schöne Schlußarie für Raaff, die soviel Ärger verursacht hatte, und sogar die bravouröse Zornarie, in der die dunkle Heldin Elettra die Geister von Orestes und Ajax beschwört. Mozart hatte schon zuvor auf die Unsinnigkeit hingewiesen, daß Varesco unmittelbar nach der Lösung des Konflikts die Bühne frei machen wollte für Elettras große Zornarie: „es kömmt mir so einfältig vor, dass diese … geschwind wegzukommen eilen, nur um Mad me Elettra allein zu lassen …"

Es wäre im übrigen für alle Beteiligten gleich unangenehm gewesen, auf der Bühne herumzustehen, während sie die ganze Zeit raste. Dieser Schnitt hatte vermutlich tiefere Gründe als nur den, Zeit zu sparen. Er zeigt vielmehr, daß der Komponist erbarmungslos musikalischen Glanz zum Wohl des dramatischen Impetus zu opfern bereit war.

In *Idomeneo* – das ist das Außergewöhnliche daran – gelang tatsächlich beides. Seine musikalischen Vorzüge wurden nie in Zweifel gezogen. Nachdem der Kurfürst die Hälfte des Werks bei der Probe begutachtet hatte, sagte er zu Mozart, „man sollte nicht meynen, daß in einem so kleinen Kopf, so was großes stecke".

Die Musiker fanden das Werk „wunderbar" und „fremdartig". Die Partitur brandet uns förmlich auf einer Woge zuversichtlicher Kraft entgegen. Schreckenschöre lassen auch heute noch die Haare zu Berge stehen, genauso wie der Barcarolenchor zuvor die verlockendste Meeresbrise wehen läßt. Die Soli und Ensembles für die Protagonisten passen zu ihnen und sind nahezu alle bemerkenswert, außer Idamantes Arie, was vielleicht ein Zeichen dafür ist, daß Mozart wenig Vertrauen in dal Prato setzte. Deklamatorische Passagen wie der Appell des Hohenpriesters an Idomeneo, dem Gott zu gehorchen und das Volk dadurch zu retten, erlangen einen hohen Grad an Beredsamkeit.

Eine Ursache dafür ist der Erfindungsreichtum, der unterhalb der Stimmen unaufhörlich aus dem Orchester quillt. Keine andere Mozartoper schwelgt so sehr in den Möglichkeiten jedes einzelnen Instrumentes wie auch in der Chromatik und anderen Mitteln erhöhten Ausdrucks, ohne dabei die Stimmen zu überlagern oder sonst zu weit zu gehen. Um den Schwung des Verlaufs zu sichern, setzt die musikalische Handlung unmittelbar am Ende der Ouvertüre und verschiedener anderer Nummern ein, ohne Pause für den Applaus. Das wunderbare Quartett, gegen das sich Raaff gesträubt hatte, „Andrò ramingo e solo", endet ohne Kadenz, nachdem es die gemarterten Protagonisten durch fremdartige Tonarten und extreme Gefühlsbereiche geführt hat. Für einen Musiker ist dieses Werk die reinste Wonne. *Idomeneo* bleibt aber dennoch eine ausgedehnte höfische Oper, deren Grundthema mit einem Monstrum, einer Seuche und der Verschrobenheit der „Donna seconda" angereichert werden mußte, um nicht zu rasch zum Ende zu kommen. Das Werk wird niemals so populär wie *Figaro* sein. Es ist, alles in allem, das Meisterstück des Komponisten, im Sinne der alten Gilde-Gepflogenheiten, also ein Werk, mit dem ein junger Handwerker seine Meisterschaft bewies.

Kein Wunder, daß Mozart es in Wien vor dem Kaiser aufführen wollte, daß er es dem adeligen Superintendenten der Oper und anderen Kennern vorführte und versuchte, eine adaptierte Version auf den Spielplan zu bekommen. Schließlich, 1786, revidierte er das Werk für eine Aufführung durch adelige Amateure, wobei Idamante nicht mehr von einem Kastraten, sondern von einem Tenor gesungen wurde. Die Originalproduktion von 1781 zeigte, daß Mozart nunmehr die Erfordernisse des gesungenen Dramas völlig verstand, angefangen von der Vermeidung zu vieler betonter Noten auf dem Vokal i bis zur Unbeholfenheit einer ins Abseits gesprochenen Stelle, wenn sie aus musikalischen Gründen wiederholt werden sollte. Derartige Fehler würde er nicht mehr begehen, und, was die größte Errungenschaft war, es gelang ihm, die Spannung über einen langen Zeitraum hinweg zu erhalten, selbst wenn er dafür Kürzungen vornehmen mußte. Die Stimmigkeit kommt von innen her; Aufführungen mit unterschiedlich gekürzten Texten können im Theater durchaus bestehen, während eine konzertante Aufführung von nahezu allem, was Mozart dafür geschrieben hat, lediglich ein Füllhorn an musikalischen Einfällen darstellt. Darüber hinaus entdeckte Mozart (um es mit Charles Rosen zu sagen), „daß er die Musik nicht so sehr zu einem Ausdruck des Textes als vielmehr zu einem Äquivalent der dramatischen Aktion machen konnte" – eine revolutionäre Errungenschaft! „Denn zum erstenmal konnte die Musik auf der Opernbühne der dramatischen Aktion folgen, während sie dennoch eine Form erreichte, die aus rein innerlichen Gründen in sich selbst gerechtfertigt war."[1]

Das kommt vermutlich dem nahe, was Mozart meinte, als er im Oktober 1781, mehr als sieben Monate nach der Premiere zu *Idomeneo,* schrieb: „bey einer opera muß schlechterdings die Poesie der Musick gehorsame Tochter seyn."

Damals arbeitete er an der *Entführung aus dem Serail.* Er gab zu, daß Gottlieb Stephanies Libretto kein großer Wurf als Dichtung war, doch akzeptierte er einen Text, „... wo der Plan des Stücks gut ausgearbeitet; die wörter aber nur blos für die Musick geschrieben sind, und nicht, hier und dort einem Elenden Reim zu gefallen".

Der Idealfall würde erreicht, „wenn ein guter komponist, der das Theater versteht und selbst etwas anzugeben imstande ist, und ein gescheiter Poet, als ein wahrer Phönix, zusammen kommen".

Das sollte erst geschehen, als sich Mozart und Lorenzo da Ponte 1786 zusammenfanden, um den *Figaro* zu schreiben. Im übrigen war die *Entführung* nicht Mozarts erster Versuch, um sich in Wien als Opernkomponist zu etablieren. Der Kaiser hatte sich 1776 entschlossen, die deutsche Spieloper oder vielmehr das Singspiel zu fördern, ein Unternehmen, das 1783 aus Mangel an guten Stücken zu scheitern drohte. Mozart hatte schon früher, 1780, ehe die Einladung für *Idomeneo* an ihn erging, Teile eines Singspiels geschrieben, das heute als *Zaide* bekannt ist, aber damals ohne Titel und unvollendet blieb.

In diesem Stück wurde Mozarts Begeisterung für das Melodrama sichtbar, ein von Musik begleitetes Sprechstück, das er im Jahr zuvor auf seiner Rückreise von Paris kennengelernt hatte. Das Bemerkenswerte an diesem Torso sind allerdings nicht die darin enthaltenen Melodramen als solche, wiewohl zumindest eines davon von großer Beredsamkeit ist, sondern die Menge an guter Theatermusik, die Mozart hinter sich zu lassen bereit war, ohne je wieder etwas davon in einem späteren Werk zu verwenden. Wie die Schnitte in *Idomeneo* spricht auch dies für seinen überbordenden Einfallsreichtum, den er auf königliche Weise verschwenden konnte.

Zweifellos ließ er *Zaide* fallen, weil die *Entführung* an ihre Stelle trat. Es ist beinahe dieselbe Geschichte. Türkische Themen waren ebenso populär wie türkische Musik, die mit Triangeln und Trommeln einherlärmte. Wien war 1683 mit Mühe einer türkischen Eroberung entkommen. Kriege wurden im 18. Jahrhundert immer wieder geführt, 1788 sollte es wieder zu einem kommen.

Eine Geschichte, die von gefangenen Europäern bei den Türken handelte, war durchaus angetan, im Publikum bei der Vorstellung von Entführungen aus dem Harem oder von schnell verhängten Exekutionen durch Bogenschützen einen wohligen Schauer zu erregen, aber auch Genugtuung über eine gelungene Flucht aus der Tyrannei. Der Islam wurde sowohl possenhaft als auch grausam dargestellt. Es war schon viel, daß Stephanie, der ein früheres Libretto adaptierte, den Pascha zu guter Letzt gütig werden und so die Christen an „aufgeklärter Großherzigkeit" übertreffen ließ.

Im späten Juli 1781 hatte Mozart den Auftrag für das Werk bekommen. Vorweg gesagt, er arbeitete schnell. Gleichwohl wurde der ursprüngliche Premierentermin im September wieder und wieder verschoben, so daß die Premiere schließlich erst am 16. Juli 1782 stattfand. Mozart hatte deshalb viel Zeit, was sich nicht unbedingt segensreich auswirkte. Legte er doch in der *Entführung* eine verschwenderische Fülle schöner Musik über eine bescheidene, gewissermaßen schwindsüchtige dramatische Struktur – „zu viele Noten", wie der Kaiser möglicherweise sagte. – In den deutschsprachigen Ländern hatte die Oper vom ersten Augenblick an anhaltenden Erfolg. (Nicht daß der Komponist dadurch ein höheres Einkommen erzielt hätte; als er versuchte, durch einen Druck der Vokalstimmen zusätzliche Einnahmen zu gewinnen, war ihm bereits ein Raubdruck zuvorgekommen.) Außerhalb der deutschen Gebiete stand die *Entführung* immer etwas im Schatten der drei großen italienischen Komödien und der *Zauberflöte*. Gesprochene Dialoge (die im übrigen reichlich hölzern waren) bedeuteten verlorene Gelegenheiten zu Ensembles. Der regelmäßige Rhythmus der deutschen Verse machte den musikalischen Ausdruck des Gefühls manchmal etwas schwerfällig. Mozart war teilweise verantwortlich für Änderungen im Libretto, die das schmalbrüstige Werk etwas aufpolsterten, doch konnte auch er dadurch keinen ordentlichen Zusammenhang erreichen. Er ließ Stephanie mindestens an einer Stelle einen neuen Text zur Musik schreiben, die er schon komponiert hatte. Es steht so gut wie fest, daß er es war, der im Finale des zweiten Aktes ein verschwenderisches Quartett verlangte, das, so schön es für sich sein mag, doch den Höhepunkt der Geschichte im dritten Akt, die mißlungene Entführung selbst, in den Schatten stellte. Diese wurde nunmehr auf einen gesprochenen Text reduziert. Er ließ auch eine ausgedehnte Bravourarie der Heldin („Martern aller Arten“) unmittelbar auf ihre rührende Verzweiflungsarie („Traurigkeit“) folgen und führte sie mit einem 60taktigen Ritornell ein, bei dem die gefangene Heldin und ihr Gebieter (der sie soeben mit Folter bedroht hat) einander Auge in Auge gegenüber stehen müssen, es sei denn, wie dies in einigen modernen Inszenierungen geschieht, sie zerstören die Spannung durch unnötige Gestik.

Eine Ursache für diese Veränderungen war die übliche Notwendigkeit, die Sänger zufrieden zu stellen. In diesem Fall, wie Mozart es ausdrückte, um „der geläufigen Gurgel der Mlle Cavalieri (einer Koloraturspezialistin in der Rolle der Heldin) ein weniges zu opfern“, was er auch schon zuvor, in ihrer ersten Arie („Ach, ich liebte“), getan hatte. Er bewunderte den Tenor Valentin Adamberger und schrieb für ihn drei Arien; die beiden späteren scheinen perfekt, wenn auch ein wenig abstrakt nach dem lebhaften Gefühl in der ersten („O wie ängstlich“) mit ihrer köstlichen Herzschlaguntermalung durch die in Oktaven gehenden Violinen, den mäßig hohen Ton, die plötzlichen Modulationen bei schmerzvollen Ausbrüchen und die bläserbeladenen Begleitungen, die in die Molltonart zurückführen; all das innerhalb von Minuten, nachdem der Vorhang hochging. Eine wesentlichere Ursache für die „zu vielen Noten“ in der Marternarie und anderen war das pure Vergnügen am Orchester. Die Marternarie ist wie Ilias „Sei il padre perdei“ in *Idomeneo*, ein Konzert für

Singstimmen und vier Instrumente, aber die frühere, in kleinerem Maßstab angelegte Arie ist im Rahmen des Gesamtwerks besser proportioniert. In der *Entführung* gerät die Musizierfreude manchmal außer Kontrolle.

Wo Mozarts verschwenderische Fülle nur Gutes bewirkte, war bei der Rolle des lümmelhaften Aufsehers Osmin. Der Baß Ludwig Fischer hatte einen weiten Stimmumfang und schauspielerische Fähigkeiten, was der Komponist in sprudelnden Triumph- und Zornarien voll ausschöpfte. Daß Mozart die Rolle des Osmin erweiterte, half dem Werk: die possenhafte Seite wurde verstärkt, es kam eine gefährliche Schärfe hinzu, und weil die Musik dafür entsprechend schnell war, wurde dadurch das für die Handlung notwendige Tempo aufrechterhalten oder sogar wiederhergestellt, wenn es in anderen Nummern zu kurz gekommen war. Mozart legte in einem Brief an seinen Vater über die Arie „Solche hergelaufne Laffen" sein Operncredo fest.

„... da sein Zorn immer wächst, so muß – da man glaubt, die aria seye schon zu Ende – das allegro aßai – ganz in einem anderen zeitmaas, und in einem andern Ton – eben den besten Effect machen; denn, ein Mensch, der sich in einem so heftigen zorn befindet, überschreitet alle ordnung, Maas und Ziel, er kennt sich nicht, so muß sich auch die Musick nicht mehr kennen – weil aber die leidenschaften, heftig oder nicht, niemal bis zum Ekel ausgedrückt seyn müssen, und die Musick, auch in der schaudervollsten lage, das Ohr niemalen beleidigen, sondern auch dabey vergnügen, und folglich allzeit Musick bleiben muß, so habe ich keinen fremden Ton zum f (: zum ton der aria:) sondern einen befreundeten dazu, aber nicht den Nächsten D minor, sondern den weiteren A minor, gewählt."

Die *Entführung* konnte und kann als eine Kette von bezaubernden Musiknummern gefallen, das gilt nicht nur für die schon angeführten, sondern auch für das Schlußduett der scheinbar verurteilten Liebenden. Hier kommt zum ersten Mal Tragik auf. Dabei wird eine weitere von Mozarts Opernideen verwirklicht, über die er einige Jahre später schrieb, als er an einem anderen Opernprojekt arbeitete. Dem Libretto zufolge hatte einer der Darsteller einen sehr trostlosen und verzweifelten Text auf dieselbe Melodie zu singen, die ein anderer gleichsam als Echo zu äußerst tröstlichen und hoffnungsvollen Worten singen sollte. Dies, schrieb Mozart, komme nicht in Frage und war jedenfalls auch schon aus der Mode. (Was allerdings Rossini vierzig Jahre später nicht darin hindern sollte, die divergierenden Gefühle zweier Darsteller mit ein und derselben Melodie ausdrücken zu wollen. Als Musikdramatiker war Mozart ein Pionier!) Im Schlußduett der *Entführung* singen die beiden Liebenden, solange sie miteinander im Wunsch nach Selbstaufopferung wetteifern, verschiedene Melodien – dies ist beinahe das Duett, das Mozart in *Idemeneo* gestrichen hatte –; wenn sie sich aber gemeinsam ihr Schicksal vor Augen halten, singen sie zusammen. Schon wieder zu viele Noten, gerade vor der Auflösung des dramatischen Knotens? Vielleicht – aber was für Noten!

Nach der *Entführung* hielt Mozart Ausschau nach weiteren Möglichkeiten. Joseph II. bevorzugte 1783 wieder italienische Komische Opern. Eines der Projekte, die Mozart in Angriff nahm, war *L'Oca del Cairo*, nach einem Text von Varesco. Er machte mit dem Librettisten nun kurzen Prozeß: Wenn die Oper ein Erfolg werden sollte, „... so muß er (Varesco) mir sachen verändern und umschmelzen so viel und oft ich will, und nicht seinem kopfe zu folgen, der nicht die geringste Practic und Theaterkenntnüss hat".

Er komponierte einen Großteil des ersten Aktes, doch dann gab er auf, möglicherweise, weil diese „Gänsegeschichte" selbst für eine italienische Komische Oper zu albern war. Er begann einen anderen, nicht viel besseren Text, *Lo sposo deluso*, aber komponierte davon noch weniger. Beide Fragmente enthalten schöne Stücke – die nie wieder verwendet wurden – neben reinen Routinenummern. Es schien, als sollte Mozart keine Chance bekommen, je mit der ausgezeichneten italienischen Operntruppe des Burgtheaters zu arbeiten, die von der anglo-italienischen Sopranistin Nancy Storace und dem komischen Baß Francesco Benucci angeführt wurde. Bestenfalls wurde ihm erlaubt, Extranummern für Opern italienischer Komponisten zu schreiben.

1786 wurde er beauftragt, eine einaktige deutsche Satire, *Der Schauspieldirektor*, zu komponieren. Der Text stammte wieder von Stephanie, das Werk sollte gemeinsam mit einem italienischen, von Salieri komponierten Libretto bei Hofe aufgeführt werden. Beide Stücke handeln von Rivalitäten unter Opernsängern, ein Thema, das im Laufe des Jahrhunderts immer wieder aufgewärmt wurde; aber Salieri hatte einen viel besseren Text (der eines Tages Richard Strauss zu seinem *Capriccio* inspirieren sollte.) Alles, was Mozart aus seinem Text herausholen konnte, war eine glitzernde Ouvertüre, zwei komische Bravourarien und ein munteres kleines Terzett. Dennoch war seine große Chance schon zum Greifen nahe.

Im Oktober 1785 hatte er an *Le nozze di Figaro* zu arbeiten begonnen, im November steckte er „bis über beide Ohren“ in der Arbeit. Über die Probezeit wissen wir wenig. Der irische Tenor Michael Kelly, der in der Premiere einige kleinere Partien sang, berichtet, daß bei der Kostümprobe Benuccis mit Stentorstimme gesungene Darbietung von Figaros scherzhafter Militärarie „Non più andrai“ alle Sänger und Musiker veranlaßt habe, „Bravo! Bravo! Maestro, viva, viva grande Mozart!“ zu rufen und die Spieler mit dem Bogen gegen die Notenpulte geschlagen hätten. „Der kleine Mann in seinem scharlachroten Rock und goldbetreßten Spitzhut dankte mit wiederholten Verbeugungen.“ Die Premiere am 1. Mai 1786 war ein Erfolg, wenn auch möglicherweise nur vor einem kleinen

Programm der Uraufführung von *Le nozze di Figaro* am 1. Mai 1786; Gesellschaft der Musikfreunde, Wien.

Zwei Szenengravuren zu *Le nozze di Figaro* von J. H. Ramberg; Almanach Orphéa, 1827; Universitätsbibliothek Basel.

Publikum. Nichtsdestoweniger gelangte *Figaro* in ganz Europa ins Repertoire, wo er verblieb – die erste Oper, wie Charles Rosen sagt, die niemals wiederbelebt werden mußte. Einige halten sie für die bedeutendste Oper, die je geschrieben wurde. Obwohl die Kritiker anfangs, wie gewöhnlich, einwandten, daß alles viel zu kompliziert und die Melodien zu wenig eingängig seien, sollte doch einer von ihnen, Bernhard Anselm Weber (der nicht mit Constanze oder dem späteren Komponisten verwandt war), 1789 herausfinden, was heute ganz allgemein als Figaros außerordentliches Verdienst betrachtet wird: „Diese Oper ist großartig und schön, voller neuer Ideen und unerwarteter Wendungen, kunstvoll, feurig und genial. Einmal sind wir bezaubert von einer schönen, schmeichelnden Melodie; dann bringt uns ein subtil komischer Witz und spielerische Phantasie zum Schmunzeln, schließlich bewundern wir den natürlich entworfenen und hervorragend durchgeführten Plan … Mozart wagt sich an ungestüme und feurige Ausbrüche – und wie berühmt sind doch seine Harmonien … er zeigt, daß er ein echtes Talent für den komisch-dramatischen Stil hat …“

Die Arien, darunter viele sehr schöne, paßten sich – wie Weber schrieb – den Charakteren an; die beiden Terzette in Akt eins und zwei seien voller Kunst und Ausdruck, das Briefduett der Damen, mit Oboe und obligatem Fagott, sei „ganz und gar Natur“. Doch vor allem sei das Finale des zweiten Aktes das Meisterstück der gesamten Oper … „Voll von Komik, Originalität und realistisch gestaltet.“ Nur das Sextett in Akt drei, das auf die Entdeckung von Figaros Eltern folgt – ein großartiges Stück, das zunächst freudvoll komisch, dann aber auch verinnerlicht ekstatisch ist –, irritierte Weber einigermaßen, vielleicht, weil es in der Aufführung, die er besucht hatte, nicht gut gesungen worden war.

Mit seiner Bemerkung über den komisch-dramatischen Stil unterstellte Weber, daß die Musik zum Äquivalent der dramatischen Handlung geworden sei. Diese Errungenschaft ist Mozart zuzuschreiben, aber auch da Ponte, mit einem Anstoß von Paisiellos *Barbiere di Siviglia* und *Re Theodore*, die beide in den vorangegangenen drei Jahren in Wien aufgeführt worden waren. Diese Werke hatten gezeigt, wie eine spritzige Sprechkomödie und eine klug angelegte Satire jeweils zu einer Oper geformt werden konnten, die es wert war, als dramatische und musikalische Einheit betrachtet zu werden. Da Ponte ging einen Schritt weiter und schuf eine Bühnenhandlung, die gleichzeitig kompakt fließend wirkt. Mozarts Anteil am Libretto ist nicht belegt. Seine meisterhafte Behandlung der Struktur als Musikdrama läßt vermuten, daß er daran Anteil hatte. Eindeutig ist ihm ein ebenso witziger wie einsichtsvoller Einfall zuzuschreiben – Susannas wiederholte Versuche, zum Drängen des Grafen „Ja“ zu sagen, wobei immer wieder ein „Nein“ herauskommt. (Freud benützte dieses Beispiel in seinem Essay über sprachliche „Fehlleistungen“ als Beweis für das Unbewußte.)

Das zwanzig Minuten lange Finale des zweiten Aktes, das Weber hervorhob, bleibt das großartige Beispiel für Musik als dramatische Aktion. Eine Kette von Ensembles, die von witzig immer wiederkehrenden, Sänger und Musiker gleichsam umschlingenden Phrasen zusammengehalten werden, paßt sich jedem Wechsel der Handlung an und schraubt die Spannung allmählich herunter. Italienische Komponisten hatten etliche Jahre zuvor derartig ineinander verzahnte Abschlüsse erfunden, bei denen alle Sänger mit zunehmender Verwirrung zusammenkamen, doch keiner dieser Versuche gelang so meisterhaft und erheiternd. Beinahe die gesamte Oper hindurch sind Proportionen und Tempi stimmig. Der einzigen Schwachstelle, einer überlangen Abfolge von Arien im letzten Akt, kann abgeholfen werden, indem man die überflüssigen Arien von Marcelline und Basilio streicht. Mozart hat sie eindeutig eingefügt, weil die Sänger dieser kleinen Partien ein Recht auf je eine Arie hatten.

Zwei Monate vor dem Fall der Bastille wäre es von Weber nicht klug gewesen, zu sagen, *Figaro* sei revolutionär. Es gab niemals eine ausdrückliche politische Kritik daran. Stellte das Werk in seinen Grundlagen einen unausgesprochenen Angriff auf das Ancien Régime dar, das vor dem Zusammenbruch stand? Die Wissenschaftler sind sich darüber nicht einig. Linkslastige, vor allem marxistisch beeinflußte Autoren sagen ja, andere hingegen nein.

Die Komische Oper hatte ihre eigene gesellschaftliche Klassenstruktur: Für gewöhnlich hatten Oberschichtrollen eine kunstvollere Musik, komische, häufig plebejische Partien hingegen eine eher einfache. Im *Figaro* ist, wie Michael Robinson herausgefunden hat, die Musik für den Grafen und die Gräfin passend für seriöse Rollen, aber jene für die Dienerschaft, Figaro, Susanna und Marcellina, wird im Verlauf der Oper immer „seriöser", bis schließlich in Susannas Accompagnato und Arie „Giunse alfin il momento/ Deh vieni, non tadar", dem paradiesischen Mittelpunkt des letzten Aktes, auch bei den „niedrigen" Figuren der Standard der Höherstehenden erreicht wird. Später werden sich in diesem Akt Susanna und Figaro über die großartigen Manieren der „gehobenen Klasse" lustig machen.

Deutlich derber – wenn auch nur in dessen Abwesenheit – packt Figaro mit seiner Arie aus dem ersten Akt „Se vuol ballare" seinen adeligen Arbeitgeber an, der ihn zum Hahnrei machen will. Es ist dies ein Menuett – ein adeliger Tanz also –, aber hier leicht hämmernd, aggressiv. Der Graf mag tanzen wollen, doch er, Figaro, wird die Musik dazu aufspielen, eine deutliche Drohung, daß er die Kontrolle – möglicherweise nicht nur in der augenblicklichen Situation – an sich reißen will. Im allgemeinen erhebt die Menschlichkeit der Charaktere das Werk über die sonst übliche Rollenverteilung der Komischen Oper. Nur die kleine Rolle des stotternden käuflichen Richters entspricht dem Klischee. Ein Angriff auf die sexuelle Unterdrückung durch angeblich Höherstehende – Adelige, vielleicht auch nur Männer im allgemeinen – konnte deutlicher ausfallen als jede Form politischer Kritik. Beaumarchais' Schauspiel hielt sich daran. Zwei reizvolle Frauen, vom selben Mann entweder betrogen oder bedrängt, ergreifen die Initiative. Sie sind an der Niederlage des Grafen und seiner – vielleicht flüchtigen – Reue mindestens ebenso beteiligt wie Figaro. Der Text von Figaros Arie gegen die Frauen – mit den neckenden Horneinwürfen – ist konventionell, aber er beruht auf Figaros Mißverständnis der weiblichen Taktik. Sobald er begriffen hat, stimmt er dieser zu. Mozart nutzte dieses Thema sexueller Bedrängnis und der schlagfertigen Antwort darauf für eine Musik, die – wie in den Wiener Klavierkonzerten – auf delikate Weise die Möglichkeiten der Erotik durchstreift. Da Pontes italienischer Text ist da hilfreich. *Figaro* ist im Tonfall erotischer als jenes Werk, das als die erotische Oper schlechthin gilt, *Don Giovanni*. Der gesamte adelige Haushalt ist durchtränkt von einer Atmosphäre sexueller Aufgewecktheit, verkörpert in der Figur des Pagen Cherubino und seiner Suche nach einem weiblichen Wesen, irgendeinem, dem er seine chaotischen Gefühle darbieten kann. „Non so più cosa son, cosa faccio" ist vielleicht der erste, sicherlich aber der vollkommenste musikalische Ausdruck für die unreife Sexualität eines Jugendlichen; Susannas „Deh vieni, non tardar" die bezauberndste Einladung einer Frau an einen Mann, mit der zusätzlichen Würze, daß sie scheinbar an den falschen Mann gerichtet ist, um vom richtigen gehört zu werden. Die Zweideutigkeiten der Szene, in der sie und die Gräfin Cherubino als Mädchen verkleiden – die von modernen Regisseuren regelmäßig ins Derbe verzerrt wird –, bleiben in der Schwebe zwischen Empfindung und Scherz. Ein so zärtlicher Augenblick wie der im Briefduett verkörperte erhebt auf die scheinbar einfachste Weise das Vergnügen zu einem Gipfel der Schönheit – dem, was Weber, ein früher deutscher Romantiker, vielleicht mit „Natur selbst“ gemeint hat. In ihrer früheren Arie, „Dove sono“, gelangt die Gräfin, die auch an diesem Duett teilnimmt, von ihrem Bedauern über verlorene Freuden zur Entschlossenheit, diese zurückzugewinnen. Ihre Musik destilliert eine leicht verletzbare Weiblichkeit heraus, die zugleich einsichtig und offenherzig ist. Das alles bewirkt die Musik. Die Worte passen, aber sie setzen den Fluß der Musik nur in Gang. Diese Musik ist einmal einschmeichelnd (die vielen verschiedenen Bläserbegleitungen), einmal drängend (die Arie des Grafen) oder rührend (Barbarinas winzige Arie bei der Suche nach der verlorenen Nadel). Am Schluß weigert sich der Graf, irgend jemandem (der am Komplott Beteiligten) zu verzeihen. Die Gräfin taucht auf und besänftigt ihn. Nun bittet er seinerseits um Vergebung. Ihre Antwort im gedruckten Libretto ist fast abfällig: Ich bin nachgiebiger als du: ich sage Ja. Mozart formt daraus eine langsam sich wölbende Phrase, auf die Shakespeares Worte über die Güte passen: „It dropped down from heaven upon the place beneath.“ Die Handvoll Leute im nächtlichen Garten wiederholen diese Melodie, ihre Stimmen erheben sich zweimal in feierlicher Freude und entschwinden wieder. Das Orchester durchbricht die Stille mit einer absteigenden Phrase. Die gesamte Menschheit ist in einem Strahl von Anmut vereinigt. Der Augenblick scheint sich endlos zu weiten, er wirft auf beides, den Wirbel der Gefühle, der vorbei ist, und den abschließenden Ausbruch der Freude, die dadurch ausgelöst wird, ein Licht aus dem Garten Eden.

Diese Empfindung von etwas Überirdischem, das in einer Welt menschlichen Eigensinns und komplizierter Gefühle flüchtig erspäht wird, ist auch das Kennzeichen des *Don Giovanni*, Mozarts nächster Oper. Er schrieb sie, weil *Figaro* in Prag, auch einer Hauptstadt der Habsburger (nämlich des Königreichs Böhmen), wahre Triumphe gefeiert hatte. Als er im Juli 1787 mit Constanze und seinem Freund Anton Stadler einer Einladung dorthin folgte, war seine Wiener Karriere als komponierender Klaviervirtuose, der davon lebte, seine eigenen Konzerte aufzuführen, schon vorbei. Prag war damals wie heute von Musik förmlich durchtränkt. Mozarts *Figaro* wurde dort besonders geschätzt. Die Oper war eben unter riesigem Beifall auf den Spielplan gesetzt erworden.

„Ich sah aber mit ganzem Vergnügen, wie alle diese Leute, in lauter Contretänzer und teutsche verwandelt, so innig vergnügt herumsprangen – denn hier wird von nichts gesprochen als vom – figaro; nichts gespielt, geblasen, gesungen und gepfiffen – als figaro; keine Opera besucht als – figaro und Ewig figaro; gewis grosse Ehre für mich!“

Der Impresario der großteils jungen Operntruppe gab ihm einen Auftrag für eine weitere Oper. Diese, der wieder ein Libretto von Lorenzo da Ponte zugrunde lag und die am 29. Oktober 1786 uraufgeführt wurde, war *Don Giovanni*.

Wolfgang und Constanze reisten zu den für drei Wochen geplanten Proben wieder nach Prag. Sie verbrachten einen Teil der Zeit bei ihren Freunden, dem Komponisten Franz Xaver Duschek und seiner Frau Josepha, einer gefeierten Sängerin, auf dem Schloßberg, hoch über der Stadt. Es wurde viel Aufhebens um sie gemacht. Da Ponte gesellte sich für eine Woche zu ihnen. Mozart kannte die Operntruppe und das reizende, intime Nostitz-Theater (das noch immer in Betrieb ist). Er hatte den größten Teil der Musik schon fertiggestellt, doch komponierte er das zweite Finale an Ort und Stelle, und ebenso in aller Eile, knapp vor der Kostümprobe, die Ouvertüre.

Diese Ouvertüre verrät dem Publikum schon etwas über das außergewöhnliche Werk, das es zu hören bekommen soll. Unerbittliche Akkorde und rauschende Skalen künden von einem Besucher aus einer anderen Welt. (Sie kehren wieder, wenn im Finale die Statue des Commendatore Don Giovanni heimsuchen wird.) Der Rest ist Komödie.

Neues Singspiel.
Im kaiserl. königl. National-Hof-Theater
(zum erstenmal)
IL DISSOLUTO PUNITO,
IL DON GIOVANNI.
Don Juan, oder: der bestrafte Bösewicht.
Ein Singspiel in zwey Aufzügen,
Der Anfang ist um 7 Uhr.

Programm der Uraufführung von *Don Giovanni* am 7. Mai 1788 am Hoftheater Wien; Österreichische Nationalbibliothek.

Zwei Gravuren zu *Don Giovanni* von J. H. Ramberg; Almanach Orphéa, 1825; Universitätsbibliothek Basel.

Um 1787 wirkte der jahrhundertealte Archetypus Don Juan auf diesen beiden Ebenen. Die Fabel vom „Steinernen Gast“, dem gewalttätigen Vater, der den Verführer seiner Tochter und seinen eigenen Mörder als Statue heimsucht, war zu einem Puppentheater geschrumpft. Ein zeitgenössisches Libretto, das da Ponte aufgestöbert hatte, präsentierte die Geschichte als Scherz. Doch Molières Schauspiel von 1665 hatte einen philosophischen Zug in das Thema eingebracht. Sein Juan war ein Wüstling, so wie ihn das 17. Jahrhundert verstand; nicht gerade ein sexueller Räuber, aber ein Materialist, der alles in Frage stellte und sogar die geoffenbarte christliche Lehre herausforderte. Wenn in der Oper Don Giovanni seine Gäste in den Chor „Viva la libertà“ hineinführt, ist mit libertà hauptsächlich die ungewöhnliche Freiheit auf einem gesellschaftlich gemischten halböffentlichen Ball gemeint, auf dem einige der Gäste maskiert waren – eine Art von Veranstaltung, an der viele damalige Opernbesucher schon teilgenommen hatten –, aber es mag auch eine Andeutung von Libertinismus im ursprünglichen Sinn darin enthalten sein. Was nicht angedeutet wird – nur nach der Französischen Revolution war es möglich, dies anzunehmen –, ist Freiheit im politischen Sinn.

Die Romantik des 19. Jahrhunderts mißverstand noch beträchtlich mehr an diesem Werk. Schon 1789 war für fortschrittliche deutsche Autoren die Musik zwar großartig, aber von einem Libretto abhängig, das ihren Wert herabsetzte. Engstirnige Kritiker beklagten sich wie gewöhnlich, daß das Werk übertrieben kompliziert sei und wenig „Herz“ zeige. Der dänische Philosoph Sören Kierkegaard sah in einem 1843 erschienenen Essay Don Giovanni als abstrakte Verkörperung männlichen Verlangens, das bei all seinen Abenteuern einem Ideal von Weiblichkeit nachjage. Bereits 1810 phantasierte der romantische Dichter E. T. A. Hoffmann davon, daß Giovannis Beute,

Donna Anna, in ihn verliebt gewesen und tatsächlich von ihm verführt worden sei. Am Schluß des Dramas habe sie sich, noch immer von Giovanni fasziniert, ihres Verlobten Don Ottavio mittels einer Ausrede entledigt.

Heutzutage zeigen viele Produktionen den von Donna Anna verfolgten Giovanni, wie er gerade seine Hosen zuknöpft. Mindestens eine von diesen hat sogar die Vergewaltigung selbst gezeigt. All dies entsteht aus Mißverständnissen gegenüber dem Text und der Musik. Die Romantiker hatten das Bedürfnis, eine vermeintlich triviale Geschichte eines Mozart würdig erscheinen zu lassen. Unsere heutige sexuelle Besessenheit hat nun einige dieser Phantastereien wiederaufleben lassen.[2]

Ein weiteres Problem besteht darin, daß Mozart, als er das Werk 1788 entsprechend dem Wiener Geschmack und den Fähigkeiten der dortigen Sänger adaptierte, eine Ersatzarie für Ottavio („Dalla sua pace“), ein neues komisches Duett für die volkstümlichen Charaktere Leporello und Zerline und eine große Arie („Mi tradi“) für Elvira einfügte, die damit von der Seconda Donna neben Anna zu einer weiteren Primadonna aufgewertet wurde. Letztere Arie war ein weiteres Zugeständnis an die „geläufige Gurgel“ der Mlle. Cavalieri. Man kann gute Gründe dafür vorbringen, für die Bühne entweder auf die Prager oder die Wiener Fassung zurückzugreifen. Doch heutige Opernproduzenten verwenden sowohl Ottavios neue Arie als auch jene, die sie ersetzen sollte („Il mio tesoro“, die ebenso schön ist): Sie lassen Elviras „Mi tradi“ stehen, nicht aber die komische Szene, die das Gleichgewicht wieder herstellt. Wir hören kaum jemals das, was Mozart beabsichtigt hatte. Was wir hören, ist viel mehr mit Musik vollgestopft, als es sein sollte. Mozarts ursprüngliches Werk ist eine komische Oper mit Andeutungen aus einer anderen Welt. Daß es eine komische und zeitweise sogar konventionell komische Oper ist, steht außer Zweifel. Leporellos Registerarie über die Eroberungen seines

Herrn folgt verschiedenen ähnlichen „Katalogarien“ in Werken, die alle in den vorangegangenen Jahren aufgeführt worden waren. Mozart dramatisierte sie durch seine Musik so sehr, daß sie allein in Erinnerung geblieben ist. Er tat noch viel mehr. In der letzten Szene fegt ein Windstoß übernatürlicher Macht über die Erde, wo – selbst in diesem Augenblick – Leporello feige seine allzu menschliche Furcht hervorstammelt. Diese Szene bricht die Schablone der komischen Oper auf, aber sobald Don Giovanni verschwunden ist, fügen sie die übrigen Darsteller wieder zusammen und stellen so das menschliche Maß wieder her. Und wieder geschieht all dies durch die Musik. Um es mit Julian Rushtons Worten zu sagen: „Die Geheimnisse der Harmonie sind, schrecklich und schön, Mozarts Antwort auf die tragischen und übernatürlichen Elemente“ in dieser Geschichte. Die Modulation von „Non si pasce“ des Commendatore, die von D-Dur zu a-Moll führt, scheint das gesamte tonale Universum zu durchqueren. Da Ponte spielte die moralischen und religiösen Elemente herunter – Mozart rückte sie wieder auf den ihnen zukommenden Platz.

Dennoch ist das Werk komisch – nicht nur in seiner Form, sondern auch in seiner Betrachtung des Lebens. Giovanni ist kein Vorläufer des byronesken Helden, bezaubernd und voller Selbstmitleid. Er ist, wie Bernard Williams erklärt, der negative Mittelpunkt der Oper, gleichsam das Schwarze Loch, von dem die übrigen Charaktere verschlungen werden könnten. Dies zeigt sich in dem Umstand, daß er außer einem kurzen Feuerwerksausbruch und einer lediglich funktionellen Arie keine weitere hat. Abgesehen von diesen beiden Stücken (und der Serenade) ist alles ein musikalisches Wechselspiel mit den übrigen Personen. „Fin ch' han dal vino“ mit seiner beinahe unflätigen Fagottoktave drückt Giovannis allseitige, richtungslose Energie aus. Er benutzt seine Gesellschaft, oft brutal, aber er gehört ihr nicht an. Er ist ein Räuber im eigenen Land. Die Komödie stößt ihn aus, um eine Welt der Beziehungen wiederherzustellen.

Die drei Frauen, mit denen ihn Mozart umgibt, sollen die Gesamtheit des Weiblichen darstellen. Donna Annas musikalischer Ausdruck ist ganz lyrisch oder heroisch, oft in eleganten, bogenartig geführten melodischen Formen. Der Mann, den sie liebt, Ottavio, ist keineswegs der Schwächling, als der er manchmal dargestellt wird. Er handelt richtig und einfühlsam, wie seine Arien und auch sein Anteil an dem furchterregenden Schwurduett nach dem Tod des Commendatore zeigen. Donna Elvira, die in eine erschwindelte Ehe hineingelockt und dann verlassen wird, singt meist in einem sperrigen altertümlichen Stil. Die Rolle war eigentlich als Mezzo-Charakter – halb komisch – angelegt und für eine zweitrangige Sängerin gedacht. Mozart scheint ursprünglich – wie die meisten seiner Zeitgenossen wohl auch – ihr gieriges und gemeines Verlangen nach ihrem Verführer für sowohl komisch als auch pathetisch gehalten zu haben. Keine der beiden Frauen hat mit herkömmlicher Erotik viel gemeinsam. Wenn sie und Ottavio in das Terzett „Protegga il giusto cielo" einstimmen, erhaschen wir tatsächlich einen Blick auf eine „zum Himmel erhobene und geheiligte Gerechtigkeit".

Die dritte Frau, das Bauernmädchen Zerline, ist erdverbundener gezeichnet. Sie fühlt sich leicht zu einem reichen Adeligen hingezogen, auch wenn sie im letzten Moment zurückschreckt. Erotik bestimmt ihre Musik ebenso wie die einiger Ensembles, besonders jener, in denen Giovanni erfolgreich zu sein scheint. Elvira vergißt ihre Kantigkeit, um in „Ah taci, ingiusto core" einzustimmen, das Balkonterzett, das die ernsthaftere Handlung des zweiten Aktes eröffnet: Giovannis Stimme in der Dunkelheit verführt sie noch einmal, herabzusteigen und sich an seinen verkleideten Diener wegzuwerfen. Der entscheidende Teil dieses Terzetts verläuft in lieblich schmeichelnden Wellen über einer Begleitung, die so schön ist, wie nur Mozart sie schreiben konnte. Elviras Stimme kehrt immer wieder zu einem ekstatischen hohen Tonfall zurück, der gleichzeitig erhaben und erschreckend komisch ist.

Wellenartige oder stufenweise Melodien – vielfältig und scharf charakterisiert – lassen Don Giovanni auch Zerline beinahe verführen. Weil er ihre Jugend und Unschuld überreden will, klingen das Duett „Là ci darem la mano“ und der spätere Lobpreis ihrer Hände, die sich wie ein köstlicher Genuß anfühlen und wie Rosen duften, gewollt unschuldig. Wissende Unschuld beherrscht Zerlines eigene Verführung ihres beleidigten Verlobten Masetto („Batti, batti“), während der Trost, den sie ihm spendet, nachdem er von Don Giovanni verprügelt wurde („Vedrai carino“), ein Destillat anmutigster sexueller Bezauberung ist. Diese „Herzschlagmusik“ findet ihre buchstäbliche Rechtfertigung, als Zerline ihr geheimes Heilmittel enthüllt, indem sie die Hand ihres Verlobten an ihren Busen drückt.

Wieder ist die Beherrschung der Struktur am Werk, wenn auch nicht so flüssig wie im Figaro. Welche Version auch verwendet wird, die erste Hälfte des zweiten Aktes verliert doch stets an Tempo, teilweise deshalb, weil Mozart sich im Sextett zu sehr ausbreitet. Die Darsteller müssen über sieben oder acht Minuten ein Ensemble der Verworrenheit aufrecht erhalten, was ein dramatisches Problem ist, weil die meisten Wiederholungen, die für die musikalischen Abschlüsse notwendig sind, erst stattfinden, nachdem bereits entdeckt wurde, daß der vermeintliche Don Giovanni nur Leporello in Verkleidung ist. Der Wechsel zu einer entlegenen Durtonart, der die Entdeckung ankündigt, weckt Erstaunen, und das ganze Stück ist ein musikalisches Wunderwerk, aber frühere Ensembles – wie z.B. das Quartett aus dem ersten Akt, in dem Elvira und Giovanni, jeder für sich, versuchen, Anna und Ottavio zu überstimmen – erreichen einen passenderen Umfang. Dies gilt auch für das große Finale des ersten Aktes mit seiner grandiosen Überlagerung von drei Tanzorchestern. Regisseuren, die sich etwas einfallen lassen, damit Don Giovanni am Ende entkommen kann (etwa, daß er sich auf einen Kandelaber schwingt oder durch einen Sprung aus dem Fenster rettet), ist nicht klar, daß bei solchen Binnenaktschlüssen nichts anderes erwartet wurde, als daß alle Darsteller zu schneller Musik aufeinandertrafen. Das Publikum machte sich keine Gedanken darüber, wie die Akteure abtraten, um später im zweiten Akt wieder zu singen.

Eine Oper, die sich unmittelbar vor dem furchterregenden Auftritt der Statue den Spaß erlauben kann, daß der Diener – nicht zufällig, sondern von der Musik voll ausgenützt – einen Happen vom gebratenen Fasan seines Herrn klaut, unterstreicht andere Szenen hingegen mit Momenten des Unheimlichen. Wenn beim Schwertstreich, der den Commendatore tötet, drei tiefe Männerstimmen in einen kurzen getragenen Diskurs verfallen; oder in der Friedhofsszene zwei von ihnen bei dem unerwarteten „Ja" der Statue in Fassungslosigkeit stürzen oder wir in der Szene, in der Don Giovanni scheinbar Elvira eine Serenade darbringt, zwischen beginnenden Tränen und Gelächter schwanken, läßt uns Mozart einen Blick in die Welt eines anderen tun, das der Anti-Held nicht wahrhaben will.

Dieses „andere" durchschimmert, leicht und kaum merklich, auch *Così fan tutte*, die letzte gemeinsame italienische Oper von Mozart und da Ponte. Spät im Jahr 1789 in Auftrag gegeben, zu einer Zeit, in der Mozart sehr wenig komponierte, kündigte sie das Ende seiner wichtigsten Periode als Komponist an. Ihr Erscheinen wenige Monate nach Ausbruch der Französischen Revolution markierte den Übergang zu einer gesellschaftlichen Wende.

Über die Vorbereitungszeit ist nur wenig Verläßliches bekannt. Mozart, soviel steht fest, verlangte Änderungen im Libretto (das Salieri nach der Komposition zweier Nummern aufgegeben hatte). Im Verlauf der Arbeit machte er einen übereilten Schnitt, der ein musikalisch unzusammenhängendes Ende übrig ließ. Er strich auch eine große Arie für Guglielmo, den handfesteren der beiden Liebhaber, zugunsten einer leichteren, und es scheint, daß er im Verlauf der Aufführungen Ferrandos „Ah lo veggio" gestrichen hat, eine Arie, die in der Szene, für die sie ursprünglich gedacht war, zu lang und zu kunstvoll erschien. Zweimal im Dezember und dann wieder im Januar lud er Haydn zusammen mit seinem Freund und Geldgeber Michael Puchberg zu einer Probe ein. Es scheint, daß das Publikum die Uraufführung, die am 26. Januar stattfand, freundlich aufnahm – als eine Routineoper der komischen Gattung. Nach der Aufführungsserie in diesem Jahr, die durch den Tod Josephs II. unterbrochen wurde, hörte Wien das Werk in seiner ursprünglichen Form nicht wieder bis zum Jahr 1850.

Die Geschichte über die erotische Heuchelei und den Betrug zweier Paare verursachte damals, 1790, Resonanzen, die wir heute vermissen. Der Kult der Empfindsamkeit – das in selbstgewählten Gefühlen versunkene Ego – hatte für einen Großteil des Jahrhunderts Gültigkeit. Im vorangegangenen Jahrzehnt – oder schon etwas länger – hatte Goethes Roman *Die Leiden des jungen Werthers* einige tatsächliche und viele in der Einbildung begangene Selbstmorde verursacht. All dies findet sich in Mozarts Werk wieder, zunächst in den zahlreichen Anrufungen des Todes, in die beide Liebespaare bei jeder Gelegenheit ausbrechen: Er soll ihre Leiden oder die Ungnade der jeweils geliebten Person beenden; dann in den Schwertstößen, die angeboten oder verlangt werden, in den vorgetäuschten Vergiftungen – oder auch in einem Ansturm echter Leidenschaft in den absurdesten Augenblicken, wenn z.B. Fiordiligi, innerlich schon bereit, dem neuen Liebhaber nachzugeben, noch Teile der Uniform trägt, die für das Schlachtfeld bestimmt war, auf dem sie ihren früheren Geliebten suchen wollte.

Wie der Krieg bei *Jane Austen* finden sich die Neuigkeiten des revolutionären Paris, die im Publikum diskutiert wurden, zwischen den Zeilen in Mozarts Werk wieder. Es ist wie ein Echo von *Figaro* und anderen Opern der 1780er Jahre, die der Flutwelle der Unzufriedenheit mit Privilegien und Hierarchien eine Stimme liehen. Der Zorn der Dienstmagd Despina auf ihre „besseren Herrschaften" ist ein neugeprägtes Klischee in der konventionellen Rolle der käuflichen zynischen Magd: Die „niedrigen Klassen" zeigen sich nun unverschämt.

Was wir, wenn nicht mit dem Publikum von 1790, so doch mit dem wenig späteren teilen, ist ein Problem mit der Geschichte als solcher. *Così fan tutte* ist zweimal aus der Mode gekommen, das zweitemal in unserer eigenen Zeit. Die späten Romantiker verbannten das Werk aus ihrem Kanon. In einem ernsthaften Zeitalter wie jenem beleidigte es die Frauen, verspottete die Liebe und erniedrigte sogar seinen Urheber, außer man war, wie Wagner, der Meinung, Mozart habe, mit einem so armseligen Stoff konfrontiert, seine Größe eben dadurch bewiesen, daß er eine nur mittelmäßige Partitur daraus machte.

Schon um 1791 nannte der Dichter-Dramatiker F. C. Schröder das Libretto ein „miserables Ding, das alle Frauen erniedrigte". Er änderte seine Meinung auch nicht, als er die Musik im Theater hörte. Die Schwierigkeit lag in der scheinbaren Beleidigung weiblicher Feinfühligkeit. *Così fan tutte* fiel beinahe völlig aus dem Repertoire.

Mit der Bewegung für „Werktreue" und Objektivität in allen Künsten kam das Werk nach 1910 wieder. Manche Produzenten unterkühlten es, indem sie die Charaktere in Puppen verwandelten und sie in einem unhistorischen Rahmen von Dresdener „Chinaperücken" und Reifröcken spielen ließen (tatsächlich gehört es dem neoklassizistischen Zeitalter der Lady Hamilton an, die Heldinnen sollten in einfachen Musselin gekleidet, ihre Möbel Kopien aus dem wiederentdeckten Pompeji sein).

Dann kam, in unseren Tagen, der neue Feminismus. *Così fan tutte* war wieder einmal höchst verdächtig, diesmal nicht, weil es das Zartgefühl der Frauen in Frage stellte, sondern weil es zeigte, wie Frauen von Männern – mit Erfolg – manipuliert werden. Wie unerträglich trivial ist es doch, daß Fiordiligi und Dorabella, nachdem sie sich ihren neuen Liebhabern erklärt haben, zu ihren ursprünglichen Verlobten zurückkehren sollen, die sie (in ihrem weiblichen Selbstverständnis) zerstört hatten, so daß sich zuletzt im Schlußchor, ehe der Vorhang fällt, zwei Paare betrogener Betrüger miteinander verheiratet finden.

Manche glaubten, Mozart, der für die Frauen eine tiefe Sympathie empfand, habe in seiner Musik die Konventionen seines Zeitalters umgestürzt. Das unsere hat seine eigene Konvention aufgerichtet, derzufolge es mit dem ursprünglichen Schluß vorbei ist. Anstatt die vorausgegangenen zwölf Stunden zu vergessen, bleiben die neuen Paare trotzig zusammen, oder sie hören zwar auf zu streiten, bleiben aber völlig verwirrt, oder sie alle treten beschämt und verdrossen ab, anscheinend entschlossen, niemals zu heiraten; oder (nur schnell herbei!) die Damen speisen ihre Liebhaber mit Stellvertreterinnen ab. Selbst das Drahtzieherpaar Don Alfonso und Despina wird bei solchen Gelegenheiten heutzutage reuig oder grollend gezeigt, und das in glattem Gegensatz zum Text, den sie singen.

Was beabsichtigte Mozart mit *Così fan tutte*? Jede Oper muß im Bewußtsein ihrer Hörer gleichsam wieder geschaffen werden. Gleichwohl müssen wir uns diese Frage stellen, wenn wir dem Werk nicht Bedeutungen unterstellen wollen, die es unmöglich enthalten kann.

Die Geschichte als solche ist höchst konventionell. Moderne Wissenschaftler haben herausgefunden, daß sie auf zwei verschiedene Quellen zurückgeht: einmal auf eine Sage aus dem 14. Jahrhundert, in der ein Mann auf die Tugend seiner Frau wettet; der zweite Handlungsstrang reicht in die Antike zurück und findet sich in zahlreichen aktuellen Opern und Sprechstücken des 18. Jahrhunderts wieder.

Es geht dabei um Verkleidungen – auch Doppelverkleidungen – als Mittel, die eigene Geliebte (oder den Geliebten) zu gewinnen. Das Publikum kannte diese Art von Klischees viel eher aus einer langen Tradition von Theaterbesuchen als aus der Lektüre der lateinischen und italienischen Dichter, auf die da Ponte verwies. Diese Theatererfahrung ergab auch einen konventionellen gesellschaftlichen Rahmen für die Oper, nämlich die Oper selbst.

Für ihr ursprüngliches Publikum war *Così fan tutte*, wie Daniel Hearth einmal schrieb, „eine Oper über die Oper". Die Parallelen entsprechen dem Material von Opern und Operngesellschaften. Die Hauptdarsteller passen nicht ganz genau zusammen, doch indem sie die musikalische Rolle des jeweils anderen aufgreifen – wie die Männer in ihren anfänglichen Terzetten mit Don Alfonso oder die Damen in ihrem Eröffnungsduett –, lassen sie vermuten, daß beide Paare sich als austauschbar erweisen werden. Nachdem beide Liebhaber abgetreten sind, um scheinbar in den Krieg zu ziehen, parodieren die Damen Elemente der Opera seria in Dorabellas Zornarie „Smanie implacabili" – einer Karikatur von Elettras Raserei aus *Idomeneo* – und Fiordiligis „Come scoglio", die nicht nur in Wort und Musik eine Parodie der allgemein bekannten „Herausforderungsarie" darstellt, sondern in der sich darüber hinaus die ursprüngliche Sängerin über ihre eigene „heroische Manier" lustig machte, wobei sie ihre ungewöhnliche Spannweite zur Dehnung vokaler Höhen und Tiefen ironisch ausnützte. *Così fan tutte* steht in einer langen italienischen Tradition des Spiels auf und mit dem Theater.

Wir könnten uns sogar vorstellen, daß das damalige Publikum (und auch Mozart selbst) die beiden Heldinnen als Opernsängerinnen sah. Welche anderen einigermaßen wohlhabenden Damen würden damals wohl ohne sicheren männlichen Schutz nach Neapel gereist sein? Sind die beiden nicht womöglich Opernsängerinnen, die zwischen zwei Theaterengagements eine andere Art von Engagement zu zwei jungen Offizieren eingegangen sein könnten, die sie unterwegs getroffen haben? Theaterstücke und Libretti des 18. Jahrhunderts quellen über von solchen Sängerinnen (oder in Sprechstücken Schauspielerinnen), denn unter einem despotischen Regiment wie dem Höfischen Absolutismus gehörten die exzentrischen Manieren von Theaterleuten zu den wenigen vor der Zensur sicheren Themen. Dazu kam, in einer stark männlich-sexistisch dominierten Gesellschaft gehörten Schauspielerinnen und Sängerinnen zu der kleinen Gruppe von Frauen, die imstande waren zu lieben, wen sie wollten, und dabei doch eine gewisse Respektabilität aufrechtzuerhalten. Überdies hatten Opern und Schauspiele jener Zeit mindestens zwei Hauptdarstellerinnen, so daß sich das Paar Fiordiligi-Dorabella auf durchaus konventionellem Theaterboden bewegte.

Es bedarf keiner Anstrengung zu verstehen, wie ein Aristokrat nach dem Besuch der Uraufführung in sein Tagebuch schreiben konnte, die Musik sei charmant und die Geschichte als solche ganz amüsant. *Così fan tutte* war die geglückte Variation eines bekannten Themas. Es verbreitete ein Glücksgefühl, eine Empfindung, die von den Menschen des 18. Jahrhunderts hoch geschätzt wurde, die aber heute oft aus den Augen verloren oder gar als tadelnswert betrachtet wird.

Abgesehen davon war das Werk sicherlich nur ernsthaft in seiner mit Fingerspitzengefühl dargelegten Quintessenz. Der Originaltitel, *Schule der Frauen,* und die letzten Verse des Textes zeigen, was gemeint ist: „Ihr Liebhaber, setzt euch nicht in Pose, gebt den menschlichen Schwächen Raum, verhaltet euch vernünftig." Für unsere Ohren klingt das ganz zivilisiert, und doch enthält das Werk, wie vor allem die Figur des „Manipulators" Don Alfonso zeigt, einen Hang zu aufgeklärter Unbarmherzigkeit, die zugleich härter und zarter ist, als wir dies ertragen können. (Denn: sie ist gleichzeitig hart und zart und nicht bereit, sich zu erklären.)

Das, was im Abschiedsquartett vor sich geht, ist eine trügerische Farce. Die Musik zeigt dies in der übertriebenen, gebrochenen Diktion der Damen, die von Seufzern der Violinen durchsetzt ist, aber auch in weniger offensichtlichen Scherzen: Fiordiligi läßt ihren lang ausgehaltenen hohen Ton gerade beim Wort „treu" (costante) abbrechen. Doch alles in allem gießt Mozart über das Werk einen wahren Segen von dem aus, was Bruce Allan Brown als „glänzende Strukturen und Harmonien" bezeichnet hat, „die mit den komischen Elementen eine Koexistenz eingehen, ohne einander zu stören". Die Pizzicato-Begleitung im Baß scheint den Augenblick der Abreise auf unbestimmte Weise hinauszuzögern.

„Die Liebhaber geben ihre bruchstückhaften Äußerungen auf und segeln in eine neue Richtung der Harmonie ... Das Violathema ist von seinen früheren Schwankungen befreit und bewegt sich in einem ruhig fließenden Kontrapunkt gemeinsam mit den Gesangstimmen, wie ein wortloser, freundlicher Beobachter. Wenn die Damen auf das Lebewohl ihrer Liebhaber antworten, bewirken ein Crescendo, die Aufspaltung der Violastimmen und eine trügerische Kadenz (ein Trugschluß) die Vorstellung eines plötzlichen Gefühlsausbruchs."

Don Alfonso hält fast die ganze Zeit über seinen Sotto-voce-Kommentar „Wenn ich nicht lache, platze ich noch" aufrecht. Wir hingegen sind bereit, mit Fiordiligi und Dorabella zu weinen und doch auch über sie zu lachen, weil ihre Gefühle echt und falsch sind, und das alles zur gleichen Zeit. In dem folgenden Trio „Suove sia il vento“ öffnet Don Alfonso seinen verkniffenen Mund, um mit den Damen in einen Hauch von Lieblichkeit einzustimmen, dessen Eindringlichkeit durch die schmerzhafte Modulation auf „desir“ eine spezielle Tönung erhält.

So geht es weiter: In Momenten echtesten Gefühls, wenn z. B. Fiordiligi in ihrer Monologarie „Per pieta“ um das Verständnis ihres „abwesenden“ Geliebten fleht, läßt Mozart die Hörner ihr Hahnreimotiv signalisieren, so unmißverständlich wie in Figaros Schmähungsarie – und diese Hörner sind Mozarts Idee, nicht die da Pontes. Doch Fiordiligis Musik läßt auch erahnen, daß sie, wie Ferrando, die Möglichkeit in sich trägt, mit ihm in ein Duett überwältigender Liebe einzustimmen, in die sie vielleicht verfallen werden („Fra gli amplessi“); auch Ferrando entdeckt ganz plötzlich, nachdem er ursprünglich davon ausgegangen war, sie aus Rache zu manipulieren, daß sein Gefühl echt ist. Sogar Dorabella, die so bereitwillig Treulose, zeigt in der Anmut ihrer Arie über Amor, den kleinen Dieb („E’ amor un ladroncello“), daß dieser treulose Geselle liebenswert genug ist, um alle Zurückhaltung zu zerstreuen.

Es ist der Musik zu verdanken, daß die Verführung nicht nur ein Manöver bleibt. Sie liegt in der Luft. Die Serenade, die die Gartenszene eröffnet, zeigt, wie viele andere Stellen in *Così fan tutte*, Mozarts Orchestrierung auf ihrer ganzen hinreißenden Höhe, gleichzeitig durchsichtig und von einer bisher nicht erträumten Klangfülle. Kurz vor dem Schluß, wenn die beiden neuen Paare, bereit, den Heiratsvertrag zu unterzeichnen, auf ihre Zukunft anstoßen und bereit sind, das Vergangene zu vergessen („E nel tuo, nel mio bicchiero“), entfaltet Mozart ein Kanonquartett voll von ruhiger innerer Schönheit – oder vielmehr, es wäre ein Quartett, wenn Guglielmo im Abseits (die Melodie liegt zu hoch für ihn) nicht, Verwünschungen murmelnd, seinen eigenen Weg ginge. Die beiden Paare haben eben den Chor gehört, der ihnen auf burleske Weise die Fruchtbarkeit von Hühnern wünscht, sie werden bald ihrer Entlarvung ausgesetzt sein und blutrünstig Drohungen vortäuschen, doch für ein paar Minuten hält sie ein himmlisch anderes.

Così fan tutte steht so am Scheideweg des Trivialen und des Himmlischen; die Personen – so trivial; die Musik aber so sehr das, was die Philosophin und Theologin Simone Weil in einem ihrer letzten Notizbücher als Schönheit bezeichnet hat: „Die wirkliche Gegenwart Gottes, der experimentelle Beweis einer Möglichkeit der Inkarnation." Sie schrieb auch, die Menschen so zu lieben, wie Gott es tut, heißt, sie um der Nichtigkeit willen zu lieben, die sie sind. Mozart ist der Komponist der Theologie, weil ihm etwas von dieser göttlichen Objektivität zu eigen ist. Nirgends wird das so deutlich wie in *Così fan tutte*, einer Komödie, die die Menschheit und sich selbst erhöht (über die eigenen Grenzen hinausträgt).

V. Mozart und Gott

Mozarts innerste Gefühle über Leben, Tod und das Universum seien nicht in seiner Kirchenmusik, sondern nur da und dort in seinen weltlichen Werken zu finden, sind wir heute oft zu glauben geneigt. Wir könnten uns irren.

Seit der Französischen Revolution und der romantischen Bewegung – das heißt, seit kurz vor Mozarts Tod – wurde der christliche Glaube unter gebildeten Europäern angezweifelt. Von vielen aufgegeben oder lächerlich gemacht, wurde er für jene, die sich noch daran hielten, zu einer ernsten, ja selbst qualvollen Erfahrung. „Wenn Gott nicht existiert, ist alles erlaubt", dieser Gedanke, der Iwan Karamasoff in Dostojewskis Roman quält, entstand, als für Intellektuelle wie Iwan Gott tatsächlich zu entschwinden schien. Der Glaube muß sich mit der Furcht vor der inneren Leere und der Fortdauer des Bösen einig werden oder zu irrationaler Begeisterung führen.

Im 18. Jahrhundert konnten Männer und Frauen noch fraglos an einem einfachen christlichen Glauben festhalten und sich daran erfreuen. Kaiser Joseph II. war der Meinung, daß Mönche und Nonnen in strengen Orden, die ihr Leben kontemplativem Gebet geweiht hatten, ihre eigenen Fähigkeiten und die der Gesellschaft verschwendeten. Kleriker sollten in den Pfarren arbeiten, den Notleidenden helfen, das Volk zur rechten Lebensführung anhalten und die Jugend erziehen. Doch blieb auch Joseph nichts anderes als ein frommer Katholik. Sein Glaube war, wie der vieler seiner Zeitgenossen, darauf ausgerichtet, in dieser Welt Gutes zu tun; dies mag den Weg zu einem allgemeinen Theismus oder zu einer Ethik ganz und gar ohne Gott eröffnet haben; aber er selbst stellte die übernatürliche Realität oder deren Darstellung durch die christliche Lehre keineswegs in Frage. Ein solcher Glaube konnte gleichmütig, gelassen sein.

Das traf auch auf Mozart zu, wie er es darlegte. Was er darüber zu sagen hatte, findet sich zumeist in Briefen an seine Eltern und mag ihn von seiner besten Seite zeigen. „Gottes Wille ist immer am besten“ – dieser Kommentar zum erwarteten Tod eines engen Familienfreundes, den er mit 14 Jahren an seine Mutter schrieb, faßt dies zusammen. Er wiederholte den Satz acht Jahre später, 1778, als seine Mutter in Paris gestorben war, und fügte in einem Brief an seinen Vater und seine Schwester hinzu: „Wir werden sie wiedersehen – wir werden wieder beisammen seyn – und das viel glücklicher und zufriedener als es in dieser Welt seyn kann ... Wenn Gott will, will ich auch ... Als es so gefährlich wurde, so batt ich Gott um 2 dinge, nemlich um eine glückliche Sterbestunde für meine Mutter, und dann für mich um stärcke und muth – und der gütige Gott hat mich erhört ...“

Mozart brauchte diese Kraft und diesen Mut im April 1787, als er erfuhr, daß nunmehr sein Vater ernstlich erkrankt war (Leopold starb etwas über sechs Wochen später, am 28. Mai). Wolfgang schrieb an ihn, er sei daran gewöhnt, auf das Schlimmste vorbereitet zu sein; der in Klammern gesetzte Zusatz: „Sie wissen, was ich meine“ läßt an seine freimaurerische Schulung denken, aber es kann ebensogut oder noch eher sein, daß sich dies auf die Erfahrung bezieht, die er in Paris gemacht hatte, als seine Mutter starb:

„... Da der Tod (genau zu nemmen) der wahre Endzweck unseres lebens ist, so habe ich mich seit ein Paar Jahren mit diesem wahren besten freünde des Menschen so bekannt gemacht, daß sein Bild nicht allein nichts schreckendes mehr für mich hat, sondern recht viel beruhigendes und tröstendes! und ich danke meinem gott, daß er mir das Glück gegönnt hat, mir die gelegenheit (sie verstehen mich) zu verschaffen, ihn als den schlüssel zu unserer wahren Glückseeligkeit kennen zu lernen. – ich lege mich nie zu bette ohne zu bedenken, daß ich vielleicht (so

Jung als ich bin) den anderen Tag nicht mehr seyn werde – und es wird doch kein Mensch von allen die mich kennen sagn können, daß ich im Umgange mürrisch oder traurig wäre …“

Vieles davon stammt aus einem zeitgenössischen philosophischen Werk; doch Mozart meinte es sehr wahrscheinlich ernst mit dem, was er da aufgestöbert hatte. Die Leute brauchen oft ein Buch, das ihre Empfindungen an ihrer Stelle ausspricht.

Im übrigen sind wir nicht auf das angewiesen, was Mozart seiner Familie sagte. Die Ernsthaftigkeit seines christlichen Glaubens zeigt sich deutlich auch in Worten, die er nur für sich selbst schrieb. Etwa drei Monate nach Leopold starb Sigmund Barisani – Wolfgangs Salzburger Zeitgenosse, ein enger Freund und Doktor der Medizin. Unter Barisanis Eintrag in seinem Album hielt Mozart den Verlust dieses „liebsten, besten der Freunde“ fest. „… Heute am 3ten Sept. dieses nemlichen Jahres war ich so unglücklich diesen Edeln Mann liebsten besten Freund und Erretter meines Lebens, ganz unvermuthet durch den Tod zu verlieren. – Ihm ist wohl! – aber mir – uns – und allen die ihn genau kannten – uns wird es nimmer wohl werden – bis wir so glücklich sind ihn in einer beßern Welt – wieder – und auf nimmer scheiden zu sehen.“

Der Tod fordert solche Feststellungen heraus. Wie die meisten Männer und Frauen des 18. Jahrhunderts war Wolfgang darin ein Experte. Wiewohl er erst dreißig war, als er sein Lebewohl an Barisani schrieb, hatte er doch den Tod von Freunden, Verwandten, Musikerkollegen und seiner eigenen Kinder schon so oft erfahren wie die meisten von uns erst mit sechzig. Jedoch hatten die Männer und Frauen des 18. Jahrhunderts nichtsdestoweniger weiterhin ihre Rollen in dem zu spielen, was die göttliche Vorsehung genannt wurde. Die wenigen Anhaltspunkte, die wir haben, lassen vermuten, daß Mozart diese Vorsehung als unauffälliger Christ akzeptierte und am Ritual und den Sakramenten der katholischen Kirche, besonders in kritischen Momenten, teilnahm. Er fühlte sich seiner Kirche so sehr verpflichtet, daß er 1778 aus Paris an seinen Vater schrieb, er würde nur in einem katholischen Land eine Stellung annehmen. Beide, er und Leopold, machten sich über einzelne Geistliche lustig, vom regierenden Erzbischof gar nicht zu reden, aber ihre Loyalität gehörte dem Glauben und der Kirche, wie immer deren Diener auch sein mochten.

Für einen jungen katholischen Komponisten bot die Kirche bereitwillig Beschäftigung. Es gehörte zu Mozarts Verpflichtungen in Salzburg, für die Kirche zu komponieren. Das bedeutete, daß Teile sakraler Werke, vor allem Chöre, in einem „gelehrten", polyphonen Stil geschrieben werden mußten, während andere im „galanten" Stil verfaßt werden konnten, der für alle Arten von Musik, einschließlich Komischer Opern, verwendet wurde.

Der gelehrte Stil ging – über den damals modernen Salzburger Komponisten Johann Ernst Eberlin – auf den in Wien wirkenden Johann Joseph Fux, den Autor einer berühmten musikalischen Abhandlung, letztlich aber auf die Meister der Renaissance zurück. Nicht, daß der junge Mozart damals viel über die Renaissancemusik und ihre fließende Polyphonie gewußt hätte. Als er, 19jährig, eine „gelehrte" Motette an seinen Lehrer Padre Martini schickte – der ihm einst wohlmeinend in Bologna durch die Prüfung der Filarmonia Accademia geholfen hatte –, beantwortete Martini dies mit einem zweideutigen Lob dieser „modernen" Musik. Mozarts Begegnung mit dem Werk J. S. Bachs und Händels – nach seinem Umzug nach Wien – wird von einigen Forschern große Bedeutung beigemessen, von anderen wird sie heruntergespielt. Er war tatsächlich sehr beeindruckt, adaptierte fünf Bach-Fugen für Streichquartett, instrumentierte Händels *Messias* neu, um ihn dem Zeitgeschmack anzupassen, und dirigierte ihn und andere Adaptionen von Werken Händels in den

Privatkonzerten des Barons van Swieten. Es ist nicht verwunderlich, daß er nun der Meinung war, Eberlins Werke, die er als Knabe studiert hatte, seien „viel zu trivial", um einen Platz neben Händel und Bach zu verdienen. Eine Zeitlang schwelgte nicht nur er, sondern auch Constanze in Fugen. Jedoch war Mozart schon seit seinen Kindertagen im „gelehrten" Stil geschult: Kontrapunkt war in der Alltagsarbeit eines Musikers so gut wie alles.

In seiner frühen Jugend stand die süddeutsche Chor-Orchester-Messe in Blüte. Darin wurden zwar vor allem gerade Holzblasinstrumente und Streichinstrumente verwendet, aber oft auch Trompeten und Pauken, die eher geeignet waren, ein „freudiges Gelärm vor dem Herrn" zu bewirken als zu innerer Betrachtung einzuladen. Die süddeutschen Kirchen benützten um die Mitte des 18. Jahrhunderts alle Künste, um in einer Frömmigkeit voller Wunder und Entzücken zu schwelgen. Die Virtuosität des Rokoko in der Architektur und Ausgestaltung dieser Gotteshäuser stößt strenge Betrachter ab, andere hingegen zählen sie zu den Juwelen Europas. Die Musik, die darin aufgeführt wurde, erregte im gotisierenden 19. Jahrhundert Anstoß. Sie kann selbst heute noch manchen Leuten als zu fröhlich erscheinen; sie meinen, der Glaube sollte nicht solch eine heitere Miene zeigen.

Als Knabe hatte Mozart Gelegenheit, einige solcher Messen in Wien und Salzburg zu schreiben, ebenso wie hin und wieder kleinere geistliche Stücke; das bekannteste darunter ist die brillante Motette „Exsultate jubilate" (KV 165), die 1773 in Mailand für einen Kastraten geschrieben wurde, um auch in der Kirche dessen Fähigkeiten im verzierten Gesang zu zeigen, die er bereits in *Lucio Silla* demonstriert hatte. Mit Mozarts Anstellung in Salzburg entstanden in den folgenden Jahren noch mehr Messen, wenigstens bis 1776. In diesem Jahr beklagte er sich bei Padre Martini, daß unter dem neuen Erzbischof eine Messe, in der alle Abschnitte voll orchestriert waren, nicht länger als dreiviertel Stunden dauern dürfe (einige waren sogar noch kürzer; Colloredo verlangte auch, daß der Text verständlich und von musikalischem Gepränge frei sei). Mozart sehnte sich natürlich nach einer Stellung mit größeren Möglichkeiten und hoffte, Padre Martini würde ihm eine verschaffen. Indes erreichten die kurzen Salzburger Messen mehr Leute als irgendeine andere seiner Kompositionen. In einem Umkreis von etwa 100 Meilen wurden sie immer wieder kopiert und aufgeführt. Mit ihnen kam er „populärer“ Musik am nächsten.

Was Mozart in diesen Werken vorantrieb, können wir am besten der „Krönungsmesse“ (KV 317) und den „Vesperae solennes de confessore“ (KV 339) entnehmen. Beide entstanden in den letzten Salzburger Jahren, 1779 und 1780. „Antrieb“ ist das richtige Wort für die kurze Messe, majestätische, ungestüme Kraft ihr Charakteristikum. Das Credo hält seinen Schwung aufrecht, selbst wenn er für einen Augenblick feierlichen Ernstes im Incarnatus oder des Schmerzes im Crucifixus verlangsamt wird. Das gilt auch für das traditionell sanfte Benedictus. Nur das Agnus Dei, ein anmutiges, weitgespanntes Solo, setzt in der widerhallenden Klangpracht, die oft von Hörnern, Trompeten, Posaunen und Pauken gefüllt wird, eine Pause. Es ist nicht verwunderlich, daß die Messe später bei einer Krönung (angeblich des Gnadenbildes der Salzburger Wallfahrtskirche Maria Plain) aufgeführt wurde, wonach sie ihren Beinamen erhalten hat.

In der Vesper mögen zwar die kontrapunktischen Passagen für Chor und Orchester auf der feierlichen, ja sogar, wie im auffällig kontrapunktischen „Laudate pueri“, auf der düsteren Seite des Grandiosen liegen; die Wirkung zeigt jedoch nicht so sehr Tiefsinn als vielmehr festliche Freude. Das Werk beginnt in Glanz und endet in Herrlichkeit. Vor dem abschließenden „Magnificat“ entfaltet das „Laudate Dominum“ eine fließende sanfte Melodie für den Sopran, die tröstlich wirkt, ohne mystisch zu sein.

Der Salzburger Dom.

Titelblatt der Kantate *Die Maurerfreude,* KV 471; Wien 1785; Stich von Sebastian Mansfeld nach Ignaz Unterberger; Mozart-Gedenkstätte Augsburg.

In den späten Salzburger Werken wie diesen, glaubt Alfred Einstein, habe Mozart seinen Arbeitgeber hier und dort geärgert, indem er gegen die Regeln verstieß und sich eine stürmische Festlichkeit erlaubte. Er hatte etwas zu sagen, was in der rationalen Liturgie des Erzbischofs nicht enthalten sein konnte. Das könnte erklären, warum Mozart 1781, zur Zeit des *Idomeneo*, in München eines seiner geistlichen Werke aufführen wollte: Karl Theodor, der Kurfürst, der ihm in den vergangenen drei Jahren eine Anstellung verweigert hatte, würde vielleicht der geballten Kraft von Messe und Oper nachgeben. Wenn, was wahrscheinlich ist, das Kyrie in d-Moll mit diesem Hintergedanken geschrieben wurde, zeigt es jedenfalls, daß Mozart hier wie in *Idomeneo* geistig aus dem vollen schöpfte. Auf das glanzvollste instrumentiert, ist sein Flehen um Erbarmen ernst, dunkel getönt, aber dem Transzendenten geöffnet. Einstein sagte, die Meisterschaft der Struktur wie der Durchführung der Einzelheiten sei „derart, daß man auf die Knie sinken möchte". Das tun Musikwissenschaftler heute ebensowenig wie damals der Kurfürst (wenn er der Adressat des Werkes war).

In Wien, wo Mozart von 1781 an lebte, gab es noch weniger Gelegenheiten, Kirchenmusik aufzuführen. Die Kirchenpolitik Josephs II., die der Colloredos sehr ähnlich war, hatte die Gottesdienste und den Gebrauch der Instrumente darin reduziert. Außerdem schwand, seinen Anordnungen zufolge, auch eine Klosterkirche nach der anderen dahin, was später zu einer Ablehnung des Choralgesangs führen sollte. Weder Mozart noch Haydn schrieben für die Österreichischen Erblande bis zu Josephs Tod im Jahr 1790 geistliche Musik. Seltsamerweise blieb dafür nur Salzburg übrig, eine Benediktinerkirche – St. Peter –, die außerhalb der erzbischöflichen Machtbefugnisse stand. Am 26. Oktober 1783, während Wolfgangs einzigem Besuch in seiner Vaterstadt, führten er und Constanze dort die c-Moll-Messe auf. Aus Gründen, die noch immer im dunkeln liegen, war sie zum Zeitpunkt der Aufführung nicht fertiggestellt; Mozart sollte sie niemals vollenden. „... Ich habe es in meinem herzen wircklich versprochen, und hoffte es auch wircklich zu halten ... zum beweis eben der wircklichkeit meines versprechens kann die spart von der hälfte einer Messe dienen ...“

Dies hatte Mozart seinem Vater am 4. Januar geschrieben; er wollte seinen Besuch und den seiner Frau mit einer Messe feiern. Zu diesem Zeitpunkt war das Werk etwa zur Hälfte gediehen. Es sollte Wolfgangs Dankbarkeit für Constanzes glückliche Niederkunft (oder ihre Genesung von einer früheren Krankheit), vor allem aber für ihrer beider gemeinsames Leben ausdrücken, ein Umstand, der durch ihr Zusammenwirken bei der Aufführung – sie sang eines der beiden Sopransoli, während er entweder die Orgel spielte oder von der Violine aus dirigierte – eine symbolische Entsprechung fand. Dimensionen und Wesensart des Werkes weisen auf ein weiterreichendes Ziel hin. Hätte Mozart es im Maßstab der vorhandenen Teile vollendet, würde es dem Umfang der h-Moll-Messe entsprechen, in der J. S. Bach ein ganzes Lebenswerk geistlichen Musikschaffens zusammengefaßt hatte. Wie jene – wenn auch unter anderen Umständen – führt auch diese Messe geradewegs zum Himmel empor.

Mozart vollendete das Kyrie und Gloria, den ersten Teil des Credo, genügend vom Sanctus, um es rekonstruieren zu können, und das Benedictus. Die späteren Teile des Credo und das Agnus Dei schrieb er nicht mehr. Was genau in Salzburg aufgeführt wurde, wissen wir nicht. Das Kyrie und Gloria adaptierte er später für ein Oratorium, das Davids Reue („Davidde Penitente“) zum Inhalt hatte und 1785 in Wien aufgeführt wurde. Vermutlich sah er keine Möglichkeit, die Messe jemals in Wien aufzuführen. Das würde zwar erklären, warum er sich nicht darum kümmerte, sie zu vollenden, nicht aber, warum er sie bei der ersten Aufführung unvollendet gelassen hatte. Es könnten dafür lokale Gegebenheiten verantwortlich sein, von denen wir nichts wissen.

Selbst in seiner torsohaften Form sagt uns dieses Werk mehr über das Verhältnis des Komponisten zu Gott als seine früheren Briefe. Dieses Verhältnis ist nicht ganz geradlinig. Für Bach lebte der einzelne – ob Komponist oder Hörer – zweifellos als Teil einer geistigen Welt außerhalb der Zeit. Gotteserfahrung war zugleich kollektiv und persönlich, und die Musik war dazu da, diese Erfahrung zu vertiefen. In seiner Messe errichtet Mozart einen grandiosen Rahmen, in dem die Stimmen die erschreckend erhabenen Ereignisse, die sie besingen, aus jeweils verschiedenen Blickwinkeln zeigen. Im „Qui tollis" für Doppelchor mit seinen unbarmherzigen chromatischen Einwürfen werden wir erdrückt von der Last aller Übel dieser Welt. Christus – heißt es im Text – hebt diese Last auf, aber der Musik zufolge ist dies noch nicht geschehen. Wenn der Text den Menschen guten Willens „Frieden auf Erden" verkündet und später den preist, der im Namen des Herrn kommt, mischt sich ein unsicherer, beinahe fragender Ton darein. Und doch bringt das Kyrie, das abwechselnd streng und elegisch ist, die Messe an einen Punkt der Gewißheit. Der mächtige homophone Aufschrei „Jesu Christe" (im Gloria), der in die kraftvolle Fuge des „Cum Sancto Spiritu" überleitet, bekräftigt dies. Der erste Teil des Credo treibt, ganz im Geist der Krönungsmesse, sein unnachgiebiges Ostinato voran, ohne die Herabkunft vom Himmel musikalisch zu imitieren, die im Text so zuversichtlich verkündet wird.

Die Solostimme setzt im „Christe eleison" und in zwei Arien ein. Wir wissen nicht, welche von beiden Constanze gesungen hat. Aus dem „Laudamus te", einer Koloraturarie im italienischen Stil, schließen wir, daß abstrakte Schönheit, selbst aus der Sicht Gottes, Lobpreis genug sei. Das kunstvollere „Et incarnatus est", ein Konzert für Solostimme, Flöte, Oboe und Fagott, das an dieser Stelle des Textes zu singen war, wurde von Kritikern, die seine Verwandtschaft mit den windbeflügelten, in gemaltem Gold und Stuck unschuldig wirkenden Engeln in den süddeutschen Kirchen seiner Zeit nicht mochten, als opernhaft betrachtet. Es bringt die Frohbotschaft in der einschmeichelndsten Weise, einmal zu trällernden, dann wieder zu hüpfenden Figuren, die von der zärtlichsten Orchesterbegleitung gehalten und durch ständige Wiederholungen (tu-us est) bekräftigt werden, als wären sie von sich selbst zu bezaubert, um je damit aufzuhören. Mozart beließ es beim Entwurf, vollendet bis auf die Streicherstimmen. Menschwerdung ist ein Mysterium, in jedem neugeborenen Kind ebenso wie im Sohn Gottes. Falls Constanze dies gesungen hat, sang sie es zwei Monate, nachdem ihr und Wolfgangs erstes Kind gestorben war.

Wir wären voreilig, wollten wir aus einem unvollendeten Werk Schlüsse ziehen. So wie sie ist, bricht diese Messe die Dämme der Konvention des späten 18. Jahrhunderts, sie entwickelt eine brausende Vielfalt und Großartigkeit. Der Lobpreis einer transzendenten Gottheit reicht hoch hinauf, doch eine gewisse Unausgeglichenheit des Tonfalls verrät, daß der Komponist mit seiner Aufgabe nicht immer im reinen war. Auf einer bestimmten Bewußtseinsebene beabsichtigte Mozart vielleicht nichts so sehr, wie ein Ventil für jene Kräfte zu schaffen, die anzuwenden ihm in Wien verwehrt blieb.

Fast genau ein Jahr nach der Aufführung der c-Moll-Messe, am 14. Dezember 1784, wurde Mozart „Lehrlingsmitglied“ in einer der acht Wiener Freimaurerlogen, „Zur Wohlthätigkeit“. Nach weiteren dreieinhalb Wochen erreichte er als Geselle den zweiten der damaligen drei Grade der Freimaurerhierarchie in der verwandten, aber bedeutenderen Loge zur „Wahren Eintracht“, um schließlich, möglicherweise innerhalb einer weiteren Woche, Meister zu werden. Er sollte für den Rest seines Lebens Freimaurer bleiben, nach der von Joseph II. veranlaßten

Neuorganisation der Logen als Mitglied der „Neugekrönten Hoffnung". Gewann er durch die Freimaurerei ein neues geistiges Bewußtsein, das imstande war, seinen christlichen Glauben zu schwächen? Begann er, die bestehende Ordnung von Kirche und Staat anzuzweifeln?

Das Freimaurertum war im späten 18. Jahrhundert in erster Linie eine gesellige Bewegung, eine lose Kette von Klubs, in denen die Mitglieder einander auf gleicher Ebene begegnen konnten, auch wenn einige Aristokraten waren und andere den gebildeten Ständen angehörten oder Kaufleute, Beamte oder Handwerker waren. Die *Wißbegierigen Frauen*, die Goldonis Komödie von 1753 den Namen gaben, wollten wissen, was ihre Männer in deren Geheimklub trieben. Nach vielen extravaganten Vermutungen schlichen sie sich ein und fanden jene mit einem erstklassigen Dinner beschäftigt. Das Klubwesen der Freimaurer war aber gesellschaftlich wichtig. Es war ein Zeichen dafür, daß viele Männer nicht länger nur innerhalb ihres Standes verkehren wollten. Das mochte bei offiziellen Anlässen zwar immer noch so sein, aber innerhalb ihrer Klubs konnten sie sich in freigewählter Gesellschaft entspannen.

Den Statuten der Logen zufolge war es nicht erlaubt, über Politik oder Religion zu reden. Jedoch pflegten die Logen ihr eigenes Ritual mit einer Sprache von symbolischen Wörtern, Bildern und Gesten. Dies war in den europäischen Staaten, wo beide, Kirche und Staat, ausschließliche Macht beanspruchten, eine ernsthafte Angelegenheit.

In ihren bekannten Aussagen, z. B. Liedtexten, die von Mozart komponiert wurden, drückten die Freimaurer ihr Wohlwollen gegenüber den Mitbrüdern sowie einen allgemeinen Lobpreis einer Gottheit aus, die als der „große Architekt" oder „Seele des Weltalls" betrachtet wurde. Sie sprachen von der Notwendigkeit, Tugend, Loyalität,

Tapferkeit und Nächstenliebe aufrechtzuerhalten und dem „Licht der Wahrheit" zu folgen. Vieles davon gehörte zum allgemeinen Gedankengut der Aufklärung.

Jedoch war das späte 18. Jahrhundert auch eine Zeit, in der immer mehr esoterische Ideen philosophischer oder religiöser Natur in Umlauf kamen. Dies führte teilweise zum Aufkommen obskurer Gedankengänge, teilweise aber war es auch ein Zeichen dafür, daß das orthodoxe Christentum an Autorität verlor. Die Alchemie, das jahrhundertealte Bemühen, an Schätze zu gelangen, die eher innerliche als materielle Werte darstellten, war noch nicht erschöpft. Einige interessierten sich für antike „Geheimlehren", vor allem solche aus dem alten Ägypten. Die Vorstellung eines allgemeinen Glückszustands, der durch den Gebrauch der Vernunft und eine gerechte Verteilung weltlicher Güter bewirkt werden sollte, war die geistige Substanz einer bayerischen Geheimgesellschaft, die sich „Illuminaten" nannte. Einige Freimaurer griffen diese Ideen auf, und die Illuminaten, die spätere Gruppierungen vorwegnahmen, versuchten, ihre Vorstellungen voranzutreiben, indem sie die Logen damit infiltrierten.

Teilte Mozart die esoterischen Interessen mancher Freimaurer? Der wesentliche Hinweis darauf ist eine Serie von „zoroastrischen Rätseln", die er sich ausdachte und bei einer Karnevalsmaskerade 1786 zum besten gab. Später schickte er sie seinem Vater. Beide, Rätsel und östliche Kulte wie der des Zoroaster, waren in Mode, doch Mozarts Rätselserie ist weniger geheimnisvoll als vielmehr obszön; z. B. bedeutete „man kann mich besitzen ohne mich zu sehen" das „Geweih" eines Hahnreis. Die Rätsel bestätigen Mozarts Vergnügen an obszönen Scherzen wie am Spiel mit der Sprache. Ob ihnen die Gewichtigkeit einer psychoanalytischen Erklärung zukommt, die Maynard Solomon in sie hineinlegt, ist eine offene Frage. Sicher ist, daß sie Mozart nicht in irgendeine Form des Okkultismus verwickelt zeigen.

Kann man sagen, daß er die radikalen Ansichten einiger Freimaurer teilte? Weil die Illuminaten als Vorläufer des Kommunismus gesehen werden können, suchten manche Autoren nach Zeugnissen, daß Mozart zu ihnen in irgendeiner Beziehung gestanden oder, allgemeiner, mit radikalen Ideen zu tun gehabt und die Revolution begrüßt habe, als sie in den Niederlanden und in Frankreich ausbrach. Es gibt keinen direkten Beweis dafür, und der indirekte ist sehr schwach. Er beruht auf einer Assoziation. Von einigen Wiener Freimaurern hieß es, sie seien von den Illuminaten beeinflußt; Mozart war Mitglied derselben Loge. Das ist eher Wunschdenken als ein Beweis.

Wir haben gesehen, daß Mozart die Absurdität von Privilegien sehr deutlich empfand. Er wußte, seine Begabung verdiente einen hohen Rang, und er nahm es übel, daß „hohe Herrschaften" in der Lage waren, ihm diesen zu verweigern. Es ist nicht erstaunlich, daß er die Mitgliedschaft in einem Klub begrüßte, in dem er mit den Höchsten des Landes auf der gleichen Ebene verkehren konnte. Er benützte die Freimaurerzeichen in seiner Korrespondenz mit Logenbrüdern und komponierte Musik für Aufführungen in den Logen, das meiste davon in zwei Schüben, nämlich kurz nach seiner Aufnahme und dann wieder kurz vor seinem Tod, in der Zeit, als er auch die *Zauberflöte* schrieb, ein Werk, das Freimaurerideen und einige ihrer rituellen Muster verkörpert. Davon abgesehen bewunderte er England, das er im Alter zwischen sieben und neun Jahren kennengelernt hatte, als die Heimat der Freiheit – ein weiterer in der aufgeklärten Gesellschaft verbreiteter Gemeinplatz, der allerdings von Demokraten und Republikanern angezweifelt wurde. Das ist alles, was wir wissen. Behauptungen, daß er ein überführter Radikaler gewesen sei, sind reine Spekulation.

Diejenigen, die solche Behauptungen aufstellen, versetzen jene Form der Freimaurerei, die nach der Französischen Revolution in Europa eine Rolle zu spielen begann, zurück in die 1780er Jahre. Besorgte Regierungen unterdrückten die Freimaurerbewegung dann (in Wien geschah dies vier Jahre nach Mozarts Tod). Als sie im 19. Jahrhundert wieder aufkam, identifizierte sich ein Großteil ihrer Mitglieder mit antiklerikalem Liberalismus, einige auch mit demokratischen oder republikanischen Ideen. In den 1780er Jahren hingegen waren viele hohe Regierungsbeamte und führende Geistliche Mitglieder der Wiener Logen. „Es war eindeutig möglich", schreibt der Historiker Derek Beales, „gleichzeitig beides zu sein, ein Freimaurer und ein Pfeiler des katholischen Establishments." Unter anderen waren Mozarts adelige Gönner Graf Thun und Fürst Esterhazy sowie seine Verleger Artaria und Torricella, sein Vermieter, der Druckereibesitzer J. T. von Trattner, sein bevorzugter Tenor Adamberger und sein Vater Leopold Mitglieder: Letzterer war bei seinem Wiener Besuch 1785 aufgenommen worden. Haydn hatte keine Bedenken, den Zusammenkünften beizuwohnen; dazu kamen Bankiers, Offiziere, Doktoren, Kaufleute, Schauspieler, ein Buchhändler, ein Apotheker – ein echter Querschnitt durch die oberen und mittleren Schichten der Wiener Gesellschaft. Versuche, sie mit dem Programm der Illuminaten in Verbindung zu bringen, wären gewagt. Soweit sie politisch interessiert waren, unterstützten sie die Kirchenreform Josephs II. Im Frühjahr 1785 belohnte Joseph den tatkräftigen Anführer der Wiener Freimaurerbewegung, den Mineralogen Ignaz von Born, für seine Erfindung eines Verfahrens, das die Sicherheit der Bergleute verbessern sollte. Mozart unterstützte eine der Logen bei einer Festlichkeit durch die Komposition einer Kantate, der „Maurerfreude".

Nicht daß „Joseph der Weise", wie der Text dieser Kantate ihn nannte, unzweideutig mit den Freimaurern umgegangen wäre, als er im Dezember desselben Jahres die Zahl der Logen vermindern und ihre Mitglieder registrieren ließ. In einem Land, in dem ohne Wissen der

Regierung wenig geschehen konnte, waren solche Regulierungen eine Art Anerkennung. Die Freimaurer mögen durchgerüttelt worden sein, einige der eher esoterischen Richtung mögen durch den Rost gefallen sein, wie Joseph dies beabsichtigt hatte – aber die meisten Logen blieben erhalten. Der Kaiser selbst – wie sie sich nun überzeugen konnten – stimmte mit ihrer Denkweise überein. Zehn Jahre zuvor hatte er seinen privaten Vorstadtpark für das Volk geöffnet und über dem Tor die Worte anbringen lassen: „Vergnügungspark, dem Volk gewidmet, von einem, der es schätzt". Er kleidete und benahm sich denkbar einfach und setzte seine Reform von Kirche und Erziehung fort. Selbst als die niederländische Revolution zusätzliche Spannungen verursachte, hielt Joseph nichts von dem Vorschlag, Spione in eine angeblich revolutionäre Freimaurerkonspiration einschleusen zu lassen. Das war im Herbst 1787, um die Zeit, als er dem Freimaurer Mozart eine Pfründe gewährte.

Wenn wir die Musik untersuchen, die Mozart für seine Logenbrüder schrieb, bekommen wir eine sehr widersprüchliche Antwort. Wie der marxistische Wissenschaftler Georg Knepler – im Eifer, Mozarts „radikale Sympathien" zu belegen – ehrlicherweise versicherte, erreicht keine dieser Kompositionen, mit einer Ausnahme, mehr als „künstlerische Mittelmäßigkeit": Einige dieser Lieder, Duette und Kantaten seien banal; sie könnten auch „vierschrötig" und „nur routiniert" genannt werden; einige der Chöre (natürlich ausschließlich für Männerstimmen) erinnerten an einen Männergesangsverein. Kneplers Erklärung, daß diese Werke für Leute mit geringer oder keiner musikalischen Grundbildung oder wenig musikalischem Empfinden bestimmt gewesen seien, trifft nicht zu, nach dem, was wir über einige Logenbrüder wissen. So war die „Maurerfreude" für den bewunderten professionellen Sänger Adamberger geschrieben. Mozart verwendete darin Freimaurersymbole: Terzen, dreiteilige Strukturen, gebundene Noten, Rhythmen, die ein „Anklopfen" suggerieren, die Tonart Es-Dur – doch es scheint, er habe sein Herz nicht an diese Arbeit verwendet.

Die Ausnahme, von der Knepler spricht, die *Maurerische Trauermusik*, KV 477, entstand 1785 zur Gedächtnisfeier für zwei aristokratische Logenbrüder, deren einer ein regierender Fürst, der andere ein hoher Beamter war. Keiner dieser Todesfälle kann Mozart persönlich berührt haben. Dieses Werk ist in seiner Struktur schwer und wird von tiefen Blasinstrumenten – Fagott, Bassetthorn und Horn (dem Mozart später noch ein Kontrafagott hinzufügte) – dominiert. Dazu kamen Oboe, Klarinette und Streicher. Dadurch entsteht mehr als ein im wörtlichen Sinn tiefer Klang, vielmehr eine Klangfarbe, die gleichzeitig dunkel und glühend wirkt. Von einem langsamen Marsch in c-Moll umrahmt, erhebt ein Mittelteil von in Es-Dur gehaltenen Choralvariationen eine klagende, aber feierliche Stimme. Eine Andeutung christlichen Gebets – ein Bruchstück des traditionellen Misereregesangs im Requiem – durchzieht die freimaurerische Symbolik und Gelassenheit. Das Ganze dauert nur vier Minuten. Der Schluß steigt aus Schwermut zu einem C-Dur-Akkord auf: Die blaue Gruft verblaßt in ein offenes Himmelsgewölbe. Dieses außergewöhnliche Werk hält Schmerz und Frieden im Gleichgewicht. Die menschlichen Seelen können dem Tod ins Auge sehen, weil sie an einer bestimmenden Kraft außerhalb ihrer eigenen Existenz festhalten; doch in dieser Kraft wohnt keine Transzendenz, kein persönlicher Gott. Das Antlitz Christi ist nirgends zu finden.

Für Instrumente anstatt der tiefen Freimaurerstimmen zu schreiben, mag Mozarts schöpferische Kräfte freigesetzt haben. Die Trauermusik ist wie ein Ausblick auf einige der Werke seiner letzten Schaffensperiode. In den Jahren 1784 bis 1788 können wir Mozarts geistige Erfahrungen zumeist nur in seinen weltlichen Werken erahnen.

Man hat diese Erfahrungen manchmal in gequält wirkenden Moll-Tonwerken wie dem Klavierkonzert in d-Moll, KV 466, das im Februar 1785 uraufgeführt wurde, zu finden geglaubt. Das ist verführerisch, aber möglicherweise irreführend, eine Folge der Aufmerksamkeit für den Aufschrei des sich selbst dramatisierenden 19. Jahrhunderts. Mozart konnte auch in Dur-Tonwerken von beißender Schärfe sein. Er konnte auch ein Meisterwerk wie das Klavierkonzert in c-Moll, KV 491 (vollendet im März 1786), schreiben, das die Spannung durchgehender aufrechterhält als das d-Moll-Konzert und dessen Ideen reifer und nachdrücklicher ausgearbeitet sind; doch ist seine Gesamtstruktur von einem Heroismus, der kein Denkmal beansprucht. Mozart neigte jedenfalls dazu, ein spannungsgeladenes Werk mit einem anderen zu paaren, das entspannter wirkt oder von einer positiveren Grundstimmung beherrscht ist: das d-Moll-Konzert (KV 466) mit dem C-Dur-Konzert (KV 467); die Streichquintette in C-Dur und in g-Moll (KV 515, 516); die beiden letzten Symphonien in g-Moll und C-Dur (KV 550, 551) – genauso wie in den Opern von 1786 und 1787, *Le nozze di Figaro* und *Don Giovanni*, die Erschließung eines möglichen Himmels oder einer Hölle Hand in Hand geht mit den lächerlichen, erotischen oder derb-irdischen Affären alltäglichen Lebens.

Die Werke dieser Zeit sprechen mit Mozarts ganz persönlicher Stimme. Wir werden gut daran tun, darauf im einzelnen Werk zu hören, aber auch auf das Gleichgewicht zu achten, das er zumeist innerhalb eines Einzelwerkes oder innerhalb eines Werkpaares oder einer Werkreihe erreichte. Wenn eine Stimmung, eine Gestik unanfechtbar scheint, sollten wir dies mit einem gewissen Vorbehalt aufnehmen: Mozart meinte zwar etwas Bestimmtes damit – aber er meinte nebenbei auch noch vieles ganz anderes.

Sein äußeres persönliches Leben bedarf weniger Hinweise. Menschen, die ihm nahestanden, starben, doch hinterließ der Tod dreier seiner und Constanzes Kinder – in den Jahren 1786 bis 1789 – kein Zeugnis über die Gefühle der Eltern. Leopold Mozarts Tod 1787 bewirkte in Wolfgang, wie wir gesehen haben, eine entlehnte „philosophische“ Hinnahme. Er und sein Vater waren einander fremd geworden, möglicherweise fremder, als dies normalerweise zwischen erwachsenen Söhnen und ihren Eltern der Fall ist, obwohl sie noch miteinander korrespondierten und Neuigkeiten austauschten. Zwei Jahre waren seit Leopolds Besuch bei ihm und Constanze vergangen; dieser war anscheinend ohne Zwischenfall verlaufen und hatte dem Vater Haydns Zeugnis über die Genialität seines Sohnes gebracht. Nun, da Leopold im Sterben lag, war dieser – gleichwohl emanzipierte – Sohn sicherlich erschüttert. Drückte er sich in der Musik persönlicher aus als in seinem Brief über den Tod? Wir wissen es nicht. Ein mögliches Gedächtnisstück könnte, wie Alan Tyson vermutet hat, die wohlbekannte Streicherserenade (in Wirklichkeit eine kurze Kammersuite) *Eine kleine Nachtmusik*, KV 525, sein, die Mozart einige Monate nach Leopolds Tod schrieb, eine etwas geisterhafte Quintessenz der Divertimenti, die Wolfgang in Salzburg im Schatten seines Vaters komponiert hatte. Wenn Tyson mit seiner scharfsinnigen Vermutung recht hat, absorbierte Mozart den Tod in eine Musik, deren in sich selbst geschlossene Schönheit sich jeder Interpretation verweigert.

Man könnte auch vermuten, daß ein Sturm von Gefühlen, der von Leopolds Todeskrankheit ausgelöst wurde, für das Streichquintett in g-Moll, KV 516, verantwortlich sei, eines von Wolfgangs großartigsten und tragischsten Werken. Er trug es im Mai 1787, zwölf Tage vor Leopolds Tod, in sein Register ein. Tatsächlich schließt die Datierung eine Verbindung fast aus.[3] Doch mag immerhin die Kenntnis des Bevorstehenden den Schluß des Quintetts geformt haben. Falls dies zutrifft, würde es viel von der Richtung zeigen, in die Mozarts Geist tendierte.

Das g-Moll-Quintett bildet mit dem C-Dur-Quintett, KV 515, das zur gleichen Zeit geschrieben wurde, ein Paar. Es scheint, daß Mozart eine Reihe geplant hatte, um sie Musikliebhabern zur Subskription anzubieten, doch als er ein Jahr später diese beiden Quintette zusammen mit einer Transkription (KV 406) der c-Moll-Bläserserenade anbot, schlug dieser Plan fehl. Möglicherweise verkaufte er sie dann an einen Verleger.

Beide Quintette sind in einem weitgespannten Rahmen konstruiert. Charles Rosen schreibt in seiner scharfsinnigen Studie über das C-Dur-Quintett: „Mozart entdeckte das Geheimnis Beethovenscher Dimensionen." Dies geschieht durch die Verwendung motivischer Fragmente, die ihren tonalen Zusammenhalt bekommen, indem sie weit länger als üblich in der Tonika bleiben. Dadurch wird Spannung erzeugt, während die Musik am äußersten Punkt der Auflösung verweilt. Das Eröffnungsallegro verbindet „Großzügigkeit und Majestät" mit „lyrischer Intensität". Dieses Allegro verarbeitet ein kompliziertes Thema, das gleichzeitig grandios und erheiternd ist. Im Andante zeigt der einmal verlangende, einmal sanfte Dialog zwischen Violine und Bratsche Zärtlichkeit, möglicherweise auch eine weitgespannte Emotion. Das Menuett behält diese Stimmung weitgehend bei, bis das Trio eine gleitende, schwungvolle Figur einbringt, die auch ein ironischer Einfall von Mahler sein könnte (der bei diesem allerdings viermal so lang dauern würde). Hier ist es nur ein flüchtiger Scherz. Im Finale führt uns ein Überfluß melodischer Einfälle – freundlich, energisch, anmutig – von einem sich wandelnden Abenteuer zum nächsten. Das Leben vergilt seine Erforschung. Der Herr (wenn wir das Wort zulassen, das Haydn später in der *Schöpfung* in Musik setzen sollte) ist „groß in seiner Macht".

Das g-Moll-Quintett benutzt die gleichen Mittel tonaler Beständigkeit in einer völlig kontrastierenden Weise. Verstört über einem Pulsschlag von Achtelnoten ist die Eröffnung – wieder nach Rosen zitiert – „von einer chromatischen Bitterkeit und Beharrlichkeit, die durch die nackte Gewalt seiner Pein noch immer schockieren kann".

Das Menuett hält die Spannung aufrecht, indem es in den Eröffnungstakten mit einem schmerzhaft reibenden Kontrast zweimal zu einem Forte-Akkord wie zu einem Schmerzensschrei führt und später im Trio einen flüchtigen Ausblick auf den Himmel bietet.

Gleich vom Beginn des Adagio ma non troppo stammeln bruchstückhafte Motive trübselig in ihrer Isolation; der rhythmische Pulsschlag verändert sich fortwährend, nie hält er lange an; liedhafte Melodien tauchen auf, aber sie sind auf eine morbide Weise im Schmerz beheimatet und suggerieren Tränen oder, zumeist, Ergebenheit in das Schicksal. Eine hohe melodische Figur bietet, beinahe wie ein Nichts, einen dünnen Trost. Die letzte Phrase scheint mit einem ruhigen Aufwärtssprung zu sagen: „Schluß!"

Es soll aber noch schlimmer kommen. Die Adagio-Einleitung zum Finale übertrifft, wie Rosen sagt, „die anderen Sätze sogar noch in ihrem offenen Gebrauch eines unmittelbar ausdrucksvollen Symbolismus: Der schluchzende Rhythmus der Streicher in den Mittelstimmen, die seufzenden Appoggiaturen, die schroff ausdrucksvollen Dissonanzen, die Melodie, die zugleich endlos ausgehalten und unaufhörlich unterbrochen wird, die parlandoartige Beharrlichkeit auf einem Ton, die unaufhörliche chromatische Bewegung. Nichts, was näher an äußerste Verzweiflung herankäme, ist jemals erdacht worden ..."

Einige Interpreten haben darin Gethsemane zu erkennen gemeint: die Todesangst Jesu im Garten. Dort sagte Christus schließlich: „Nicht wie ich will, sondern wie du willst." Mozart bricht hier ab und fährt dann mit einem Allegro in G-Dur und in Rondoform fort.

Die Meinungen darüber, was dies ausdrückt und wie es gespielt werden soll, gehen auseinander: heiter oder trostlos? Klar oder verhalten? Gewiß ist nur, daß die Agonie vorbei ist: Gottes Wille ist, trotz allem, vernünftig. Die Instrumente sprechen einmal in einfachen, dann wieder kontrapunktischen Figuren, aber der Rhythmus ist beständig, das wiederkehrende Thema beinahe munter. Wir können dies auf unterschiedliche Weise verstehen. Für einige mag es enttäuschend sein. Gewiß ist das noch nicht genug, um all dieses Leid zu läutern? Oder wir könnten sagen: Der klassische Geist in den Künsten verlangt nach einer formalen Lösung, und dadurch wird das, was zuvor geschah, aufgehoben. Schließlich könnten wir im ganzen Quintett auch das hören, was die „Erscheinung“ in „Little Gidding“ von T. S. Eliot über die Reue sagte:

> From wrong to wrong the exasperated spirit
> Proceeds, unless restored by that refining fire
> where you must move in measure, like a dancer.

> Von Bösem schreitet fort zu Bösem der erzürnte Geist
> wird er in jenem Läuterungsfeuer nicht geheilt,
> in dem du maßvoll wie ein Tänzer dich bewegen mußt.

Das Schlußallegro bewegt sich „maßvoll“, mit der gemessenen Freude eines Fegefeuers. Es liegt ein immerwährendes Nein darin, aber, wenn wir aufmerksam zuhören, auch ein immerwährendes Ja. Mag sein, daß Mozart aus Gründen, die uns verborgen bleiben, in diesem Werk das Nein übermäßig betonte, aber: er hörte das Ja und bewegte sich darin. Das Ja spricht sogar aus jenem Werk, von dem oft gesagt wurde, daß es eine unaufgelöste Spannung zeige, der g-Moll-Symphonie, KV 550. Es war dies eine der drei Symphonien, die er im Sommer 1788 schrieb (zwischen der Es-Dur-Symphonie, KV 549, und der C-Dur-Jupiter-Symphonie, KV 551). Alle drei wurden bald berühmt; es besteht kein Zweifel, daß Mozart 1788 die Absicht hatte, damit Geld zu verdienen, weil zu diesem Zeitpunkt das Wiener Publikum – und möglicherweise auch er selbst – von Klavierkonzerten genug hatte. Es gibt

Hinweise, daß er Aufführungen geplant hatte. Auf keinen Fall schrieb er seine größten Symphonien ins Leere, noch kann er gewußt haben, daß es seine letzten sein würden. Auch zeigen diese Symphonien als Gruppe nichts von dem finanziellen Druck, unter dem Mozart damals stand. Mit dem Ausbruch des Türkenkriegs im Februar dieses Jahres hatten die schlechten Zeiten für ihn begonnen, und im Juni oder Juli fing auch die Serie von „Bettelbriefen" an seinen Freund Michael Puchberg an.

Was die drei Symphonien – gemeinsam mit der Prager Symphonie, KV 504, die im Herbst 1786 uraufgeführt worden war – tatsächlich zeigten, war ein neuer Aufbruch in dieser Gattung. Die alte Symphonie als Ouvertüre oder Unterhaltungsmusik existierte nicht mehr. In diesen vier Werken, und in den Symphonien, die Haydn in den 1790er Jahren für London schreiben sollte, strebte die Musik nach einem Diskurs, der möglicherweise von profunder Bedeutung, auf alle Fälle aber völlig durchdacht und ausgearbeitet war. Um dies genau zu verstehen, sollte man sorgfältig hinhören.

Seit ihrer Entstehung wurde die g-Moll-Symphonie auf sehr unterschiedliche Weise gehört. Für Mozarts Zeitgenossen müssen die abenteuerlichen Tonartenwechsel in den Außensätzen extrem geklungen haben, aber einige Romantik-Generationen später hörte Schumann daraus nur „griechische Leichtigkeit und Anmut". Moderne Kritiker neigen dazu, von „Unerbittlichkeit", „Neurotik", „Leidenschaft, Gewalttätigkeit und Schmerz" zu sprechen. Der – hartnäckig gegen die Gewohnheit der Zeit – noch in Moll gehaltene Schlußtakt stellt dazu einen letzten Hammerschlag dar.

Doch stimmt das wirklich? Das Werk kann auch weniger unerbittlich, sondern vielmehr stark doppeldeutig klingen. Auch darin findet sich beides, das Nein und das Ja – im äußeren Universum, und auch in jenem anderen, dem eigenen Selbst. Mozarts Erfahrung von Erde,

Himmel und Hölle wird in beidem, in der Struktur der Symphonie insgesamt wie auch in den einzelnen Sätzen, offenbar.

Es ist nicht zu leugnen, wenn auch gelegentlich ein Dirigent dies versuchen mag: der unbarmherzige Antrieb am Beginn des Molto allegro mit seiner anapästischen Rhythmik wird von einem ungewöhnlichen Flüstern der Streicher noch angeregt. Diese schicksalhaft unversöhnliche Härte beherrscht den ersten Satz, die heftigen Hauptteile des Menuetts und das Allegro assai des Finale. In ihrer Drohung liegt eine äußerste Ordnung, die um so furchterregender ist, als die Symphonie ohne die einschüchternde Hilfe von Trompeten und Pauken auskommt. Die Veränderungen, die wir in der Durchführung des ersten Satzes erdulden, lassen einen durchorganisierten Sturm entstehen. Die Struktur des letzten Satzes ist so entschieden regelmäßig, daß sie eine formale Lösung erreicht. Die Stellung dieses Satzes als „Diagonale im Quadrat" erfüllt die klassische Aufgabe der Abrundung (und daher Verweigerung der ungehemmten Selbstdarstellung des Individuums, wonach dieses verlangt), ohne irgend etwas zur Erleichterung des Herzens zuzulassen. Nur das Es-Dur-Andante und das Trio bringen eine Welt in Sicht, in der Ordnung Schönheit, Ruhe und Freude bedeutet.

Jedoch ist der Kontrast innerhalb der beiden Außensätze stärker als zwischen ihnen und dem Andante und dem Trio. Diese beiden behutsameren Abschnitte befassen sich mit einer Ordnung, die menschliche Wesen sich auf dieser Welt vorstellen, ja sogar erreichen können. In der Wiederholung des Andante führt Mozart die tröstlich absteigende Figur mit ihrer Kette von Zweiunddreißigstelnoten über eine andere liedhafte Melodie: Zwei menschliche Arten zu lieben gehen miteinander einher, ohne Bedürfnis, einander zu übertrumpfen oder ineinander zu verschmelzen. Am Ende des Satzes sagt ein einzelner Akkord mit Appoggiatur ein ungetrübtes Adieu. In den Außensätzen hingegen tritt mit den zweiten Themen das Unheimliche auf den Plan, dessen ätherischer oder geheimnisvoller Charakter von durchsichtigen Bläserstrukturen eingefangen wird. Auch der Kontrapunkt horcht auf. Zeitweise grübelt im ersten Satz eine Baßlinie geheimnisvoll dahin, während sich darüber der unerbittliche Diskurs fortsetzt. Im selben Satz machen heftige Aufschreie einer Geste niederfallenden Segens – diesmal vom Himmel – Platz. Oder Aufschrei und Segen finden gleichzeitig statt. Unmittelbar vor dem Schluß kehrt die Geste des Segens wieder und bietet einen Hauch von Erlösung. Eine gleiche Aussicht hält das unmittelbare Ende der Symphonie in Schwebe.

Einige Jahre, nachdem Mozart die g-Moll-Symphonie vollendet hatte, schrieb ein radikalerer Künstler, von den großen Ereignissen in Frankreich inspiriert, *The Marriage of Heaven and Hell.* William Blake hebt darin die Grenze auf, die Seele und Körper, Wille und Moral, Männer und Frauen – und Gott – voneinander trennten. „Alle Gottheiten wohnen in der menschlichen Brust"; und diese Brust birgt in sich die Unendlichkeit, wenn wir sie nur sehen wollen, und ihre Kraft ist „ewige Freude", wenn wir sie nur entfesseln wollen. Hierin kommt die romantische Vision vom menschlichen Bewußtsein als dem alleinigen Universum, das sich die äußere Welt ersinnt, sie formt und bestimmt, am deutlichsten zum Ausdruck.

In Blake konnte diese romantische Vision durchdringende Anmut und Tiefe des Verständnisses fördern. In einigen späteren menschlichen Wesen konnte sie, nur aus sich selbst gespeist und ohne Rücksicht auf irgendeine außerhalb des eigenen Selbst liegende natürliche oder übernatürliche Realität, Monstren ausbrüten. Es ist eine Vision, bei der wir allen Grund haben, sie gleichzeitig zu loben und ihr zu mißtrauen.

Mozart ist auf dem Weg zu dieser romantischen Vision, weil er die irisierenden, manchmal anklagenden Emotionen seines und unseres Lebens in seinem besten Werk ein und aus gehen läßt. Aber er bleibt sich des anderen, einer „Anderwelt“ bewußt, ist letztlich bereit, sich darin „gemessen wie ein Tänzer“ zu bewegen. Er formt seine Schöpfung nicht allein aus seinem Willen. Die g-Moll-Symphonie, Höhepunkt einer Haltung, die sein gesamtes Werk durchzieht, umfaßt die Angst, die – vom Wissen um Glückseligkeit heimgesucht – dennoch Angst bleibt, in einem vollkommenen Rahmen. Damit ist diese Symphonie wieder modern und zeigt, warum Mozart unser Zeitgenosse ist.

Innenansicht des Theaters Auf der Wieden, genannt das Freihaustheater. Stich von L. Albrecht, 1791; Stadtbibliothek Wien.

VI. Die letzte Schaffensperiode

Im Frühjahr 1788 kam es zu zwei Ereignissen, die Mozarts Leben schwierig machen sollten; keines davon wurde durch ihn verursacht: Es kam zum Krieg mit der Türkei, und der Kaiser erlaubte zum erstenmal, daß die Oper während der Fastenzeit geöffnet blieb.

Autoren, die über Mozarts Leben schrieben, stellten die üblen Auswirkungen des Krieges in den Vordergrund: Dieser entwickelte sich anfangs ungünstig, er brachte die üblichen Nöte, wie hohe Kosten und Inflation, die durch schlechte Ernten noch verschärft wurden. Der Kaiser und ein Teil des Adels waren an der Front, die in Wien Zurückgebliebenen mußten sich einschränken; in Wien breitete sich eine Atmosphäre aus, in der Hysterie und Schwermut einander abwechselten. Mozart stimmte in das patriotische Sendungsbewußtsein ein – er schrieb Musik für zwei Kriegslieder und benannte zwei Tänze nach erfolgreichen Schlachten –, aber seine Zuhörerschaft hatte sich teilweise zerstreut.

Die zweite Veränderung wurde weniger beachtet: Joseph II. hatte damit begonnen, den alten Theaterkalender zu lockern, der von langen Schließperioden während religiöser Feste und der Fastenzeiten bestimmt war. Das geschah überall in Europa als Folge einer allgemeinen Säkularisierung des täglichen Lebens; doch Joseph war Pionier dieser Entwicklung; als eine seiner letzten Maßnahmen in dieser Richtung ließ er die Opernsperre während der Fastenzeit aufheben. Die Oper war für das Publikum die wichtigste Art der Unterhaltung; während der Fastenzeit hatten bisher andere Formen von Musikveranstaltungen floriert – z. B. Oratorien, aber auch öffentliche und private Konzerte, wie Mozart sie aufgeführt hatte. In den guten Jahren von 1782 bis 1786 war er in der Fastenzeit am meisten beschäftigt gewesen, Dienstleute mußten sein Klavier immerzu von einem Aufführungsort zum andern bringen. Nun schwanden die Konzerte dahin – und dies in einer Zeit, da seine eigene Wirkung beim Wiener Publikum nachzulassen begann.

Dazu kam, daß auch die Oper, trotz verlängerter Saison, ein Opfer der kriegsbedingten Ausgaben wurde. Die deutsche Oper wurde geschlossen (nach dem „nationalen" Versuch am Burgtheater war sie in einem anderen Theater untergebracht worden), und Joseph war nahe daran, auch die italienische Oper zu schließen; er verschwendete keinen Gedanken daran, die Aufführung von *Così fan tutte* zu ermöglichen. Dazu kam es erst im Winter 1789/90. Zweieinhalb Jahre zuvor war Mozart schon in Schwierigkeiten, und diese wurden zusehends schlimmer. Seinen eigenen Angaben zufolge war er von Juni 1788 bis Juni 1791 in großen Nöten. Erst in den letzten Monaten seines Lebens zeichnete sich eine Besserung ab. Der Krieg ging zu Ende, die Mode begann sich zu ändern, er komponierte zwei Opern. Aber bei seinem Tod hatte er noch immer Schulden.

Über all dies sind wir schlecht informiert. Die Jahre 1789 bis 1791 gehören zu den am spärlichsten dokumentierten seines Lebens. Kenntnis seiner Schulden gewinnen wir hauptsächlich aus seinen Bettelbriefen an den Kaufmann Michael Puchberg, der sein Freund, Logenbruder und Geldgeber war. Möglicherweise sind nicht alle Briefe erhalten geblieben; andere Kreditgeber könnten wenig oder gar keine Spuren hinterlassen haben. Wir haben Hinweise, aber keine wirklichen Belege hiefür. Wenigstens einmal nahm Mozart Zuflucht zu einem Pfandverleiher und bat Puchberg später um Geld zur Sicherung der Pfandscheine. Ein anderes Mal drohte er, sich an einen – wie wir es heute nennen würden – Kredithai zu wenden.

Das erste Anzeichen finanzieller Schwierigkeiten war – im April 1787 – der Umzug des Ehepaares Mozart aus ihrer großen Stadtwohnung in ein billigeres Vorstadtquartier an der Landstraße. Im Dezember kehrten sie in die Innenstadt zurück, wozu sie vermutlich durch Wolfgangs Anstellung als „Kaiserlicher Kammermusiker" mit einem Salär von jährlich 800 Gulden ermutigt wurden. Aber im Juni 1788 schuldeten sie ihrem Vermieter an der Landstraße noch immer Geld für die Miete, und der Besitzer wurde „lästig". Sie mußten wieder in ein anderes Vorstadtquartier umziehen. Mozart gab Puchberg, der für ihn bürgte, zu verstehen, das neue Quartier sei nicht nur billiger, sondern in den warmen Monaten auch angenehmer, „da ich auch einen Garten habe".

Bald nach dem ersten Wohnungswechsel im April 1787 war Leopold Mozart gestorben. Zwei Monate später einigte sich Wolfgang mit seinem Schwager, Nannerls Gatten, auf 1000 Gulden als seinen Anteil an der Erbschaft. Er verlangte Wiener Gulden, die 1200 Salzburger Gulden wert waren. Dem Biographen Maynard Solomon zufolge war er beinahe sicher um ein Mehrfaches dieser Summe betrogen worden, Geld, das möglicherweise noch zu Lebzeiten oder kurz nach Leopolds Tod zu Nannerl wanderte.

Um zu diesem Schluß zu kommen, vermutet Solomon zunächst, daß Leopold einen beachtlichen Profit aus den Familienreisen in den Jahren 1762 bis 1773 erzielt und dann, daß er diesen auch behalten habe. Beides ist nicht einleuchtend. Der größte Teil dieser angenommenen Erträge dürfte für Reisekosten aufgegangen sein. Einige wohlbekannte Musiker des 18. und frühen 19. Jahrhunderts verdienten eine Menge Geld und verloren es wieder – nicht immer durch Spiel oder Unbedachtsamkeit. Vor der Einführung eines regulären Börsenwesens konnten Investitionen sogar bei Staatsanleihen leicht fehlschlagen – was nicht heißt, daß sie heutzutage narrensicher wären. Wir müßten annehmen, daß Mozarts Vater den Sohn anlog, als er ihm 1778 schrieb, daß er Schulden machen und Musikunterricht geben müsse, um Wolfgangs Reise nach Paris zu finanzieren. Das ist unwahrscheinlich. In einer Stadt wie Salzburg hätte Wolfgang nach seiner Rückkehr die Wahrheit herausgefunden. Auch paßt die tatsächliche Pedanterie, die Leopold zu einem schwierigen Vater machte, schlecht zu der Vorstellung, er könnte gelogen haben.

Wir haben keine Möglichkeit, herauszufinden, ob die Erbteilung fair verlief, und, zumindest in groben Zügen, keine Gründe, das Gegenteil anzunehmen. (Mozart setzte seinen und Nannerls alten Freund Franz d'Yppold als Bevollmächtigten, gewissermaßen als Bürgen, für die ordnungsgemäße Abwicklung ein – aber in seiner dringenden Geldnot mag er weniger genommen haben, als er hätte bekommen können, wenn er gewartet hätte, bis das Vermögen voll realisiert war.)

Mozart Schwierigkeiten waren eine Realität. Doch ist es schwer abzuschätzen, wie weit er in Schulden verstrickt war, ob diese Schulden immer schlimmer wurden oder schwankten und wie weit sie seine innersten Gefühle berührten.

„O Gott! anstatt Danksagungen komme ich mit neuen Bitten! – anstatt berichtigung mit neuem begehren!" schrieb er an Puchberg am 14. Juni 1789, anscheinend ein Jahr nach seinem letzten Ersuchen um Geld (aber es könnten dazwischen Briefe verlorengegangen sein); er sei krank gewesen, unfähig zu arbeiten; Constanze sei krank; er habe ein Subskriptionsangebot für Konzerte in seiner Wohnung veröffentlicht, aber innerhalb von vierzehn Tagen nur einen einzigen Subskribenten dafür gewinnen können, den Baron van Swieten. Jedoch habe er gute Aussichten; er schreibe sechs Streichquartette für den König von Preußen und sechs leichte Klaviersonaten für dessen Tochter. Deshalb flehe er seinen Logenbruder an, ihn vor dem Ruin zu bewahren. „Ach Gott", fügte er in einem Postscript hinzu, „ich kann mich fast nicht entschließen, diesen brief abzuschicken – und doch muß ich es – verzeihen Sie mir, um Gotteswillen, verzeihen Sie mir – und Adieu!"

Weitere Bettelbriefe gingen an Puchberg: drei Tage später, im Dezember, am 20. Januar 1790, am 20. Februar, März bis April (drei Briefe), Mai (zwei Briefe), Juni und August, dann wieder im Juni 1791. Manchmal bat Mozart um eine große Summe, die ihn von seinen Sorgen befreien und die Fortsetzung seiner Arbeit erleichtern würde – bis hin zu 2000 Gulden, die er nach und nach mit Zinsen zurückzahlen wollte. Im August 1790 jedoch würde „auch die kleinste Summe sehr willkommen seyn!". Puchberg schickte ihm zehn Gulden. Früher hatte er verschiedene Summen zwischen 25 und 300 Gulden geschickt. Im großen und ganzen half er in speziellen Notfällen sofort, aber nie gab er Mozart den großen Betrag, der dazu dienen sollte, dem Freund eine Atempause zu verschaffen.

Was können wir daraus schließen? Puchbergs Antwort läßt vermuten, daß er in Notfällen helfen wollte. Ob und wieviel er an Zinsen berechnete, wissen wir nicht, aber zumindest in dieser Beziehung war er kein Wucherer. Mozart machte ihm ein Trio zum Geschenk, vielleicht das großartige, tiefernste Divertimento in Es-Dur, KV 563, doch trotz alledem zeigte Puchberg nicht die Absicht, eine größere Summe zur Verfügung zu stellen, vielleicht, weil er ihn gut genug kannte und dachte, das Geld würde ihm durch die Finger rinnen. (Wenn Mozart ein Spieler war, wäre Puchbergs Verhalten rasch erklärt.)

Mozart verwendete eine emotionsgeladene Sprache: „Gott! Ich bin in einer Lage, die ich meinem ärgsten Feinde nicht wünsche; und wenn Sie, bester Freund und Bruder mich verlassen, so bin ich ... verloren ... erretten Sie mich nur dieses mal noch aus meiner schrecklichen Lage!" „Ich habe ... in solchem Jammer gelebt ..." „Meine thränen lassen mich das bild nicht ganz ausmalen ..." Aber berührte ihn seine Misere wirklich tief? Der Biograph Wolfgang Hildesheimer glaubt es nicht. Aus seiner Sicht konnte Mozart um Geld betteln und doch innerlich unbeeindruckt bleiben. Seine wirkliche innere Beziehung galt der Musik. Dies mag scharfsinniger gedacht sein als einige andere Vermutungen Hildesheimers. Mozart konnte sich seinem jeweiligen Gesprächspartner anpassen. Er konnte sich für eine deutsche Nationaloper begeistern, wenn er einem deutschen Nationalisten schrieb, und bei anderen Gelegenheiten den italienischen Opern den Vorzug geben. Der Wunsch, sich beliebt zu machen – ein allgemeines soziales Bedürfnis –, führte eher zu zeitweiliger Begeisterung als zur Lüge. Es besteht auch einiger Zweifel, ob die preußische Königsfamilie ihn tatsächlich beauftragt hatte, jene Stücke zu schreiben, die er als künftige Sicherheit vorgab. Er vollendete nur drei der sechs Quartette (und verkaufte sie an einen Verleger) und nur eine der sechs Sonaten. Doch selbst wenn er in seinen Briefen etwas übertrieb, muß es für einen Mann, der seine „Ehre" so hoch einschätzte, nicht leicht gewesen sein, sie zu schreiben.

Es gelang ihm, neben Puchberg wenigstens noch drei weitere größere Geldgeber zu gewinnen, den Kaufmann Heinrich Lackenbacher, den Verleger Franz Anton Hoffmeister und den Prinzen Karl Lichnowsky. Die Geschäfte mit den ersten beiden sind unklar. Von Lackenbacher borgte er – einem schriftlichen Versprechen mit einem für solche Abmachungen üblichen Datum (1. Oktober 1790, als Mozart selbst gar nicht in Wien war) zufolge – 1000 Gulden auf zwei Jahre mit jährlich 5 Prozent Zinsen. Von Hoffmeister könnte er eine Bürgschaft für diesen Kredit bekommen haben, oder auch eine weitere Anleihe, die zur Umschuldung dieses oder eines anderen Kredits dienen sollte, wobei noch etwas übrig bleiben mochte. In jedem Fall konnte er Hoffmeister mit neuen Kompositionen bezahlen, wie er leichtfertig an Constanze schrieb: „die summe darf ich nie zahlen, weil ich für H. – schreibe. folglich geht alles in der ordnung."[4] Lichnowsky, der spätere Gönner Beethovens, bekam einen Monat vor Mozarts Tod eine Hoforder, eine Schuld von 1435 Gulden, wenn nötig aus Mozarts Einnahmen, zurückzuzahlen, aber er bestand nicht darauf. Der Grund für diese Schulden ist unbekannt. Möglicherweise entstanden sie, als die beiden Männer 1789 gemeinsam nach Berlin reisten.

Wir wissen auch von einigen kleineren Geldgebern, wie einem Kurzwarenhändler und möglicherweise wenigstens einem unbekannten größeren Geldgeber, der ihm noch im Juli 1791 Geld lieh. Mozart war tatsächlich in Schwierigkeiten; aber er war auch nicht ohne Rückhalt.

Sogar in Wien – „dem einzigen Ort, wo das Schicksal so sehr gegen mich ist“, wie er an Puchberg schrieb – scheint er 1788 eine weitere Serie von Subskriptionskonzerten gegeben zu haben. Und selbst im schlimmen Jahr 1789 setzte er seine Bearbeitungen von Werken Händels für van Swieten fort. Im Herbst erhielt er den Auftrag, *Così fan tutte* zu komponieren, und schrieb das lieblich-melancholische Klarinettenquintett, KV 581, das sein Freund Anton Stadler aufführen sollte. Er verkaufte verschiedene Stücke an Kopisten und Verleger, meist Tänze, Lieder oder Arien, aber auch die Streichquartette, für die er keine Subskribenten gefunden hatte.

Im noch schrecklicheren Jahr 1790 war er gezwungen, wie er Puchberg berichtete, für „ein Spottgeld“ die sogenannten Preußischen Streichquartette (KV 575, 589 und 590) zu verschleudern, wahrscheinlich an einen Kopisten. Sie wurden acht Monate später in Kupfer gestochen und publiziert, zweifellos für einen akzeptablen Betrag. Er arrangierte noch immer Händels Werke für van Swieten. Ab Mai hatte er zwei Schüler und war bereit, sechs weitere anzunehmen, eine verzweifelte Maßnahme, denn er hatte früher immer darüber geklagt, daß Schüler zu haben Zeit und Energie verbrauche. Er willigte ein, Stücke zum Gedenken an einen Kriegshelden für eine mechanische Orgel zu schreiben, die hochgestimmte und „kindische“ Pfeifen hatte.

Über das erste, das Adagio und Allegro in f-Moll, KV 594, schrieb er Constanze, er mache dies, „um meinem lieben Weibchen etwelche Ducaten in die Hände zu spielen". „Ich habe mir so fest vorgenommen, gleich das Adagio für den Uhrmacher zuschreiben ... that es auch, war aber, weil es eine mir sehr verhaßte arbeit ist, so unglücklich es nicht zu Ende bringen zu können – ich schreibe alle Tage daran – muß aber immer aussetzen, weil es mich ennuirt ... so hoffe ich doch, es so nach und nach zu erzwingen." Er brachte es tatsächlich zustande und schrieb sogar noch zwei weitere Stücke für dasselbe Instrument, eines davon, die Fantasie in f-Moll, KV 608, ist ein polyphones Glanzstück. Der freischaffende Komponist in Mozart hatte noch nicht aufgegeben.

Die ganze Zeit über hatte er auch noch einen Notanker, das Salär, das Joseph II. ihm gewährt hatte; es wurde nach Josephs Tod im Februar 1790 weiter ausbezahlt. Mozart hatte eine Zeitlang gehofft, der neue Kaiser, Josephs Bruder Leopold II., würde ihn als ersten oder, was wahrscheinlicher war, als stellvertretenden Hofkomponisten bestellen, aber daraus wurde nichts. Leopold, der einstige Großherzog der Toskana, der Wolfgang als Knaben gehört hatte, war sogar noch mehr als sein Bruder dem herrschenden italienischen Stil verbunden. Mozart dürfte nicht einmal dazu gekommen sein, eine Petition um eine Anstellung einzureichen.

Was blieb, war die Chance einer Auslandstournee. Mozart hatte 1787 an eine Englandreise in Begleitung der dorthin zurückkehrenden Primadonna des Figaro-Ensembles, Nancy Storace, gedacht. Sie selbst, ihr Bruder, der Komponist Stephen Storace, der Tenor Michael Kelly und sein eigener Kompositionsschüler Thomas Attwood waren alle seine Freunde. Er ging sogar so weit, seinen Vater zu bitten, seine und Constanzes Kinder (Karl Thomas und ein anderes, das kurz danach im Alter von nur einem Monat starb) in seine Obhut zu nehmen.

Leopold lehnte dies ab. Er bemerkte sarkastisch zu Nannerl: „... das wäre freilich nicht übl, – sie könnten ruhig reisen – könnten sterben – könnten in Engelland bleiben, – da könnte ich ihnen mit den Kindern nachlauffen ...“ Das war gefühllos, aber wie immer klug gedacht. Für Leopold war es eine Sache, Nannerls Kind großzuziehen, was in jener Zeit nichts Ungewöhnliches war, zumal die Mutter an einem benachbarten Ort lebte. Doch Kinder in Obhut zu nehmen, deren Eltern tausend Meilen entfernt den im 18. Jahrhundert üblichen Gefahren von Krankheit und den Unwägbarkeiten einer musikalischen Karriere ausgesetzt waren, war etwas anderes. Leopold machte Wolfgang auch richtigerweise darauf aufmerksam, daß das Leben in England teuer und der Sommer keine günstige Zeit für eine Tournee dorthin sei. In jedem Fall würde sicherlich Stephen Storace die Oper für die nächste Londoner Saison komponieren. (Das traf dann auch tatsächlich zu.)

Warum ging Mozart nicht allein nach England oder machte es wie Leopold, indem er seine Kinder mitnahm? Die Entfernung und das Risiko waren damals sehr groß. Er mag auch erkannt haben, daß sich seine Organisationsfähigkeit nicht mit der seines Vaters messen konnte. Im Spätherbst 1790 bot ihm der Direktor der italienischen Oper in London, Robert Bray O'Reilly, 300 Pfund, wenn er sechs Monate in London bleiben und zwei Opern schreiben würde, wobei es ihm freistehen sollte, nach Belieben Konzerte zu geben. Aber auch daraus wurde nichts, denn O'Reilly war ein Werkzeug skrupelloser Eigentümer, die das Opernhaus niederbrannten.

Noch etwas später, im Dezember, lud der Konzertveranstalter, der Haydns erste triumphale Reise nach London arrangiert hatte, möglicherweise auch Mozart ein. (Haydn glaubte sich später zu erinnern, daß Mozart mit Tränen in den Augen gesagt habe, sie würden einander vielleicht niemals wiedersehen; dies mag zutreffen, doch wenn ein Genie frühzeitig stirbt, entstehen leicht solche Erinnerungen.) Mozart liebte es, hin und wieder ein paar englische Brocken zu sprechen oder zu schreiben, und er war gern mit Engländern zusammen; einer von diesen, ein Angestellter eines Musikverlegers, erinnerte sich, daß er „einen eher melancholischen Eindruck machte, bis er zu reden anfing. Dann wurde sein Ausdruck lebhaft und heiter und seine Augen waren ... voll freundlicher Anteilnahme an dem, was wir taten.“ Mozart auf der Höhe seines künstlerischen Schaffens in England – das ist eine bestechende Vorstellung von etwas, das hätte sein können.

Statt dessen unternahm er zwei Reisen, die eine zwischen 8. April und 4. Juni nach Prag, Dresden, Leipzig, Potsdam und Berlin, größtenteils in Gesellschaft des Prinzen Lichnowsky, die andere vom 23. September bis um den 10. Oktober 1790 nach Frankfurt, zu den Krönungsfeierlichkeiten Leopolds II. zum deutscher Kaiser, und dann weiter nach Mainz, Mannheim und München; diesmal reiste er in seiner eigenen Kutsche, in Begleitung seines Schwagers, des Geigers Franz Hofer, und eines Dieners.

Beide Reisen waren teuer. Mit einem Edelmann mitzuhalten, muß eine kostspielige Sache gewesen sein. Eine eigene Kutsche zu benützen, war zwar eine Annehmlichkeit, aber auch eine bedeutende Investition. Mozart hatte offensichtlich vor, das Geld auszugeben, um ein Mehrfaches davon hereinzubekommen. Doch wie von seiner einstigen Pariser Reise 1777 bis 1779 berichtete er auch diesmal nach Hause, daß er kaum irgendwelche Einnahmen habe.

Das Ziel der Reise von 1789 war der Hof des Preußenkönigs; der Nachfolger Friedrichs II., Friedrich Wilhelm II., war wie sein Vorgänger ein musikalischer Amateur. Er spielte Cello, und das erste der Preußischen Quartette war für ihn bestimmt. Mozart begab sich zunächst an den Hof von Potsdam und kehrte dann nach Leipzig zurück, wo er schon auf der Hinreise haltgemacht hatte und glücklich war, an Bachs Orgel in der Thomaskirche improvisieren zu können. Während seines zweiten Leipzig-Aufenthalts gab er ein Konzert, bei dem er zwei seiner Klavierkonzerte, die Fantasie in c-Moll und vielleicht zwei der letzten vier Symphonien aufführte. Danach ging es wieder nordwärts, zurück nach Berlin.

Wir wissen nicht, was sich in Potsdam ereignete, denn die Briefe, von denen er Constanze berichtete, daß er sie geschrieben habe, gingen verloren. Wir wissen aber, daß ihn bei seiner Ankunft nicht der König, sondern nur der Direktor der Hofmusik empfangen hatte. Friedrich der Große hatte 42 Jahre zuvor gesagt: „Meine Herren, der alte Bach ist gekommen", und hatte den Komponisten hin und wieder empfangen. Jedenfalls sind die Hinweise zu spärlich, um zu belegen, daß Mozart getadelt worden wäre. Bei irgendeiner Gelegenheit bekam er eine Summe Geldes, die etwa 700 Gulden entsprach. Die von Friedrich Wilhelm nach Mozarts Tod überlieferte Behauptung, er habe ihm eine Stelle angeboten, ist ziemlich sicher unrichtig. Mozart schrieb aus Berlin, daß ihn die Königin zu hören wünsche; „da ist aber nicht viel (Geld) zu machen …" Er schlug ein öffentliches Konzert dort aus, weil es sich schlecht bezahlt machen und der König „es nicht gerne sehen würde". Möglicherweise war dies ein Weg, um zu erklären, daß seine Aufnahme insgesamt ein Mißerfolg war.

Auch das Leipziger Konzert „ist, so wie ich es immer sagte, schlecht ausgefallen …" Es gibt dafür eine – wenn auch schwache – Bestätigung des Schriftstellers Friedrich Rochlitz, der dabei gewesen war; schwach deshalb, weil Rochlitz über Mozart allerlei Geschichten erfand und begierig war, ihn als mißverstandenes Genie darzustellen.

Es scheint, daß Mozart dort, wo er auf seiner Reise nach Norden am wenigsten Hoffnungen gehegt hatte – in Prag und Dresden – am besten ankam. In Prag bot ihm Domenico Guardasoni, der Impresario, der *Don Giovanni* veranlaßt hatte, einen Vertrag für eine neue Oper an (doch kam diese nicht unmittelbar heraus, weil die Operngesellschaft nach Warschau ging). In Dresden traf Mozart seine alte Freundin, Josepha Duschek, und gab dort ein Konzert mit ihr und anderen Musikern; er führte ein Klavierkonzert für den Kurfürsten von Sachsen auf, das „Krönungskonzert" in D-Dur, KV 537, das brillant und gefällig entworfen ist; er spielte auch in der Residenz des russischen Botschafters und unternahm einen Orgel- und Klavierwettbewerb mit einem „Schüler eines Schülers von Bach". In beiden Städten wurde viel Aufhebens um ihn gemacht, doch hatte er, seinen eigenen Angaben zufolge, an Verdienst nicht mehr als eine hübsche Schnupftabaksdose.

Um diese Reise von 1789 bleibt vieles ungeklärt. Die verlorenen Briefe (einer von Constanze und möglicherweise bis zu vier von Wolfgang) sind eines der Rätsel. Briefe konnten verlorengehen, besonders, wenn sie über mehrere Grenzen geschickt wurden. Aber gleich vier, die verlorengegangen sein sollen, das wäre viel, vorausgesetzt, die Zahl stimmt.[5] Ein weiteres Rätsel ist das völlige Schweigen in den 17 Tagen, die Mozart seinen eigenen Angaben zufolge in Potsdam verbrachte. Das Fehlen von Zeugnissen beweist nichts, doch bleibt ein Fragezeichen übrig. Ähnlich bleiben auch die Gründe für seine Rückkehr nach Leipzig unklar. Sie mögen harmlos gewesen sein. Die Vermutung, er habe eine Affäre mit Josepha Duschek gehabt (die, wie Mozart selbst Constanze berichtete, sich während seines zweiten Besuchs in Leipzig aufhielt), ist nichts weiter als eben eine Vermutung, die richtig sein kann oder auch nicht.

Wahrscheinlicher ist, daß die Verstimmung, die in Mozarts letztem Berliner Brief an Constanze durchklingt, eher mit Geld als mit Sex zu tun hat. Falls er Geld beim Spielen verloren hatte, waren unterstrichene Versicherungen, daß er nicht viel Geld verdienen würde, durchaus angebracht.

Es scheint keinen Grund zu geben, die Aufrichtigkeit von Mozarts Liebe zu Constanze anzuzweifeln, selbst wenn er eine Affäre gehabt haben sollte: „Liebstes, bestes Weibchen! ich sehne mich so sehr nach Nachrichten von Dir ..." „Heute ist der sechste tag, das ich fort bin von dir – und – o gott – es ist mir als seye es ein jahr." „O stru! stri ... ich küsse und drücke dich 1095060437082 mal (:hier kannst du dich im aus-sprechen üben:) ... !"

Kurz nach seiner Rückkehr nach Wien wurde Constanze krank. Bis dahin wissen wir nichts über ihren Gesundheitszustand und nur wenig über den Mozarts. Leopold zufolge hatte er 1784 einen Anfall von rheumatischem Fieber, an dem er schon als Kind gelitten hatte (wiewohl es in Form einer „Kolik" verlief), und seine Ärzte berichten von einer weiteren, nicht genauer bezeichneten Krankheit im Jahr 1787. Mozart selbst berichtet, daß er im Juni und Juli 1789 nach seiner Rückkehr aus Berlin krank gewesen sei, und er klagte immer wieder über Kopf- und Zahnschmerzen. Constanzes Krankheit war ernster. Sie wurde mit Blutegeln behandelt, damals ein Standardheilmittel, und fühlte sich danach etwas besser, litt aber dann an wundgelegenen Stellen. Mozart schrieb im Juli an Puchberg: „Man befürchtet nur, daß der Knochen möchte angegriffen werden; sie gibt sich zum Erstaunen in ihr schicksal und erwartet Besserung oder Tod mit wahrer philosophischer Gelassenheit."

Sie erholte sich schließlich gut genug, um sich auf den Rat ihres Arztes einer Kur in Baden, einem Badeort in der Nähe von Wien, zu unterziehen.

Constanzes Krankheit bleibt rätselhaft. Nachdem sie in fünf Jahren vier Kinder geboren hatte, war sie wieder im fünften Monat schwanger. Es wäre nicht weiter verwunderlich, wenn sie irgendeine Kreislaufkrankheit gehabt hätte; es gibt einen späteren Hinweis auf Beinbeschwerden. Mozarts Bemerkung über „eine Gefahr für den Knochen" und entweder „Erholung oder Tod" könnte darauf hindeuten, daß sie an einer Infektion litt und der Arzt befürchtete, sie könnte an einer Gangräne leiden, einer Krankheit, die damals eine allgemeine Gefahr war. Alles wurde schließlich gut, in der Zwischenzeit verbrachte sie Monate in Baden – August bis Herbst 1789, Juli bis September 1790, Juni und Juli 1791 (als sie wieder schwanger war) und Oktober 1791. Das bedeutete Extraausgaben. Mozart besuchte sie von Zeit zu Zeit. Zurück in Wien, zeigte er sich besorgt darüber, daß sie in üble Gesellschaft geraten könnte, und tadelte sie 1789, weil sie sich im Umgang mit männlichen Besuchern zu frei und leichtfertig betragen habe.

Der Grund für Mozarts Reise nach Frankfurt im Jahr 1790 war der, bei den Krönungsfeierlichkeiten greifbar zu sein. Mozart war nicht eingeladen, aber das traf auch für viele andere zu. Er schrieb an Constanze: „nun bin ich fest entschlossen meine Sachen hier so gut als möglich zu machen, und freue mich dann herzlich wieder zu dir. – welch herrliches leben wollen wir führen – ich will arbeiten – so arbeiten – nur damit ich durch unvermittelte Zufälle nicht wieder in so eine fatale lage komme …“ Zwei Tage später warnte er Constanze allerdings schon: „ich werde zweifelsohne gewis etwas hier machen – so gross aber wie du und verschiedene freunde es sich vorstellen, wird es sicherlich nicht seyn.“

Natürlich war sein Konzert im großen Theater von Frankfurt – er spielte zwei Konzerte und eine Fantasie mit dazwischen gestreuten Arien – „vonseiten der Ehre herrlich, aber in betreff des Geldes mager ausgefallen …“

Es gibt eine unabhängige Bestätigung, daß dieses Konzert nicht gut besucht war, möglicherweise, weil rundherum zu viel los war. Eine Aufführung vor dem Kurfürsten von Mainz brachte, wie Mozart berichtete, gleichfalls nur „eine magere Summe“ – im Gegenwert von 165 Gulden. Aufführungen der *Entführung* in Frankfurt und des *Figaro* in Mannheim, wo er bei den Proben half, ein aus unbekannten Gründen in Frankfurt abgesetzter *Don Giovanni* – nichts brachte Geld. In München belohnte ihn der Kurfürst Karl Theodor zweifellos für seine Teilnahme an einem Konzert für das zu Besuch weilende Königspaar von Neapel (Schwester und Schwager des neuen Kaisers, die früher in Wien gewesen waren). „Eine schöne Ehre für den Wiener Hof", bemerkte Mozart, „daß mich der könig in fremden landen hören muß ..." Finanziell war diese Reise ein weiterer Rückschlag.

„Es ist alles kalt für mich – eiskalt", hatte er zwei Tage nach seiner Ankunft in Frankfurt an Constanze geschrieben. „Ja, wenn du bey mir wärest, da würde ich vielleicht an dem artigen betragen der leute gegen mich mehr vergnügen finden – so ist es aber so leer ..."

Das muß im Zusammenhang gesehen werden. Im Augenblick, da er von Constanze drei Tage später einen Brief bekam, fühlte er sich gleich „getröstet und glücklich". Aus Mainz improvisierte er eine Fantasie: „Als ich die vorige Seite schrieb, fiel mir auch manche Thräne aufs Papier – nun aber lustig – fange auf – es fliegen erstaunlich viele Busserl herum ... was teufel! – ich sehe auch eine Menge ... ha! ha ... ich hab 3 erwischt – die sind kostbar!" – „Kalt wie Eis" scheint auf den ersten Blick wenig mehr als die Reaktion eines liebenden Gatten auf die Trennung von seiner Frau, die er in Worten der Empfindsamkeit des 18. Jahrhunderts zum Ausdruck brachte.

Es kommt darauf an, wie wir diese Worte interpretieren. Eine philosophische Richtung, die jetzt aus der Mode gekommen ist (aber nicht unbedingt falsch sein muß), sieht in den Werken von Mozarts letzter Schaffensperiode einen „Abschied vom Leben" oder den Ausdruck eines Gefühls der Loslösung von Irdischem; andere sehen darin einen Stilwandel: den Versuch, die neue Mode der Einfachheit zu treffen, oder eine Bewegung in Richtung auf den Neoklassizismus hin.

Andererseits könnten wir in den Worten „kalt wie Eis" und „alles scheint für mich leer" auch ein Anzeichen tiefer Depression sehen. Als der 22jährige sich in Paris mit einer anfänglichen Enttäuschung konfrontiert sah – aber noch vor dem Tod seiner Mutter –, hatte er geschrieben: „Ich frage mich oft, ob das leben es werth sey ..." Solche Stimmungen überkommen viele von uns, und vermutlich war das früher nicht anders. Es ist weder daraus noch aus seinen tragischen Kompositionen der späten 1780er Jahre zu schließen, daß Mozart im klinischen Sinne depressiv gewesen sei, noch lassen seine Ausbrüche von Hochgestimmtheit vermuten, er könnte manisch-depressiv gewesen sein.

Sein Schwager, der Maler und Schauspieler Joseph Lange, Urheber eines bemühten, leicht schmeichelnden Porträts, führte in seinen Memoiren wiederholt an, daß Mozart während der Arbeit „konfus und unzusammenhängend geredet", manchmal „obszöne Witz gemacht" und „sich absichtlich daneben benommen" habe. Das klingt nach dem Mozart der frühen Briefe, wenn er in schöpferischer Erregung „Dampf abgelassen" hatte. Noch in seinem letzten Jahr schrieb er in seinen Briefen an Constanze sinnlose Wortkaskaden (er war ihr „Knaller Praller Schnip Schnap Schnur") und unterschob seinem Assistenten Süßmayr einen burlesken Brief, den er mit „Franz Süßmayr, Scheisdreck, Scheishäusel, den 12. Juli." unterschrieb. (Ihre Handschriften waren sehr ähnlich. Nach Mozarts Tod revanchierte sich Süßmayr, indem er allen Ernstes die letzten Teile des Requiems fälschte.) Auf den ersten Blick scheint eher ein Mangel an Auftraggebern als eine tiefe Depression für die geringe Anzahl von Werken verantwortlich zu sein, die Mozart 1790 vollendete.

Jedoch gegen Ende dieses Jahres begann sich das Blatt zu wenden. Ein privater Gönner, ein Geiger, der eine reiche Heirat gemacht hatte, bestellte zwei Streichquintette (KV 593 und 614); es sind dies Werke, die für einen

Kenner geschrieben, doch weniger leidenschaftlich sind als die beiden großen 1787 entstandenen Quintette. Sogar ein Klavierkonzert erschien wieder möglich. Mozart vollendete es im Januar und führte es am 5. März 1791 bei einem Konzert auf, das ein anderer Musiker in der Himmelpfortgasse arrangiert hatte. Es war dies Mozarts letzter Wiener Auftritt als Solist, eine Art Abschied, wie er selbst stillschweigend bestätigte. Entgegen seiner früheren Praktik verkaufte er dieses Konzert zur Veröffentlichung. Konzertmanuskripte zu behalten hatte nur einen Wert, wenn er eine Chance sah, sie selbst aufzuführen.

Dieses Konzert in B-Dur (KV 595) ist ein Prüfstein für Mozarts Spätstil. (Zugegeben, einiges davon ist auf Papier geschrieben, das Mozart 1788 benützt hatte. Alan Tyson, der glaubt, Mozart habe das Konzert in diesem Jahr zu schreiben begonnen, führt aus, es entspräche nicht seinen Gewohnheiten, soweit wir sie kennen, irgendein altes Papier aus einer Schublade hervorzukramen. Nun sind sicherlich nur wenige Menschen in ihren Gewohnheiten so berechenbar. Falls Tyson recht hat, könnte der Beginn des „Spätstils" vielleicht um 1788 angenommen werden, unmittelbar vor dem Beginn der schlechten Jahre 1789/90.)

„Alle Regungen der Energie werden abgewiesen oder abgedämpft", schrieb Alfred Einstein. Er argumentierte, daß dieses Konzert Mozart in Resignation „vor den Toren zur Ewigkeit" zeige: „... umso unheimlicher sind die Abgründe der Trauer, die in den Schattierungen und Ausweichungen der Harmonik berührt werden." Das Finale mit seinem hüpfenden, volksliedhaften Eingangsthema atme „eine verschleierte Fröhlichkeit, wie wenn selige Kinder im Elysium spielten – fröhlich, aber ohne Haß und Liebe". Das gesamte Werk zeige „die zweite naive Unschuld" eines Künstlers, der durch die Verwicklungen (des Lebens) hindurchgegangen ist und sie hinter sich gelassen hat.

Einstein mag darin übertrieben haben – der Pianist hat eine Chance zu kraftvollem Spiel, wenigstens in Mozarts eigenen Kadenzen –, aber die erste Modulation vor dem Ende der eröffnenden Orchesteraussage hat tatsächlich etwas von einer unendlichen, aber unverbindlichen Milde an sich; im ersten Allegro wird der Pianopart von stillen Seufzern begleitet, wenn er in die Molltonart übergeht; die außerordentliche Reihe von Tonartenwechseln, die zur Durchführung überleiten, arbeiten sich von einer blassen zu einer unheimlichen und letztlich universellen Traurigkeit hindurch, doch nie gelangt die Musik zu einem Aufschrei, geht nie über sich selbst hinaus. Langsame Schritte kehren im Larghetto wieder, einmal allein mit dem bloßen Klavier, dann wieder flankiert von zurückhaltenden akkordischen Einwürfen oder einer absteigenden Figur, die ein Adieu zu sagen scheint. Im Schlußallegro hat nicht nur Einstein Kinder zu hören gemeint, deren Übermut nicht von dieser Welt ist und die gegen das Ende zu durch eine Reihe von mehr und mehr schnarrenden Akkorden ermahnt werden – genauso, wie zu ebendieser Zeit *The Nurse's Song* sie in Versen ermahnte, die Blake für *Songs of Experience* schrieb:

Then come home, my children, the sun is gone down,
And the dews of night arise;
Your spring & your day are wasted in play
And your winter and night in disguise.

Kommt nun heim, meine Kinder, die Sonne versank
Und der nächtliche Tau fällt sacht;
Euer Frühling und Tag ist verschwendet im Spiel
Und in Masken gehn Winter und Nacht.

So wie *The Songs of Innocence* das Gleichgewicht durch ein weiteres „Ammenlied" wiederherstellen („Die Kleinen hüpften und schrien und lachten, und alle Hügel hallten wider davon"), so endet auch das B-Dur-Klavierkonzert mit raschen, heiteren Eindrücken und einer fröhlich klingenden Verzierung. Eher für das innige Zusammenspiel zwischen Solist und Orchester als für brillante Entfaltung geschrieben, ist es weit entfernt von der Großartigkeit des C-Dur-Konzerts, KV 503, des letzten der berühmten Wiener Reihe: Der (einstige) Eroberer meditiert nun für sich allein und im Abseits.

Eine Grundstimmung der Losgelöstheit durchzieht auch das andere wesentliche Instrumentalwerk, das Mozart in seinem letzten Lebensjahr schrieb, das Klarinettenkonzert in A-Dur, KV 622; auch dieses könnte schon früher begonnen worden sein, vielleicht schon 1789. Ursprünglich für eine Art von Bassetthorn komponiert, war es für Mozarts Freund und Logenbruder Anton Stadler bestimmt, der es im Oktober in Prag aufführte.

Was darin nicht von dieser Welt zu sein scheint, ist ein Rückzug von allen Leidenschaften, die Mann und Frau bewegen. Nicht einmal das „unheimliche" filtrierende Gewölk des Klavierkonzerts durchkreuzt seine heitere Ruhe. Manche Dirigenten treiben es in die Richtung einer gewissen Farblosigkeit, aber selbst das geht nicht über die Transparenz eines in sich selbst verzehrten Lebens hinaus. Mahlers letzte „Abschieds"-Sätze im *Lied von der Erde* und in der *Neunten* sind im Vergleich dazu erinnerungsbeladen. Im Zusammenspiel von Solist und Orchester, das so eng ineinander verwoben ist, daß es eine Kadenz ausschließt, erreicht Mozarts Stil eine Vollkommenheit, die keine Aufmerksamkeit mehr sucht. Die überraschenden Modulationen, die variierenden Bläserharmonien der „königlichen" Klavierkonzerte und der späten Symphonien machen so fein ziselierten Begleitungen Platz, daß sie gleichzeitig bezaubernd und durchsichtig erscheinen. Wir könnten darin das Ausströmen des Eros aus Mozarts schöpferischer Persönlichkeit sehen.

Das bedeutet nicht auch den Rückzug des Eros aus seinem täglichen Leben. Die Veränderung in seiner Musik bestand eher in einem Verlust an schillernden Gefühlen und nach außen gerichteten Antriebskräften. Wenn dies eine Bewegung in Richtung Neoklassizismus bedeutete, ist es am ehesten mit den besten Skulpturen Canovas zu vergleichen, deren verfeinerte, geglättete Nacktheit beinahe abstrakt wirkt. Ganz und gar nichts Abstraktes waren in diesen letzten Monaten Mozarts Gefühle für seine Frau: „mich freuet es, daß du guten Apetit hast – wer aber viel frißt muß auch viel scheussen ... nein, viel gehen wollt ich sagen – doch ist es mir lieb, wenn du grosse spatziergänge nicht ohne mich machest. – Thue in allem, was ich dir rathe – es ist gewis von Herzen gemeint. Adieu – liebe – einzige! Fang du auch in der luft – es fliegen 2999 und ein1/2 bussel von mir, die aufs aufschnapen warten. Nun sag ich dir etwas ins Ohr – du nun mir – nun machen wir das Maul auf und zu – immer mehr und mehr – endlich sagen wir; – es ist wegen Plumpi-Strumpi – du kanst dir nun dabey denken, was du willst. – das ist eben die comoditet. Adieu – 1000 zärtliche Küsse, Ewig Dein ...“

Wie dies vermuten läßt, war Mozart im Frühjahr 1791 äußerlich wieder heiterer. Obwohl er anscheinend noch immer Geld ausborgen mußte, hatte er doch Arbeit und auch andere Verdienstmöglichkeiten und konnte seine Schulden allmählich abbauen. Das B-Dur-Klavierkonzert war eine von zahlreichen Publikationen dieses Jahres. Nach dem, was derselbe Verleger an Haydn bezahlte, hat H. C. Robbins Landon berechnet, daß Mozart mit gedruckten Ausgaben und Manuskriptkopien über 700 Gulden verdient haben könnte, was in etwa seinem Salär entsprach. Vieles davon war Tanzmusik. Mozart kritzelte angeblich auf eine Empfangsbestätigung: „Zuviel für das, was ich gethan habe, zu wenig für das, was ich thun könnte!“ Wenn die Quelle verläßlich ist (Constanzes zweiter Gatte hatte Zugang zu Dokumenten, die inzwischen verlorengingen), zeigt sich hier wieder der moderne, selbstbewußte Künstler, der sich nicht mehr mit der „journalistischen“ Routinearbeit zufrieden gab, auch wenn er diese doch aufrechterhalten mußte.

Mozart hatte aber auch Zukunftsaussichten. Der Komponist und Organist am Stephansdom, Leopold Hofmann, schien todkrank, doch er erholte sich dann wieder einigermaßen. Mozart wandte sich an die Kirchenpatronanz, den Rat der Stadt Wien, mit einem Gesuch um Anwartschaft auf diese Stellung, was bedeutete, daß er Hofmann nach dessen Tod nachfolgen und bis dahin als unbezahlter Assistent arbeiten würde. Am 29. April stimmte der Rat zu, doch tatsächlich sollte Hofmann ihn überleben.

„Da meine musikalischen talente“, schrieb Mozart in seinem Gesuch, „und Werke, wie meine Tonkunst im Auslande bekannt sind und man überall meinen Namen mit einiger Rücksicht würdiget, und ich selbst am hiesigen Höchsten Hofe als Kompositor angestellt zu seyn, seit mehreren Jahren die Gnade habe“, dürfe er sich für den angestrebten Dienst „durch meine auch im Kirchenstyle ausgebildeten Kenntnisse vor anderen für fähig“ halten. Das entsprach der Wahrheit, nützte aber nicht viel. Die Ursache für Mozarts Bewerbung als Kirchenmusiker war Leopold II., der daran ging, der Kirchenmusik wieder größere Freiheiten einzuräumen; es war dies ein Teil seiner Bemühungen, die Reformimpulse in Kirche und Staat aufrechtzuerhalten, ohne sich so vielen Gruppierungen zu entfremden, wie dies sein Bruder getan hatte. Mozart als Komponist einer Reihe von kirchenmusikalischen Werken, die noch innovativer gewesen sein würden als Haydns späte Messen und *Die Schöpfung*, das ist eine weitere Vorstellung von dem, was hätte sein können. Aber das wichtigste in seinem Leben war und blieb die Oper. Im September 1791 brachte Mozart nicht nur eine, sondern vielmehr zwei neue Opern heraus. Am 6. eröffnete in Prag *La clemenza di Tito* die Reihe der Galavorstellungen, welche die böhmischen Stände als Repräsentanten des Habsburgischen Königreichs Böhmen für Leopold II. gaben, der an diesem Tag im Veitsdom zum König von Böhmen gekrönt wurde. Am 30. September fand dann die Uraufführung der *Zauberflöte* im Freihaus-Theater auf der Wieden statt, einem Wiener Vorstadttheater, das von Emanuel Schikaneder geleitet wurde. Er hatte das Libretto geschrieben und sang die komische Rolle des Papageno.

Doch an Mozarts Stellung bei Hof änderte sich nichts. Der Kaiser (und, was ebenso wichtig war, die Kaiserin) bevorzugte noch immer die italienischen Meister eines rein vokalen Kompositionsstils, Cimarosa und Paisiello; diese waren im Augenblick nicht verfügbar. Der Italiener, den Leopold als Hofkomponisten gleichsam geerbt hatte, Antonio Salieri, ein fähiger Musiker, hatte zunächst das Libretto von *Così fan tutte* abgelehnt. Der Prager Impresario, Domenico Guardasoni, war beauftragt worden, innerhalb von zwei Monaten eine Krönungsoper zu liefern. Er bot den Kompositionsauftrag Salieri an, doch der war in Wien zu beschäftigt. Einmal mehr war Mozart die zweite Wahl. Wahrscheinlich brachte das Wohlwollen, das er in Prag durch *Figaro* und *Don Giovanni* erworben hatte, die aristokratische Beamtenschaft (ohne deren Zustimmung Guardasoni nichts unternommen hätte) dazu, auf ihn zurückzugreifen, obwohl es einigen bewußt sein mochte, daß der Hof gegen seine Musik voreingenommen war. Ein Stück Lokalpatriotismus mag dabei auch im Spiel gewesen sein: Prag würde es den Wienern schon zeigen.

Schikaneders Theater hingegen hatte mit dem Hof nichts zu tun. Wiewohl es keineswegs eine „Bude“ war, wie manchmal behauptet wurde – es war vielmehr ein gutausgestattetes Haus, das rund 1000 Besuchern Platz bot –, zog es doch ein sehr gemischtes Publikum wie kleine Ladenbesitzer und Handwerker an, die kamen, um Verwandlungsszenen zu bestaunen und über die Mißgeschicke traditioneller Wiener Hanswurstfiguren zu lachen.

Mozart kannte Schikaneder, seit der Schauspieler und Manager mit seiner Truppe 1780 in Salzburg aufgetreten war. Er hatte damals eine komische Arie für sie geschrieben und muß 1784 ihre Aufführung der *Entführung* in Wien gehört haben. Mit seiner Vorliebe für das Theater hatte er zweifellos viele von Schikaneders Produktionen besucht, seit jener das Theater auf der Wieden 1789 übernommen hatte. In einigen dieser Produktionen trat Constanzes Schwester Josepha Hofer auf. Die beiden Männer waren daneben auch Brüder derselben Loge.

Es scheint, daß Mozart im Frühjahr 1791 mit der Arbeit an der *Zauberflöte* begann, im Mai und Juni konzentriert daran arbeitete und bis Mitte Juli einen Großteil davon schon fertig hatte, als Guardasoni ihm mit seinem Auftrag für die Prager Krönungsoper dazwischen kam.

Was steckte dahinter? Verkörperte die Arbeit an der *Zauberflöte* einen nachhaltigen Versuch, die Freimaurerei in einer Zeit, da die Bruderschaft starkem Druck ausgesetzt war, zu rechtfertigen, oder handelte es sich um eine kommerzielle Routineaufgabe, die mit freimaurerischen Allegorien herausgeputzt werden sollte und von Mozart auf eine höhere Ebene gehoben wurde?

Wir können uns nur an indirekte Zeugnisse halten – die des Werkes selbst, aber auch an solche aus Schikaneders übrigen Werken und des zeitgenössischen Wiener Theaters insgesamt. Schikaneders Biograph Kurt Honolka, einer der wenigen, die den riesigen Umfang an Theaterproduktionen aus diesen Jahren untersuchten, hat aufgezeigt, daß die *Zauberflöte*, von einem Gesichtspunkt aus, förmlich ein Kompendium von Theaterklischees war. Einige der speziellen Charakterzüge, die wir heute in dieser Oper (und kaum in einer anderen) vorfinden – orientalische Weise, freimaurerische Anspielungen, menschliche Qualitäten, die höher geschätzt werden als der hierarchische Status, das Nebeneinander von edlen und komischen Paaren, Prüfungen, magische Verwandlungen, flammende Helme, Vogelfänger und Vogelmenschen –, geisterten damals in den Dachstuben des europäischen Bewußtseins herum; noch viel mehr davon hatte die Wiener Theaterszene zu bieten.

Die vielen literarischen Ursprünge, die von Forschern vorgeschlagen wurden, spielten zweifellos eine Rolle. Tatsächlich hatte Schikaneder wenig mehr zu tun, als Material, von dem er wußte, daß es in irgendeinem theatralischen Stück gute Wirkung gezeigt hatte, neu zusammenzustellen. Das Ergebnis des Librettos hing zu einem großen Teil von Mozart ab, der es beeinflußt zu haben scheint. Möglicherweise brachte er Schikaneder dazu, ein Libretto zu schreiben, das einen Deut besser als sein üblicher Standard war. Die gesamte Gestik der Oper muß im besonderen untersucht werden. Es scheint unterdessen unwahrscheinlich, daß Komponist und Librettist sich zusammengetan haben sollten, um die Freimaurerei in Wien vor einem Verhängnis zu bewahren, das erst drei Jahre später eintrat. Im Frühling und Frühsommer 1791 befand sich die Französische Revolution noch in ihrer gemäßigten konstitutionellen Phase. Mitglieder der herrschenden Wiener Klasse mögen sich über Vorgänge wie die Abschaffung der Titel in Frankreich beunruhigt haben, aber die Ereignisse, die sie wirklich in Panik versetzen sollten, Volksherrschaft, Massaker und Königsmord, standen noch bevor.

Nachdem Mozart den Auftrag für die Prager Krönungsoper bekommen hatte, mußte er schnell arbeiten – aber nicht, wie vielfach geglaubt wurde, in nur 18 Tagen. Die Zeit war tatsächlich äußerst knapp. Guardasoni griff, wie es ihm erlaubt war, auf ein Libretto aus dem Jahr 1734 zurück, das schon über 40 Komponisten bearbeitet hatten. *La clemenza di Tito* war tragbar, weil der Wiener Hofpoet Metastasio dem Text einen Lobpreis auf Leopolds II. Großvater unterlegt hatte. Seine langen Rezitative und aneinandergereihten Arien waren jedoch völlig veraltet.

Titelblatt, Klavierauszug zur *Zauberflöte*, J.J. Hummel, Berlin o.J.

Caterino Mazzolà, der seit kurzem Metastasios Posten übernommen hatte, arbeitete emsig, um das Libretto zu dem zu machen, was Mozart eine echte „Oper“ nannte. Das bedeutete, er mußte die Art von Nummern einbringen, zu denen die italienischen Librettisten jetzt auch in ernsthaften Opern griffen: Duette, Trios und Chöre und dazu, wie in der Komischen Oper, ein erstes Halbfinale, das die meisten Akteure in einer höchst dramatischen Konfrontation auf der Bühne vereinte.

Als Mozart zu arbeiten begann, brachte Constanze am 26. Juli ihr letztes – und zweites überlebendes – Kind zur Welt. Der Impresario war nach Italien gereist, um einen führenden Kastraten und eine Primadonna zu rekrutieren. Bis er mit Informationen über deren vokale Fähigkeiten zurückkam – die der Komponist kennen mußte, um ihnen ihre Rolle anzupassen –, konnte Mozart nur an den Ensembles und den Arien für den Tenor arbeiten, dessen stimmliche Fähigkeiten er kannte. Jedoch brach er die Regeln, indem er eine Arie, die er schon für Josepha Duschek komponiert hatte, für die große Schlußarie der Heldin adaptierte. Erst als Guardasoni irgendwann im August zurückkam, war Mozart imstande, mit dem übrigen fortzufahren und zweifellos einiges an Musik vorauszuschicken.

Wahrscheinlich am 25. August brachen er, Constanze und Süßmayr nach Prag auf. Wie bei der Reise 1783 nach Salzburg ließen sie auch jetzt ein nur einen Monat altes Kind zurück, das diesmal allerdings nicht zu Schaden kam. Ein großer Teil des *Titus* war – wie Alan Tyson anhand der Wasserzeichen des Papiers gezeigt hat – schon geschrieben. In den neun Tagen, die Mozart bis zur Premiere in Prag zur Verfügung standen, mußte er jedoch noch Teile komponieren, und das Opernensemble mußte noch einiges einstudieren – eine Arie, einen Marsch, die Ouvertüre und zwei Accompagnati. Es scheint, als habe er die Seccorezitative, die nur mit Cembalo begleitet wurden, Süßmayr überlassen, was keine ungewöhnliche Praxis war, wenn die Zeit drängte. Alles in allem arbeitete Mozart an *Clemenza* sieben bis acht Wochen; die genaue Zeit hängt davon ab, wie bald ihm Mazzolà Teile des Librettos liefern konnte. Dieser Zeitraum schloß die dreieinhalbtägige Kutschenfahrt durch die heiße, sonnenvergoldete Landschaft Niederösterreichs und Böhmens mit ein, während der er „im Kopf" komponieren konnte. Diese Vorgangsweise war an sich nichts Ungewöhnliches, doch war es für den Komponisten ungewohnt, die führenden Sänger nicht von Anfang an zu kennen, wie es auch für die Aufführenden ungewohnt sein mochte, in den letzten paar Probentagen so viel einzustudieren, wie es in diesem Fall wahrscheinlich notwendig war. Für Mozart war der Auftrag eine günstige Gelegenheit. Er brachte 900 Gulden ein, doppelt soviel wie für eine gewöhnliche Oper, und wurde so zu einem Ausgleich für die Enttäuschungen bei der Frankfurter Krönung.

Die Premiere war jedoch beinahe ein Fehlschlag. Mag die Kaiserin die Oper nun „una porcheria tedesca" genannt haben oder nicht, sie schrieb jedenfalls: „Die Oper war nichts besonderes und die Musik sehr schlecht, so daß die meisten von uns dabei einschliefen." Die Aristokraten, die *Così fan tutte* „charmant" gefunden hatten, fanden *Titus* „äußerst langweilig". Das Publikum war möglicherweise von den morgendlichen Krönungszeremonien und die Sänger von den Proben in letzter Minute übermüdet. Die folgenden Aufführungen waren, bis auf die letzte, schlecht besucht. Mozart war – wieder nach Wien zurückgekehrt – entzückt zu hören, daß diese einen riesigen Applaus gehabt habe.

„Exquisite Anmut und selten überwundene Langeweile": dieses Verdikt von Charles Rosen ist nun aus der Mode gekommen. Heute heißt es, das Werk sei kein bißchen weniger gut als die anderen großen Opern. Doch die Zuhörer mögen im geheimen Rosens Gefühle teilen.

Das Libretto ist ein Teil des Problems. Die italienische Opera seria als Vorzeigestück für einen Kastraten und eine Primadonna war eine aussterbende, wenn auch herausgeputzte Form. Metastasios Dramen waren in ihrer Art überzeugend. An ihnen herumzuzerren verdunkelte ihre mathematische Logik und raffinierte Psychologie (A liebt B, der wiederum C liebt, und das Ganze in verschiedenen Abwandlungen) und machte sie nicht packender für ein Publikum, das, wie wir auch, Romane las und an Charakteren und kräftigen Farben interessiert war. Mozarts Reaktion auf das Libretto zeigt, daß *Titus* sogar als „echte Oper" seine Phantasie nur da und dort inspirieren konnte. An anderen Stellen glauben wir zu hören, daß der Komponist dafür Musik von hohem Wert geschaffen hat, die aber eher durchdacht als spontan engagiert klingt. Weder der Anlaß noch der Grad, den er in seiner künstlerischen und persönlichen Entwicklung erreicht hatte, erlaubte etwas so Außergewöhnliches und Innovatives wie (seinerzeit) *Idomeneo*. In *Titus* faßte sich Mozart bei vielen Nummern kurz. Sogar in den großen Arien für die Hauptpersonen instrumentierte er sparsam; obligate Soli – für Anton Stadler eine Klarinette oder ein Bassetthorn – hatten nur zwei davon. Zeitweise verwendete er den Stil der Komischen Oper, ja sogar der deutschen Komischen Oper, wie im Duett für zwei Soprane „Ah perdona al primo affetto" – wenig mehr als eine erlesen einfache Melodie, die, passend für Liebende, die in ihrem Kummer vereint sind, dreimal wiederholt wird – oder auch im Duettino für den Protagonisten und seinen Freund, das weniger als 90 Sekunden dauert. So schön diese Nummern an sich sind, passen sie doch nicht zu den ausgefeilten Arien, die darauf folgen. Schon in *Così fan tutte* wechselten kurze und lange Stücke ab, aber ohne einen derartigen Stilkontrast, außer wenn es sich um eine wohlüberlegte Parodie handelte. Ernsthafte und Komische Oper rückten näher zusammen, was sich in *Titus* besser in seinen

Terzetten als in diesen stilistisch nicht zusammenpassenden Nummern äußert.

Vieles an dem Werk ist großartig: die Märsche, die langen Arien, vor allem das Finale des ersten Aktes, wenn auf dem Kapitol ein Brand ausbricht und der Chor außer Sichtweite zu klagen beginnt und dann näher herankommt, wenn fünf Protagonisten in eine sparsam gestaltete dramatische Auseinandersetzung verstrickt sind; großartig und im großen und ganzen unpersönlich, eine Mischung, die in vielen neoklassizistischen Kunstwerken gefunden werden kann. Das erklärt auch, warum *Titus* in den Jahren 1800 bis 1820 die bevorzugte Mozartoper war und danach, als die Romantik einsetzte, in Vergessenheit geriet. Musik kann leer von persönlichen Gefühlen und doch intensiv und denkwürdig sein, wie das Klarinettenkonzert. *La clemenza di Tito* ist aus jeder Sicht ein schätzenswertes Werk. Aber wieviel davon bleibt dem Zuhörer im Gedächtnis, nachdem der Vorhang gefallen ist?

Solche Fragen stellen sich bei der *Zauberflöte* nicht. Sie war vom ersten Augenblick an ein Erfolg, hatte 20 Aufführungen im ersten Monat, 198 innerhalb der ersten zwei Jahre, und sie fiel in der Publikumsgunst niemals zurück.

Die meisten modernen Opernhäuser sind für gesprochene Dialoge zu groß, weshalb diese leicht ihre Wirkung verfehlen. Mozart selbst bemerkte dazu: „übrigens kanst du nicht glauben, wie charmant man die Musick ausnimmt in einer Loge die mehr am Orchestre ist …“ – und das in einem Theater von der Größe, wie wir sie heute für Schauspiele verwenden! Nebenbei gesagt, wird das Werk manchmal zu langsam aufgeführt. Die Szenenwechsel zerstören die Spannung, wenn sie nicht unmittelbar erfolgen, wie im Theater des 18. Jahrhunderts. Doch wird beim Publikum nur selten das Gefühl einer (inneren) Heilung verfehlt. Darin sind sich die heutigen Zuhörer vielleicht mit den Wienern des 18. Jahrhunderts einig, die Abend für Abend das Theater füllten. „Was mich aber am meisten freuet, ist, der Stille beyfall – man sieht recht wie sehr und immer mehr diese Oper steigt", schrieb Mozart eine Woche nach der Premiere an Constanze. Antonio Salieri, ein früher Besucher und in mancher Hinsicht ein Rivale, bewunderte freimütig, was er ein „operone", ein großes Werk nannte.

„Ungewöhnlich und köstlich" – so faßte ein englischer Besucher jene Art von Unterhaltung zusammen, für die dieses Werk stand: „Auf den Erfindungen der Phantasie gegründet, bietet es der Wahrscheinlichkeit Trotz und rechtfertigt die abenteuerlichsten Kapricen des Genius." Das Libretto, das lange Zeit als billig und absurd abgetan wurde, erfreut sich nun wieder hoher Gunst. Wir glauben nun daran, daß der Mythos seine Wurzeln im Unbewußten hat. Er kann Gefühle und Verhaltensweisen, die einander zu widersprechen scheinen, zusammenhalten, weil diese Widersprüchlichkeiten in den Grunderfahrungen von Männern und Frauen als Erbe enthalten sind. Ingmar Bergmans Zauberflötenfilm konnte aus den schlecht-guten und gut-schlechten Figuren Sarastro und Königin der Nacht Paminas einander entfremdete Eltern machen und darin glaubhaft sein, nicht weil dies der Absicht Schikaneders und Mozarts entsprochen hätte, sondern weil die Geschichte, die diese beiden erdacht haben – willkürlich, vieldeutig, abwechslungsweise bestürzend und entzückend, wie sie ist –, eine Resonanz auf jene Erfahrungen hervorruft, die jedes Kind macht, während es heranwächst.

Die Urheber dieses Werkes hatten schwerlich Zeit für theoretische Überlegungen. Das mag der Grund dafür sein, daß sie ein archetypisches Werk zustande brachten. Als Mozart von Prag zurückkam – möglicherweise wenig mehr als zehn Tage vor der Uraufführung –, hatte er noch den Marsch der Priester, das Knabenterzett im zweiten Akt, Paminas Arie und ihr Terzett mit Tamino und Sarastro sowie die Ouvertüre zu komponieren. Sowohl er als auch das Opernensemble waren an rasches Arbeiten gewöhnt. Wir dürfen die „Ungereimtheiten“ der Geschichte nicht der Eile zuschreiben.

Für Mozart – wenn wir annehmen, daß er einen beachtlichen Anteil am Libretto hatte – war die Wirkung auf der Bühne um vieles wichtiger als die Erklärungen, die Wissenschaftler für diese „Ungereimtheiten“ fanden, so vernünftig diese auch sein mögen. Für das Publikum war der Verlauf der Handlung immer klar: Ein junger Prinz findet Erleuchtung bei jenen, die ihm zuvor hassenswert schienen. Das junge Mädchen, das er liebt, überwindet Angst und Gefahr und auch den Einfluß der Mutter, um mit ihm zusammen zu sein. Ein Mann aus dem Volk hält sich an die Vergnügungen von Essen, Trinken und Verheiratet-Sein. Daß die Königin, eine auf Abwege geratene Frau, eine böse, rachsüchtige Figur ist, daß der weise Herrscher Sarastro den schurkischen Monostatos als Diener hält und ihm dann eine grausame Strafe zudiktiert (und erläßt, wie wir möglicherweise, oder auch nicht, einer unscheinbaren, oft gestrichenen Zeile entnehmen können), daß Pamina den Dolch, der ihr weggenommen wurde, irgendwie wiederbekommt, das sind alles die gewundenen Wege der Fabel. Auch können die Figuren ihrem früheren Verhalten zuwiderhandeln, wenn sie sich dem Publikum zuwenden und moralisieren: Die drei Damen predigen Diskretion, die sie eben zuvor nach besten Kräften zu untergraben suchten.

Die berühmteste dieser Ungereimtheiten wirft die Frage auf, was Mozart und Schikaneder dazu bewogen haben mag, einen leicht getarnten Freimaurerorden, von dem Frauen ausgeschlossen waren, in die Geschichte einzubringen. Die weisen Priester warnen Tamino zweimal vor dem „Geschnatter“ und der List der Frauen. Sarastro erklärt Pamina: „Ein Mann muß eure Herzen leiten“, doch zuletzt befähigt sie ihr Mut, Nacht und Tod an der Seite ihres Geliebten zu ertragen und selbst zu einer „Priesterin

Die Zauberflöte, Akt I, Szene 18: „Es lebe Sarastro"; kolorierter Stich von Joseph und Peter Schaffer, 1793; Mozart-Archiv Salzburg.

Die Zauberflöte, Akt II, Szene 18: „Du hier? – Gütige Götter"; kolorierter Stich von Joseph und Peter Schaffer, 1793; Mozart-Archiv Salzburg.

der Weisheit“ zu werden. Mozart glaubte an diesen Schluß, vielleicht verlangte er ihn sogar. Das können wir annehmen, wenn wir die Musik gehört haben, die er für Pamina schrieb; nicht nur die kummervolle Arie „Ach, ich fühl's“, sondern ihren großen Aufschrei nach unbedingter Wahrhaftigkeit und ihr Geständnis vor Sarastro: Das ist Musik eines jungen Heroismus.

Der Anteil des Freimaurertums an dem Werk ist erkennbar, aber nicht alles durchdringend. Der musikalische Symbolismus der Freimaurer wird durch die Eröffnungsakkorde eingeführt, doch wird er keineswegs dauerhaft angewendet. Freimaurerische Vorstellungen werden deutlich, wenn die Priesterschaft sich versammelt, um über Taminos Aufnahme in den Orden abzustimmen, ein feierlicher Augenblick, bewußt als gesprochene Rede gestaltet und durch die dreifachen „Freimaurerakkorde“ hervorgehoben. Der entscheidende Wortwechsel erscheint uns heute verwunderlich. Tamino, unterstellt ein Priester, werde die Prüfung nicht bestehen können, denn „er ist ein Prinz“! „Noch mehr“, antwortet Sarastro, „er ist ein Mensch!“ Joseph II. hatte dasselbe unterstellt – aber in einer noch immer hierarchischen Gesellschaft bedurfte es dieser ausdrücklichen Aussage. Monostatos (im ledigen Stand) schmähte die monastischen Regeln, das Ziel freimaurerischer und auch sonstiger Kritik. Seine Schwärze deutet eher auf die Kutte als auf Afrika hin. Folgerichtig verbündet er sich mit der Königin, dem Symbol der Reaktion gegen die Aufklärung, obgleich diese nicht an einer einzelnen Person oder Institution festgenagelt werden konnte.

Die Tragfähigkeit des Werks – mögen wir es nun ideologisch oder religiös nennen – entsteht für uns durch die Musik oder, genauer gesagt, durch fünf Arten von Musik.

Da ist zunächst einmal „die feierliche Musik der Priestermärsche, ihre beiden Anrufungen von Isis und Osiris, Sarastros Arie zum Lobpreis auf Freundschaft und

Vergebung, „In diesen heil'gen Hallen". Milde und Erhabenheit schweben in einer beispiellosen Vereinigung über einer feierlichen Harmonie von tiefen Instrumenten – Fagott und Horn, zeitweise auch Bassetthorn und Posaune –, deren Struktur gleichzeitig reichhaltig und leicht ist. Sarastros Musik sei, wie Shaw ausführte, als einzige selbst für den Mund Gottes geeignet. Aber das trifft den Punkt nicht. Denn in ihr ist weder die Auffassung von einer unbekannten Macht noch die Auferstehungsfreude spürbar, die den christlichen Glauben auszeichnet. Die Macht ist bekannt, und ungeachtet der Anrufungen so blasser Gottheiten wie Isis und Osiris ist es eine rein menschliche Macht. Wir mögen uns freuen, ja, aber an menschlicher Weisheit. Selbst die geborgte Kirchenmusik der Geharnischten, die dem jungen Prinzen die bevorstehenden Prüfungen ankündigen – ein lutheranischer Choral über einem vierstimmigen Fugato –, bringt es fertig, feierlich, doch nicht transzendent zu wirken. Dies ist ein Zeichen für Mozarts Einsicht, daß die Verherrlichung des Menschlichen niemals zu Selbstzufriedenheit oder Überwältigtsein anwächst. Die *Zauberflöte* ist ein unwiederholbarer Höhepunkt aufgeklärten Glaubens an die Fähigkeit menschlicher Wesen, sich selbst und die Welt zu beherrschen. Solange dieser Glaube anhält, klingt er wahr.

Wenn die Geharnischten ihre feierliche Warnung beendet haben, entschwinden sie in ein komisches Opern-Allegretto, das, mit den Worten von Erik Smith, „eine widerspruchsvolle, aber köstliche Mischung des Übernatürlichen mit dem Zwanglosen bildet". Dies ist die zweite Art von Musik, in der das Übernatürliche tatsächlich, aber im Tonfall eines Märchens durchschimmert: die Terzette der Knaben, die mit wenigen Bläsern und Streichern, mit Pizzicati und Trillern luftig instrumentiert sind; die „Zauberdinge" von Flöte und Glockenspiel; selbst die außergewöhnliche, sparsame Musik, die Pamina und Tamino durch die Feuer- und Wasserprobe geleitet –

eine Flöte über gedämpftem Blech und Pauken –, eine Musik, die gleichzeitig ätherisch und von tiefer Bedeutung ist. Es ist dies eine Musik „i'th'air, under the earth“ (in luftiger Höhe und zugleich unter der Erde), mit einem Wort, magische Musik, die „Erfindung der Phantasie“ in ihrer stärksten Ausprägung.

Die dritte Art von Musik markiert gewisse kritische Stellen: die Auseinandersetzung zwischen Tamino und dem alten Weisen außerhalb des Tempels, das Duett zwischen Pamina und Sarastro, das Terzett zwischen diesen beiden und Tamino und die Szene zwischen Pamina und Tamino, zu der später die Geharnischten hinzukommen und in der sie, beschützt durch die Flöte, die ihr Vater aus dem Herzen einer tausendjährigen Eiche geschnitzt hat, mit ihrem Geliebten die Prüfung durchschreitet (ihre g-Moll-Arie ist ein von dieser Kette losgelöstes Juwel). In all diesen Szenen wachsen die Charaktere – Sarastro eingeschlossen – an Einsicht: Der Tonfall ist edel, eine höchst innovative Freiheit des musikalischen Stils das Mittel, wobei Rezitativ, Arioso und Fragmente von mehr durchgeformter Melodie die innere Handlung – mit nur wenig oder keiner Wiederholung – vorantreiben. Technisch verweist diese Musik auf Webers Euryanthe, ja sogar auf den frühen Wagner. Geistig vollbringt sie das äußerste, um uns von der Würde menschlichen Wesens zu überzeugen.

Von den letzten beiden Arten von Musik ist die eine dem Theater am nächsten, die andere dem Volkslied. Die Auftritte der Königin der Nacht verbinden hitzige Reden mit Ausbrüchen von Koloraturen, die für eine in der Galaktis thronende Schurkin passend sind. Was Papageno – und zum Schluß auch Papagena – vom Verlangen seines Herzens singt, ist die volkstümliche Musik des Genies. Ihre inspirierte Einfachheit legt ein weiteres Zeugnis dafür ab, daß die menschlichen Wesen wert sind zu existieren.

Diese unterschiedlichen Arten von Musik – das ist das Erstaunliche daran – wirken zusammen und verursachen keinen Mißton. Es ist nicht nur die Logik des Mythos, die die Gegensätze überwindet. Mozart bewirkte die Einheitlichkeit der Partitur – etwas, das er in *La clemenza di Tito* verfehlt hatte – durch musikalische Mittel. Alle ausgeformten Nummern sind, gemessen an den Standards seiner früheren Opern, kurz. Die längsten, welche die drei Damen einbeziehen, bieten genügend Handlung, um die Länge zu rechtfertigen, und in jedem Fall ist die durchgehende Komposition bündig, mit nur wenigen Wiederholungen von Text oder Musik. Auch die Instrumentation, die gleichzeitig köstlich und sparsam ist, bringt außer den beiden „Zauberdingen" kaum Soloinstrumente zur Geltung, Mozart hat sie im Verlauf zugunsten des Gesamteindrucks kurz gehalten.

„Die in eine Sphärenmusik versetzte Geschichte von uns Menschen", faßt Erik Smith das Wesen der *Zauberflöte* zusammen. Es ist wirklich *unsere* Geschichte, die – durch das Ohr eines Genius gehört – in *unserer* Musik erzählt wird.

Während er im Juni 1791 hart an der Oper arbeitete und Constanze von Zeit zu Zeit in Baden besuchte, schrieb Mozart eine dreiminütige Motette für den Chorleiter von Baden: *„Ave verum corpus"*, KV 618, war für das Fronleichnamsfest bestimmt, wenn die Prozession, die von Joseph II. verboten, aber von seinem Nachfolger neuerlich erlaubt wurde, wieder durch die Straßen ziehen würde. Es ist das Fest des himmlischen Gastmahls. Sechs kurze Textzeilen rufen die Menschwerdung, die Kreuzigung und die Hoffnung der Gläubigen auf den Empfang des letzten Sakraments vor dem Tod in Erinnerung. Wie auch immer, Mozarts Komposition für vier Stimmen, Orgel und Streicher druchströmt die Hymne mit einer behutsam sich verändernden Harmonie, mit einem einzigen Schatten im Verlauf und keinem Hinweis auf ein übernatürliches dramatisches Geschehen, keinem Fingerzeig auf etwas, das über sich selbst hinausgeht. Sie ist in ihrer Art vollkommen. Manchmal wollen Ungläubige, daß diese Musik zu ihrem Begräbnis gesungen wird. Zu recht, denn – was immer er beabsichtigte – hier wie auch in der *Zauberflöte* schuf Mozart den Klang für eine menschliche Befindlichkeit, in der, wie die drei Knaben singen, „die Welt ein Himmelreich“ und „Sterbliche den Göttern gleich“ sein können.

Fassade von Mozarts letztem Wohnhaus in Wien, Rauhensteingasse; Mozart-Museum Salzburg.

Ansicht des Sterbezimmers in Mozarts Wohnhaus, Wien, Rauhensteingasse; aquarellierte Bleistiftzeichnung von Johann Peter Lyser; Mozart-Museum Salzburg.

VII. Requiem

Mozart starb, während er das Requiem komponierte – eine Messe für die Toten und also – offensichtlich – für ihn selbst. Das würde sogar dann ein Gesprächsthema geworden sein, wenn sein Tod nicht mit dem Beginn der Romantik zusammengefallen wäre, einer Bewegung, die zutiefst an Geheimnisvollem interessiert war. Fügen wir die Bestellung des Werks durch einen unbekannten Auftraggeber hinzu, und schon haben wir die Entstehung einer Legende. Mysteriöse Geschichten rund um das Requiem und Mozarts Tod gingen bis 1964 um; dann konnten neu aufgefundene Dokumente das meiste davon aufklären.

Im Juli 1791 bestellte ein Unbekannter – ein Rechtsanwalt – das Requiem für einen Betrag von ungefähr 585 oder 675 Gulden; das war mehr als der Preis für eine Oper und daher durchaus lohnenswert, besonders, weil ein Teil davon im voraus bezahlt werden sollte. Das einzig Geheimnisvolle daran war der Name des Auftraggebers, den der Anwalt vertrat und der nicht genannt werden wollte. Doch da er der Hausherr von Mozarts Freund Puchberg war, war das Rätsel vielleicht nicht allzu schwierig zu lösen.

Daß ein Gönner anonym bleiben wollte, war deshalb für Mozart kaum ein Grund zur Beunruhigung. Constanze deutete dies indirekt an, als sie nach seinem Tod um eine Witwenpension ansuchte. (Die Gewährung mußte durch einen Gnadenakt erfolgen, denn Mozart hatte es verabsäumt, eine Geburtsurkunde einzubringen, was notwendig war, um dem Pensionsfonds der Musiker anzugehören.) Sie wies darauf hin, daß Mozarts Todeskrankheit gerade zu einem Zeitpunkt ausgebrochen sei, als sich seine wirtschaftlichen Verhältnisse zu bessern begannen. „Kurz vor seinem Tod“ sei ihm eine jährliche Subskription von 1000 Gulden durch einige – ungenannte – ungarische Adelige versprochen worden, ein weiterer, sogar noch größerer Betrag sei ihm von gleicherweise ungenannt bleibenden Persönlichkeiten in Amsterdam zugesagt worden. Dafür hätte er nur einige Werke für den exklusiven Gebrauch der Subskribenten zu schreiben gehabt. Wir haben kein weiteres Zeugnis dafür, aber diese Arrangements gleichen durchaus jenen, die der junge Wolfgang mit einem böhmischen Adeligen getroffen und dann auch mit zehn in München lebenden Personen einzugehen versucht hatte.

Mozart kannte vermutlich nicht alle diese ungarischen und holländischen Gönner. Seine Kindheitsbesuche in Preßburg und Amsterdam lagen ein Vierteljahrhundert zurück. Die Bekanntschaften, die er damals gemacht hatte, waren verblaßt. Sie gehörten einer Zeit an, in der Künstler von bedeutenden Persönlichkeiten abhängig waren. Nun konnte ein freischaffender Musiker wie Mozart unter geradezu kaufmännischen Bedingungen für den Besitzer einer mechanischen Orgel oder eine Gruppe von Gönnern – wie die Amsterdamer – schreiben, ohne sie vermutlich jemals zu treffen. Solange das Geld eintraf, spielte ihre Identität eine geringe Rolle. Der Auftrag für das Requiem unterschied sich davon nicht wesentlich.

Er kam von einem exzentrischen Musikliebhaber, dem Grafen Walsegg, der auf seinem Schloß südlich von Wien Kammermusikabende und andere gesellschaftliche Unterhaltungen veranstaltete. Oft wirkte er selbst als Flötist, Cellist oder Schauspieler mit; er hatte seine junge Frau im Februar 1791 verloren und wollte zu ihrem Gedächtnis ein Requiem aufführen. Er hatte die Gewohnheit, Kompositionen führender Musiker zu bestellen, sie eigenhändig abzuschreiben und als seine eigenen Werke auszugeben; nicht, daß er dabei die von ihm beschäftigten Musiker getäuscht hätte; im Gegenteil, als das Requiem für seine Frau 1793 aufgeführt werden sollte, wußte er nicht, daß er der Betrogene war. Mozart hatte zu seinen Lebzeiten nur einen Teil davon komponiert. Der Rest war Süßmayrs

Arbeit. Er hatte in enger Zusammenarbeit mit Constanze dieser geholfen, indem er Mozarts Handschrift und Signatur fälschte. (Als die 1800 veröffentlichte Partitur des Requiems Mozart und nicht Walsegg als Urheber anführte, drohte der Graf mit „ernsthaften Maßnahmen“, doch es scheint, daß er Constanze mit einer privaten Entschuldigung davonkommen ließ.)

Als Mozart den Auftrag im Juli annahm, teilte er Walseggs Vertrauensmann mit, daß er nicht sofort mit der Arbeit beginnen könne. Mit der Vorbereitung für zwei Opern, die in wenigen Wochen uraufgeführt werden sollten, stand er den ganzen Juli, August und September schwer unter Druck. Jemand, der ihn in Prag gegen Ende dieser Zeit gesehen hatte, schrieb (nach seinem Tod, vielleicht mit späterer Einsicht), daß er krank ausgesehen und ständig Medizin zu sich genommen habe; er habe verständliche Anzeichen einer nervösen Erschöpfung gezeigt und sei beim Abschied von seinen Freunden in Tränen ausgebrochen, als er und Constanze die Rückreise nach Wien antraten.

Gleich nach der Uraufführung der *Zauberflöte* mußte Mozart, der am 20. September wieder in Wien war, das Klarinettenkonzert orchestrieren. Er war damit um den 7. Oktober beinahe fertig. Ziemlich sicher begann er mit der Arbeit am Requiem erst nach diesem Zeitpunkt. Dann gingen sechs Wochen dahin, die für ungefähr einen Tag unterbrochen wurden, als er Constanze von Baden abholte; einige weitere Tage kostete die Komposition einer Kantate für eine Freimaurerfestlichkeit; sie wurde am 15. November vollendet und in Mozarts Wohnung am 18. aufgeführt. Um den 20. November fühlte er sich so krank, daß er das Bett hüten mußte; er starb vierzehn Tage später, kurz vor ein Uhr nachts am 5. Dezember.

Mozarts tödliche Krankheit bleibt ein Rätsel. In unserer eigenen Zeit haben mehrere Ärzte Diagnosen dazu veröffentlicht – unglücklicherweise, ohne sich darüber einig zu sein. Die Ansicht, die heutzutage weitgehend akzeptiert wird, besagt, daß er an den Langzeitfolgen jenes rheumatischen Fiebers gestorben sei, an dem er schon als Kind gelitten hatte.

Er hatte als Erwachsener, 1784 und vielleicht auch 1787 weitere Anfälle gehabt und, wenn seine Bemerkungen über „rheumatische Schmerzen im Kopf" ein Hinweis darauf sind, auch im April und vielleicht im August 1790. Eine damit rivalisierende Theorie, er habe am sogenannten Schoenlein-Henoch-Syndrom gelitten, einer Erkrankung des Immunsystems, die in einigen Fällen zu Nierenversagen und Tod führen kann, hat an Gewicht verloren. Die Termini, die Mozarts eigene Ärzte dafür verwendeten, helfen uns nicht weiter. Diese führenden Köpfe ihres Standes erklärten, er sei an einem akuten „Frieselfieber" gestorben, ein allgemein verwendeter Ausdruck für eine Infektion in Verbindung mit Hautausschlag. In seinen letzten Tagen litt er eindeutig an Ödemen, Anschwellungen, die durch die Wassersucht bewirkt wurden. Diese tritt bei bestimmten Fällen von Herzerkrankungen, vor allem im letzten Stadium, auf. Wiederholte Attacken eines rheumatischen Fiebers können sowohl die Herzklappen schädigen als auch Wegbereiter für Infektionen sein.

Das Überraschende ist nicht, daß Mozart jung starb, aller Wahrscheinlichkeit nach infolge derartiger wiederholter Anfälle; andere starben auf gleiche Weise, was durch die Gewohnheit der Ärzte, die Kranken zur Ader zu lassen, oft noch beschleunigt wurde. Verwunderlich scheint vielmehr, daß er einen großen Teil seines Lebens hindurch aktiv und anscheinend in einem erträglichen Gesundheitszustand blieb. Selbst in der ersten Oktoberhälfte 1791 waren seine Briefe an Constanze nach Baden in einem heiteren Plauderton gehalten, ohne Anzeichen von Krankheit oder dafür, daß er dazu nur „eine gute Miene" gemacht habe. Er schrieb mehrere Male, daß sein Diener Primus (Don Primus) ihm einen halben Kapaun oder eine delikate Scheibe Stör gebracht habe. „... da mein Apetit heute etwas starck ist, so schickte ich ihn wieder fort, mir noch etwas, wenn es möglich ist, zu bringen ...:" „Was sehe ich? – Was rieche ich? – Den Primus mit den Carbonnadeln! – Che gusto! – izt esse ich deine Gesundheit! – eben schlägt es 11 uhr; – vielleicht schläfst du schon? – St! St! St! Ich will dich nicht aufwecken!"

Der Erfolg der *Zauberflöte* bereitete ihm ein inniges Vergnügen. Er besuchte mehrere Vorstellungen, am 13. Oktober zusammen mit seiner Schwiegermutter und seinem siebenjährigen Sohn Karl, der damals in einem Internat außerhalb Wiens lebte. Karl war entzückt. „Er hörte und sah mit aller Aufmerksamkeit ... und (es) war kein Stück, welches ihm nicht ein bravo oder bello entlockte ..." Bei einer früheren Aufführung hatte Mozart Schikaneder einen Streich gespielt: „nur gieng ich auf das theater bey der Arie des Papageno mit dem Glockenspiel, weil ich heüte so einen Trieb fühlte, es selbst zu spielen, – da machte ich mir den Spaß. wie Schikaneder einmal eine haltung hat so machte ich eine Arpegio – der erschrack – schauete in die szene und sah mich – als der das 2te mal kamm, machte ich es nicht – nun hielte er und wollte gar nicht mehr weiter – ich errieth seine Gedanken und machte wieder eine Accord – dann schlug er auf das Glöckchenspiel und sagte, halt's Maul – alles lachte dann – ich glaube daß viele durch diesen Spaß das erstemal erfuhren, daß er das Instrument nicht selbst schlägt ..."

Mozart fand Zeit, sich mit Karls Schulleben zu befassen: Das Internat sorgte für frische Luft, bot aber sonst wenig. Er überlegte, den Knaben zu den Piaristen zu schicken, einem Schulorden, der fortschrittlichere Erziehungsmethoden anwendete.

Als Constanze am 16. Oktober von Baden zurückkam, begann sie sich über das Befinden ihres Gatten Sorgen zu machen. Wie sie einige Jahre später gegenüber seinen frühen Biographen erklärte, verschlimmerte sich sein Zustand und machte ihn depressiv. An einem „schönen Herbsttag" – es scheint um den 20. oder 21. Oktober gewesen zu sein – fuhren sie zusammen in den Prater, den großen Wiener Vergnügungspark. Mozart begann vom Tod zu sprechen „... und behauptete, daß er das Requiem für sich setze. Dabey standen ihm Thränen in den Augen, und als sie ihm die schwarzen Gedanken auszureden suchte, sagte er: Nein, nein, ich fühle mich zu sehr, mit mir dauert es nicht mehr lange: gewiss, man hat mir Gift gegeben! Ich kann mich von diesem Gedanken nicht loswinden." (Zit. nach Nissen.)

Auf den Rat der Ärzte hin hinderte sie ihn für eine Weile, am Requiem weiterzuarbeiten; aber als ihn der Erfolg seiner Freimaurerkantate aufheiterte, ließ sie ihn wieder damit anfangen – nicht für lange Zeit.

Mozarts Gerede von Gift wurde nach seinem Tod bekannt und verursachte Gerüchte, die noch immer nicht ganz verstummt sind. Das hartnäckigste dieser Gerüchte besagte, sein angeblicher Rivale Antonio Salieri habe ihn vergiftet. Puschkin machte daraus ein Schauspiel, Rimskij-Korsakow eine Oper – und eine andere Variante dieses Gerüchts, die Salieri zwar nicht als Giftmischer, aber als einen immerzu neidischen, mittelmäßigen Künstler zeigte, erreichte in Peter Shaffers Schauspiel und Film *Amadeus* ein riesiges Publikum.

An all dem ist nichts. Alle Komponisten in Wien waren im gewissen Sinn Mozarts Rivalen, aber Salieri war der erfolgreichste von allen: Hofkomponist, bei weitem besser bezahlt als Mozart, von Joseph II. favorisiert, ein Komponist, der in seiner tragikomischen, franko-italienischen Oper *Axur* – ein anhaltender Erfolg seit der Uraufführung von 1788 – sich fähig zeigte, sämtliche Stilarten, die damals in Mode waren, miteinander zu verschmelzen. Weder war er – sowohl an den Standards seiner eigenen Zeit als auch an den unseren gemessen – ein mittelmäßiger Künstler, noch scheint es wahr zu sein, daß er in seinen letzten, von Senilität gezeichneten Jahren sich der Mittäterschaft an Mozarts Tod bezichtigt hat; dies ist nur eine weitere der Geschichten, welche die Einbildungskraft der Romantik über ein früh verstorbenes Genie in Umlauf brachte.

Mozart hatte tatsächlich über Salieris „Komplott“ gesprochen – im Dezember 1789, als er an *Così fan tutte* arbeitete. Er wie auch sein Vater neigten dazu anzunehmen, daß andere Komponisten gegen sie intrigierten. Das traf oft zu, doch „Komplott“ bedeutete, einander um Aufträge zu bringen und die Arbeiten anderer schlechtzumachen.

Mozarts persönlicher Grund, von Gift zu sprechen, ist klar. Bis ins späte 19. Jahrhundert, als die medizinische Wissenschaft die bakteriellen Ursachen vieler Infektionen entdeckte, waren viele Krankheiten unerklärbar. Wenn eine bedeutende Persönlichkeit an einer radikalen Infektion oder an Bauchfellentzündung starb, glaubte man oft an eine Vergiftung. Auch Mozart versuchte so eine Erklärung für seine Krankheit zu finden, die keine offensichtliche Ursache hatte. Constanze teilte den Glauben ihres Gatten nicht; sie hielt dies vielmehr für ein Zeichen seines schwachen und depressiven Zustands.

Nach dem Gespräch im Prater war Mozart noch zwei oder drei Wochen lang imstande, am Requiem weiterzuarbeiten. Bei einer Gelegenheit sangen er, Constanze und Süßmayr einen Teil davon. Einmal ans Bett gefesselt, konnte er nur noch wenig tun. Die Symptome seiner Krankheit entwickelten sich alarmierend schnell. Seine Arme und Beine waren so geschwollen, daß er sich innerhalb kurzer Zeit kaum mehr bewegen konnte.

Der überzeugendste Bericht über seine letzten Tage stammt von seiner jüngsten Schwägerin, Sophie Weber, die damals unverheiratet war und mit ihrer Mutter in der Nachbarschaft lebte. Ihre Aufzeichnungen entstanden 34 Jahre später, aber sie sind größtenteils konkret und klingen wahr; ein- oder zweimal könnte sie peinliche Details verschwiegen haben. Constanzes Bericht gegenüber zwei frühen Biographen, von denen einer ihr zweiter Gatte war, vervollständigt den ihrer Schwester.

Weil sich Mozart im Bett nicht mehr umdrehen konnte, machten ihm die beiden Schwestern eine Bettjacke, die er von vorne anziehen konnte. „Nun, als Moz: Erkrankte, machten wir beyde ihm die Nacht Leibl, welche er vorwärts anzihen konnte weil er sich vermöge geschwulst nicht trehen könnte, und weil wir nicht wusten wie schwehr krank er seye, machten wir ihm auch einen watierten Schlafrock ... daß wen Er aufstehete er gutversorgt seyn mögte ... er zeigte auch eine herzliche freude ...“ An manchen Tagen fühlte er sich besser; einmal sagte er Sophie, daß er ihre Mutter besuchen würde, um ihr zum Namenstag zu gratulieren. Er schien „klar und glücklich“. Bei anderen Gelegenheiten war er verzweifelt, daß er seine Frau und seine Kinder unversorgt zurücklassen mußte, gerade jetzt, wo das Schicksal sich zum Besseren zu wenden schien. Am 4. Dezember, nach einer Nacht, die so schrecklich war, daß Constanze glaubte, er würde den Morgen nicht mehr erleben, ließ er sich die Partitur des Requiems bringen und blätterte sie durch: „hab ich nicht vorher gesagt, daß ich dieß Requiem für mich schreibe?“ (Zit. nach Nissen.)

An diesem Nachmittag hatte Sophie in der Wohnung ihrer Mutter eine Vorahnung – eine Kerze ging aus –, und sie eilte zu den Mozarts. Sie fand Constanze beinahe verzweifelt und doch „sich moderieren wollend“. „Bleibe doch nur heute bey mir“, drängte sie Constanze, „den wen es heute wieder so wird so stirbt er auch diese nacht. gehe doch ein wenig zu ihm, waß er macht ...“

„Ich gang an sein Bette, wo er mir gleich zuruffte, ach gut, liebe Sophie, daß sie da sind, Sie mußen heute Nacht da bleiben, Sie mußen mich Sterben sehen. Ich suchte mich starck zu machen, es ihm auszureden, allein er erwiederte mir auf alles; ich habe ja schon der Todten geschmack auf der Zunge, und wer wird den meiner liebsten Constanze beistehen, wenn Sie nicht hierbleiben. Ja, lieber M: ich muß nur noch zu unserer Mutter gehen und ihr sagen, daß Sie mich heute gerne bey sich hätten sonst gedenkt sie es seie ein Unglück geschehen. Ja daß thuen Sie, aber kommen Sie ia balt wieder ..."

Constanze bat ihre Schwester dann, einen Priester zu holen und es wie einen zufälligen Besuch aussehen zu lassen – offensichtlich, um Mozart nicht merken zu lassen, daß er sich tatsächlich an der Schwelle des Todes befand. Unter größten Schwierigkeiten überredete Sophie einen, zu kommen; die Schwierigkeit bestand offensichtlich darin, daß Mozart nicht selbst nach einem Priester verlangt und ein „zufälliger Besuch" etwas von einer Täuschung an sich hatte. (Die alternative Erklärung, daß Mozart als antiklerikal bekannt war, ist weniger wahrscheinlich. Eine antiklerikale Einstellung war weit verbreitet; und selbst wenn der Priester Mozart für aktiv antichristlich gehalten hätte – wofür es keinen Grund gibt –, hätte er ihm doch die Möglichkeit der Reue zugebilligt.) Es ist anzunehmen, er kam, während Sophie bei ihrer Mutter war – wobei selbst das nicht klar ist –, und spendete die Letzte Ölung, aber nicht die Kommunion.

Als Sophie von der Wohnung ihrer Mutter zurückkehrte, fand sie Mozart, wie er seiner Frau dringend empfahl, seinen Tod geheimzuhalten, bis sie H. G. Albrechtsberger, den Hoforganisten, informieren könne, um ihm Zeit zu geben, um Mozarts Assistentenstelle am Stephansdom anzusuchen. (Er bekam die Stelle.)

Constanze war auf der Suche nach Mozarts Arzt gewesen; er wurde im Theater gefunden, mußte aber bis zum Ende der Aufführung bleiben. Als er kam, ordnete er kalte Umschläge auf Mozarts glühenden Kopf an; diese versetzten ihn in eine Art Schockzustand. Vermutlich zu diesem

Zeitpunkt erbrach er – in einem braungefärbten Strahl – und verlor das Bewußtsein. Constanze, Sophie und der Doktor hielten Wache. Mozart starb etwa zwei Stunden später, in Sophies Armen. Seine letzten Bewegungen verstand sie als einen Versuch, „die Pauken in seinem Requem austrücken" zu wollen. „daß höre ich noch iez."

Constanze kroch, ihrem eigenen Bericht zufolge, in das Bett ihres toten Gatten, um seine Krankheit aufzufangen und mit ihm zu sterben. Sophie erinnerte sich, daß „seine treue Gattin sich grenzenlos elend auf ihre Knie warf und den Allmächtigen um seynen Beystand anrufft, es ist mir ... ohnmöglich zu beschreiben, sie konnte sich nicht von ihm trennen".

Nach Tagesanbruch verbreitete sich die Nachricht, das Haus füllte sich mit trauernden Freunden, und man konnte die Menschen draußen auf der Straße weinen hören.

Baron van Swieten kam und ging daran, Mozarts Begräbnis zu arrangieren. Leopold II. hatte ihn gerade an diesem Tag seines Postens als Vorstand des Erziehungsausschusses enthoben – ein Teil des vorsichtigen Rückzugs, den der neue Kaiser gegenüber den radikaleren Plänen seines Vorgängers beabsichtigte.

Van Swieten hielt jedoch an den strengen Formen fest, die Joseph II. hinsichtlich der Rituale und im besonderen der Begräbnisse durchgesetzt hatte. Letztere waren bis zu den späten Reformen des Kaisers oft verschwenderisch gewesen. Vermutlich auf van Swietens Rat und nicht nur, weil das Geld knapp war, bezahlte Constanze die billigste der drei Begräbnisklassen, die Josephs Reformen eingerichtet hatten. (Wir wissen nichts über irgendwelche Wünsche, die Mozart dazu geäußert haben mag.) Von der Ausführung her war es kein Armenbegräbnis, wie oft behauptet wird, aber es war nicht viel aufwendiger. Am 6. Dezember, einem stillen, ungewöhnlich milden Tag, wurde der Sarg zum Trauergottesdienst in den Stephansdom und in der darauffolgenden Nacht zum St.-Marx-

Friedhof gebracht, der etwa drei Meilen außerhalb lag. Wir wissen nicht, wer am Gottesdienst teilnahm – Constanze fühlte sich zu schlecht, um hinzugehen. Wir wissen, daß niemand außer den Totengräbern den Sarg zum Grab begleitete. Dort wurde der Leichnam aus dem zur Wiederverwendung bestimmten Sarg genommen, in einen Leinensack gewickelt, mit ungelöschtem Kalk übergossen und mit vier oder fünf anderen Leichen in ein Grab gelegt. Nach sieben Jahren wurden solche Gräber geleert und wiederverwendet. Aus diesem Grund wissen wir nicht, wo genau Mozart begraben wurde und wo seine Überreste geblieben sein mögen.

Dies alles entsprach den kaiserlichen Anordnungen; wenig später wurden sie aufgehoben: Josephs II. strenge Maßstäbe verstießen zu offensichtlich gegen den menschlichen Wunsch, irgendein sichtbares Andenken an einen Toten zu bewahren. Solange sie Geltung hatten, wurden sie befolgt. Mozarts Begräbnis glich dem der meisten seiner Wiener Zeitgenossen. Die Geschichten, daß er inmitten eines Schneesturms ein Armenbegräbnis bekommen habe, sind Teil der romantischen Legende.

Constanze und ihre Kinder jedoch liefen Gefahr, tatsächlich zu verarmen. Ihre erste Aufgabe war es, einiges Geld aufzubringen und die Schulden zu tilgen. Sie richtete ein erfolgreiches Gesuch um Zuerkennung einer gnadenweisen Witwenpension an den Kaiser (diese betrug ein Drittel von Mozarts Gehalt, 267 Gulden jährlich), arrangierte Konzerte und verkaufte Musikstücke an Kopisten, Verleger und an den König von Preußen. Innerhalb weniger Monate waren sie und ihre Familie schuldenfrei. Binnen weniger Jahre festigte sie Mozarts Reputation, indem sie viele seiner Werke an führende deutsche Verlagshäuser verkaufte. Diese Tätigkeit half ihr möglicherweise über die schlimmste Zeit der Trauer hinweg.

Unmittelbar nach Mozarts Tod war eine ihrer ersten Bemühungen, das Honorar für das Requiem einzutreiben und den Vorschuß nicht zurückzahlen zu müssen. Das bedeutete, eine vollständige Partitur abzuliefern, von der Mozart nur einen Teil geschrieben hatte.

Er hatte eine Kurzpartitur (Gesangsstimmen, bezifferten Baß und einige Bruchstücke der Instrumentalstimmen) des Introitus, der Dies-irae-Sequenz (bis auf den letzten Teil des Lacrimosa) und des Offertoriums komponiert, aber nur den Introitus orchestriert. Sanctus, Benedictus, Agnus Dei und Lux aeterna waren noch zu schreiben. Personen, die Mozart nahestanden – nicht nur Constanze, sondern auch andere, die ihre Geschichte unterstützen wollten –, stellten die Situation so dar, daß er diese letzten Nummern mit seinem Assistenten Süßmayr besprochen oder Ideen dafür skizziert habe. Jedoch sei (davon) nichts anderes erhalten geblieben als ein skizzierter Anfang einer Amen-Fuge für den Schluß der Dies-irae-Sequenz.

Die einfachste Erklärung ist die, daß die späteren Teile des Requiems, wie wir sie kennen, von Süßmayr stammen. Das gesamte Werk sollte „von Mozart und Süßmayr" überschrieben werden, genauso wie *Heinrich VIII.* als „von Shakespeare und Fletcher" etikettiert werden sollte. Constanze vertraute das Werk zunächst nicht Süßmayr an, weil sie – wie sie später erklärte – über ihn verärgert war; der Grund lag vielleicht darin, daß er sich an Salieri herangemacht hatte. Sie bat deshalb zuerst einen früheren Schüler ihres Mannes, Joseph Eybler, das Werk zu vollenden. Mit Hilfe eines anderen Komponisten, R. J. Freystädtler, vervollständigte er einiges an der Orchestrierung, gab dann aber auf. Darauf wandte sie sich an Süßmayr, der die Arbeit vollendete.

Wir hätten Mozart besser nicht mit diesem hybriden Werk aus dem Leben scheiden sehen. Sein Anteil daran ist fragmentarischer als der an der unvollendeten c-Moll-Messe. Teile des Requiems sind bloß gut gearbeitet – und das trifft nicht nur auf die Ergänzungen von Süßmayr zu.

Das Posaunensolo des Tuba mirum (die Ankündigung der letzten Trompete) mit ihrer aufsteigenden Sequenz, die Majestät anstrebt und verfehlt, ist Mozart zuzuschreiben. Das fugierte Kyrie und das Dies irae haben zwar eine antreibende Kraft, das Recordare für die Solisten ist wundervoll durchsichtig und erwartungsvoll, und die Seufzerfiguren im Lacrimosa – in den ersten acht Takten, so weit Mozart gekommen ist – umschließen die Trauer wie in einer Kapsel. Der Anfang mit seiner düsteren Orchestrierung, die von Bassetthorn und Fagott beherrscht wird, ist streng und bei den Worten „Requiem aeternam dona eis Domine" sogar rechthaberisch – so wie Haydn wenige Jahre später in seiner Paukenmesse die Pauke schlagen ließ und ungestüm verlangte: „Dona nobis pacem!" („Gib uns den Frieden schon endlich!") Es scheint, beide Männer sprachen zu einer Zeit anhaltender europäischer Krisen und eines Kriegs, der bei Mozarts Tod nahe daran war, auszubrechen.

Am besten sehen wir Mozart in seinem letzten vollendeten Werk von wesentlicher Bedeutung, der *Zauberflöte*. Ihre tiefe Menschlichkeit begleitet uns noch immer, ebenso wie das darin enthaltene Versprechen, daß Glückseligkeit durch menschliche Weisheit erreicht werden kann, wiewohl zwei weitere Jahrhunderte menschlichen Verhaltens dagegen Zeugnis ablegen. Oder, noch besser, wir sehen ihn mit dem „Ave verum corpus", das er komponierte, während er an der Oper arbeitete. Darin wird Vollkommenheit mit den sparsamsten Mitteln erreicht. Alle äußeren Anzeichen von Spannung und Angst, von Höhen und Tiefen des Gefühls, die aus vielen seiner anderen Werke zu uns sprechen, sind vergangen, und doch sind diese Höhen und Tiefen nicht zurückgenommen, sondern durch die Kraft der Musik in Trost vereint. Darin ist Mozart ein passendes Denkmal gesetzt: Seine Stimme hat noch immer einen Klang, den wir innerlich erkennen. Von allen Komponisten der abendländischen Tradition ist Mozart unser Mann.

Blasorchester im 18. Jahrhundert. Silhouette auf Goldgrund, 1791; Archiv Schloß Wallerstein.

ANMERKUNGEN

1 Rosen, der 1970 schrieb, sah dies in *Le nozze di Figaro* und späteren Opern; er glaubte, daß Mozart in *Idomeneo* manchmal unerklärlicherweise nicht imstande gewesen sei, eine große rhythmische Bewegung über einen langen Zeitraum hinweg aufrechtzuerhalten. Seither gemachte Aufführungserfahrungen könnten seine Meinung geändert haben.

2 Ihrer hochdramatischen Erzählung zufolge war Anna in ihren „Gemächern", als der Verführer eintrat, den sie zunächst für Ottavio hielt: Das heißt, sie war nicht in einem Schlafzimmer, sondern in der damals üblichen Flucht von korridorlosen Mehrzweckräumen, ihrer Wohnung im Familienpalast, und sie war zufällig allein. Es war nichts Ungewöhnliches, wenn ein Herr zu später Stunde einen Besuch machte, denn Aristokraten pflegten spät aufzustehen und spät schlafen zu gehen. Ihre Musik spricht, nebenbei gesagt, von ihrer lauten Abwehr der Attacke Don Giovannis – kein Hinweis darauf, daß diese erfolgreich gewesen sei – und ihrer innigen Liebe zu Ottavio; sie läßt nirgends vermuten, daß sie lüge. Die Wartezeit von einem Jahr, die sie von Ottavio erbittet (knapp 24 Stunden nach dem Tod ihres Vaters), entspricht dem, was damals als geziemend betrachtet wurde.

3 Das Quintett ist mit jenem in C-Dur gepaart, das um den 19. April vollendet wurde. Mozart arbeitete an beiden gleichzeitig, wie Alan Tyson aus dem Papier ersehen hat, das für das C-Dur-Quintett und für den gestri-

chenen Anfang eines Finale zum g-Moll-Quintett verwendet wurde. Mozart griff dann zu einer anderen Art von Papier für die endgültige Version von KV 516. Die Nachricht von Leopolds Krankheit hatte ihn am 4. April erreicht. Komplizierte Kammermusik machte ihm – wie wir von den Streichquartetten her wissen – große Mühe und konnte ihn Monate oder sogar ein Jahr in Anspruch nehmen. Es scheint praktisch unmöglich, daß er beides, das C-Dur-Quintett und eine erste Version des g-Moll-Quintetts, innerhalb von 14 Tagen geschrieben haben könnte.

4 In einem Brief an seine Frau vom 8. Oktober 1790 aus Frankfurt sprach Mozart von einer in Aussicht stehenden Anleihe von 2000 Gulden, worin Hoffmeister in irgendeiner Weise involviert war; davon sollten 20 Prozent Zinsen gleich abgezogen werden, so daß 1600 Gulden übrigblieben. Es ist unklar,

a) ob diese Anleihe nach seiner Rückkehr nach Wien tatsächlich zu den angegebenen Bedingungen gemacht wurde und

b) für wie viele Jahre die abgezogenen 400 Gulden als Zinsen gedacht waren.

Maynard Solomons Annahme, daß dies die zweijährige Anleihe von Lackenbacher gewesen sei – wobei es bei diesem jedenfalls nur um 1000 Gulden ging –, ist unbewiesen. Wir können deshalb keine Schlüsse daraus ziehen, wieviel an jährlichen Zinsen Mozart zu zahlen bereit war. Er hatte bei einer früheren Gelegenheit an Puchberg geschrieben, daß es ihm gleichgültig sei, wieviel er zurückzuzahlen haben würde – aber das war vielleicht eine rhetorische Floskel.

5 Die vier Briefe, die Mozart als abgeschickt anführt und die jetzt fehlen, müssen nicht alle damals verlorengegangen sein. Constanze beklagte sich darüber, daß sie seit einiger Zeit nichts von ihm gehört habe – das ist alles, was wir wissen. Mozart übertrieb jedenfalls mit seiner Schätzung von Abständen zwischen einzelnen Daten und vielleicht auch in der Auflistung der Briefe selbst.

Im Residenz Verlag
erschien auch

Charles Rosen
MUSIK DER ROMANTIK
Aus dem Amerikanischen von Eva Zöllner
815 Seiten mit CD
ATS 694,– / DM 95,– / SFR 86,50

„Musik der Romantik" ist ein Opus magnum.
George Steiner, The New Yorker

Ein Opus magnum, zweifellos, und als solches ungeheuer sympathisch, weil frei von jedem akademischen Dünkel.
Literaturen

Das Buch ist als eine echte verlegerische Tat zu rühmen ... Ein anspruchsvoller Achthundertseiter ... Von dem Reichtum dieses Riesenwerks sollte man nichts verschenken.
Süddeutsche Zeitung

Mit feinem Geist spürt Rosen das Denken und Fühlen der Romantiker auf ... Rosens Buch selbst wird zu Poesie, die die sezierende Analyse transzendiert und den Leser tief berührt. Die Sprache verwandelt sich zurück in Musik, die lange nachklingt.
Opernwelt

Vielleicht einmal in zehn Jahren erscheint ein Buch, das den Blick auf bestimmte Kunstwerke nachhaltig verändert, das mit neuen Perspektiven überrascht, kurz: nach dem nichts mehr so ist, wie es einmal war. „Die Musik der Romantik“ von Charles Rosen ist ein solches Buch.

profil

Weitere Musikbücher
im Residenz Verlag

Hans Klaus Jungheinrich

UNSER MUSIKJAHRHUNDERT.
Von Richard Strauss zu Wolfgang Rihm
248 Seiten, Gb, ISBN 3-7017-1176-3
ATS 278,– / DM 38,– / SFR 35,–

Ein rundum gelungenes, gewandt geschriebenes Buch, das man mit Vergnügen an einem Sonntagnachmittag auf einen Sitz durchliest – um abends gleich die eine oder andere Platte mal wieder aus dem Regal zu nehmen.

FonoForum

DER MUSIKROMAN.
Ein anderer Blick auf die Symphonie
240 Seiten, Gb, ISBN 3-7017-1128-3
ATS 285,– / DM 39,– / SFR 36,–

Die Freude am Schreiben und an der geschliffenen Formulierung, die „Lust an der Erkenntnis", das Vergnügen, verborgen Zusammenhängendes zu entdecken und allgemein zu offenbaren – der Enthusiasmus von Jungheinrich überträgt sich nahezu verlustlos auf den Leser, der Ohren hat, Musik zu hören ... Der Verfasser ist nicht nur (und das bekanntermaßen) ein profunder Musikkenner von einer gewaltigen Belesenheit, sondern selbst ein solcher Meister der Formulierkunst, daß man immer wieder ob seiner Eleganz und/oder Treffsicherheit jauchzen könnte.

Süddeutsche Zeitung

Ch. Glanz, E. Kovacic, M. Permoser (Hg.)
ZEIT FÜR … AARON COPLAND.
Sein Leben, seine Musik, seine Zeit
88 Seiten, Br, ISBN 3-7017-1245-X
ATS 145,– / DM 19,80,– / SFR 18,60

Ein amerikanischer Komponist, den es zu entdecken gilt: sein Leben, seine Musik, seine Zeit.

Griffige, für jedermann begreifliche und verbrauchbare Musik muß nicht trivial sein.

Ellen Kohlhaas, Frankfurter Allgemeine Zeitung,
über Aaron Copland

Gidon Kremer
OBERTÖNE
294 Seiten, Gb, ISBN 3-7017-1063-5
ATS 285,– / DM 39,– / SFR 36,–

Hier äussert sich kein Prahlhans, sondern ein ehrlicher, sensibler, introvertierter und bescheidener Mensch zu Freuden, aber noch mehr zu Leiden seiner Künstlerexistenz. Memoiren sind daraus keine geworden – dazu ist der 50jährige noch zu jung –, sondern thematisch geordnete Betrachtungen über die Zwänge seines Metiers, Erfahrungen im internationalen Musikbetrieb und Begegnungen mit grossen Kollegen, die mit einer glücklichen Mischung aus Ernst und Heiterkeit präsentiert werden, ohne dass sie ins Anekdotische abstürzen.

Neue Zürcher Zeitung

Gidon Kremer hat auch als Autor die Fähigkeit zu fesseln und zu unterhalten.

Kölnische Rundschau

Monika Mertl

VOM DENKEN DES HERZENS.

Alice und Nikolaus Harnoncourt. Eine Biographie

304 Seiten, 42 SW-Fotos, Format 16 x 22 cm, CD, Diskographie, Gb, ISBN 3-7017-1051-1

ATS 398,– / DM 54,80 /SFR 49,50

Ein bemerkenswertes Buch.

Karl Löbl, Ö 1 Klassik Treffpunkt, ORF

Eine anschauliche, gut lesbare Biographie.

WDR 3, Musikszene

Bedeutend differenzierter als alles, was über Harnoncourt je geschrieben werden konnte. (Harnoncourt ist als) Gesprächspartner so faszinierend vielschichtig wie der Interpret … Dieser faszinierend rätselhafte Mann wird in der neuen Biographie zur plastischen Erscheinung … Ein intimes Buch ohne peinliche Anbiederung ist da gelungen. Das ist so selten wie ideal.

Die Presse

Endlich: die erste Harnoncourt-Biographie … Die Fülle unbekannter Details, die sprachliche Sicherheit, vor allem aber Mertls scharfer analytischer Blick auf den Musiker Harnoncourt machen dieses Buch nicht nur zu einer unverzichtbaren Quelle für all jene, die sich mit dem Dirigenten beschäftigen – sie machen aus diesem Buch ein reines Vergnügen.

profil

Eric Rohmer
VON MOZART ZU BEETHOVEN
Aus dem Französischen von Christian Rochow
224 Seiten, Gb, ISBN 3-7017-1058-9
ATS 291,– / DM 39,80 / SFR 37,–

Musikbücher, die von Nichtmusikern geschrieben worden sind, in denen nicht das akademische Wissen, sondern die reine Liebe zum Gegenstand im Vordergrund steht, können sich als fesselnde, bereichernde Lektüre erweisen. Das Musikbuch des französischen Filmregisseurs Eric Rohmer, der sein Werk mit einem grundrichtigen Satz eröffnet („Alle Welt hat das Recht, über Musik zu sprechen."), gehört in diese Kategorie.

Klassik heute

Wolfgang Sandner
KLEINES WÖRTERBUCH DER TONKUNST.
In 21 Lieferungen und mit einer Zugabe
104 Seiten, 20 Abbildungen, Gb, ISBN 3-7017-1163-1
ATS 234,– / DM 32,– / SFR 29,50

Die 21 Beiträge des Büchleins, die aus einer Serie im Feuilleton der Frankfurter Allgemeinen Zeitung *hervorgegangen sind, wollen nicht belehren, sondern unterhalten, überraschen, zum Nachdenken anregen, provozieren. Die Autoren, die der komponierenden, der interpretierenden und der reflektierenden Zunft angehören, behandeln ihre Gegenstände mit einer Mischung von Ernst und Humor, in einer Sprache, die sich an der literarischen Glosse orientiert.*

Neue Zürcher Zeitung

Christoph Wolff
DIE GEGENWART DER MUSIKALISCHEN VERGANGENHEIT.
Meisterwerke der Musik in der Dirigenten-Werkstatt
224 Seiten, Gb, ISBN 3-7017-1175-5
ATS 285,– / DM 39,– / SFR 36,–

Es gibt wohl kaum einen Musiker des 20. Jahrhunderts, der den Paradigmenwechsel bei der Interpretation Alter Musik derart nachhaltig beeinflusst und vorangetrieben hat wie Nikolaus Harnoncourt. Was also liegt näher, als aus Anlass seines 70. Geburtstags Weggefährten und Mitstreiter des Jubilars um Grundsatzbeiträge zu bitten. Und so wundert nicht, dass sich die Autorenliste dieses Buches wie ein „Who is who" der Dirigentenelite liest.

Das Orchester

Hier ist nicht Historisierung, sondern Vergegenwärtigung das Gebot der Stunde … Was für eine Chance: Gegenwärtiger kann musikalische Vergangenheit nicht sein.

Frankfurter Allgemeine Zeitung